Joachim Conrad
Karl Heinrich Grafs Arbeit am Alten Testament

Beihefte zur Zeitschrift für die alttestamentliche Wissenschaft

Herausgegeben von
John Barton · F. W. Dobbs-Allsopp
Reinhard G. Kratz · Markus Witte

Band 425

De Gruyter

Joachim Conrad

Karl Heinrich Grafs
Arbeit am Alten Testament

Studien zu einer wissenschaftlichen Biographie

Herausgegeben und mit einem Geleitwort von
Uwe Becker

De Gruyter

ISBN 978-3-11-025543-0

e-ISBN 978-3-11-025544-7

ISSN 0934-2575

Library of Congress Cataloging-in-Publication Data

Conrad, Joachim, 1935–
  Karl Heinrich Grafs Arbeit am Alten Testament : Studien zu einer wissenschaftlichen Biographie / Joachim Conrad, Uwe Becker.
    p. cm. – (Beihefte zur Zeitschrift für die alttestamentliche Wissenschaft, ISSN 0934-2575 ; Bd. 425)
  Includes bibliographical references and indexes.
  ISBN 978-3-11-025543-0 (hardcover : alk. paper)
  1. Graf, Karl Heinrich, 1815–1869.   2. Old Testament scholars – Germany – Biography.   I. Becker, Uwe.   II. Title.
  BS1161.G73C66   2011
  221.092 – dc22
  [B]
                                                    2011005336

Bibliografische Information der Deutschen Nationalbibliothek

Die Deutsche Nationalbibliothek verzeichnet diese Publikation in der Deutschen Nationalbibliografie; detaillierte bibliografische Daten sind im Internet über http://dnb.d-nb.de abrufbar.

Vorwort

Der Alttestamentler und Orientalist Karl Heinrich Graf (1815–1869) hat, obwohl ihm zeit seines Lebens ein akademisches Amt versagt blieb, durch seine bahnbrechenden Studien zur Pentateuchkritik im 19. Jahrhundert wesentlich zur Etablierung der mit Julius Wellhausen verbundenen „Neueren Urkundenhypothese" beigetragen. Von seinem Lehrer Eduard Reuß in Straßburg angeregt, hat er der bis heute unangefochtenen Spätdatierung der priesterlichen Gesetze im Pentateuch zum Durchbruch verholfen und damit den Grund für ein neues Bild von der altisraelitischen Kultgeschichte gelegt.

Mit der vorliegenden Arbeit, die auf meine Leipziger Habilitationsschrift aus dem Jahr 1970 zurückgeht, wird das wissenschaftliche Werk Grafs zum Alten Testament im Kontext seiner teils tragischen Biographie erstmals monographisch dargestellt und forschungsgeschichtlich gewürdigt. Dabei werden speziell die für die Forschungsgeschichte wesentlichen Werke zum Pentateuch und zur Chronik sowie zur Prophetie und deren Vorarbeiten ausführlich behandelt. Im biographischen Teil wird auch auf die Entstehung seiner übrigen Veröffentlichungen eingegangen und damit eine Übersicht über sein gesamtes Œuvre auf alttestamentlichem und außeralttestamentlichem Gebiet geboten.

Nach der Beendigung des Habilitationsverfahrens im Jahre 1970 zeichnete sich keine Möglichkeit einer Drucklegung der Arbeit ab. So blieb es bei der maschinenschriftlichen Vervielfältigung für die Pflichtexemplare und einem Autoreferat in der *Theologischen Literaturzeitung* 98 (1973), 235–238. Da mich dann Themen der aktuellen Forschung am Alten Testament stärker interessierten, ging ich der Forschungsgeschichte auch nicht weiter nach. Die Arbeit fand infolgedessen kaum Beachtung. Tatsächlich füllt sie jedoch noch immer eine Lücke, da in der Zwischenzeit keine grundlegenden Untersuchungen zu Graf erschienen sind. Ich bin deshalb meinem Nachfolger auf dem alttestamentlichen Lehrstuhl in Jena, Herrn Prof. Dr. Uwe Becker, zu größtem Dank verpflichtet, daß er es unternommen hat, sie nun für den Druck herauszugeben, und daß er die dafür erforderlichen Vorarbeiten auf sich genommen und auch die Druckvorlage erstellt hat. Ein besonderer Dank gebührt darüber hinaus Herrn cand. theol. Andreas Simon für die Erfassung der Textvorlage und Herrn Alexander Lucke, Wissenschaftlicher Mitarbeiter am Lehrstuhl für Altes Testament, für seine ebenso sorgfältigen wie kundigen Korrektur- und

Registerarbeiten. Für die Möglichkeit der Publikation gebührt schließlich den Herausgebern der „Beihefte" und dem Verlag Walter de Gruyter, namentlich Herrn Dr. Albrecht Döhnert, ein aufrichtiger Dank.

Am ursprünglichen Text der Arbeit, der im ganzen erhalten blieb, ist eine Reihe von Veränderungen und Aktualisierungen vorgenommen worden. Die Arbeit ist freilich in einer inzwischen stark veränderten Forschungssituation entstanden, in der vor allem die Neuere Urkundenhypothese für den Pentateuch noch weithin anerkannt war. So danke ich Herrn Becker auch dafür, daß er einen Überblick über die seitherige Entwicklung beigegeben und die Arbeit auf diese Weise in den Kontext der heutigen Forschung gestellt hat. Ich hoffe nun, daß sie in ihrer jetzigen Gestalt einen angemessenen Beitrag zur Erhellung der gegenwärtig wieder aktuell gewordenen Forschungsgeschichte des 19. Jahrhunderts leisten kann.

Jena, im Januar 2011   Joachim Conrad

Inhaltsverzeichnis

K. H. Grafs Beitrag zur Pentateuchforschung

Uwe Becker

Wer sich mit dem Werk Karl Heinrich Grafs (1815–1869) befaßt, wird sogleich und in erster Linie an seinen Beitrag zur sogenannten Neueren Urkundenhypothese denken, wie sie im Ausgang des 19. Jahrhunderts von Julius Wellhausen prägnant formuliert und in die breitere wissenschaftliche Diskussion eingeführt worden ist. Sie konnte sich in ihren Grundzügen bis in die 1970er Jahre beinahe ohne größeren Widerspruch behaupten, weil sie nicht nur ein einleuchtendes literargeschichtliches Modell der Pentateuchentstehung bot (vgl. die Abbreviatur JEDP), sondern zugleich ein religionsgeschichtliches Gesamtbild von der frühesten vorstaatlichen Zeit Altisraels bis zum Beginn des Judentums in der nachstaatlichen Zeit entwarf.

Dieses Gesamtbild ist bekanntlich nicht von einer Hand gezeichnet worden, sondern es hat sich im 19. Jahrhundert allmählich herausgebildet. Am Anfang stand zweifelsohne W. M. L. de Wette mit seiner Jenaer Dissertation über das Deuteronomium (1805) und seinen Beiträgen zur Einleitung in das Alte Testament (1806/07), das vorläufige Ende bildete die großartige Synthese Julius Wellhausens in seinen Prolegomena zur Geschichte Israels (1878). Dabei legt schon der gern verwendete Name „Reuß-Graf-Kuenen-Wellhausensche Theorie" nahe, welche Vorläufer und Wegbereiter die Neuere Urkundenhypothese hatte.[1] So beruht das wohl entscheidende Argument dieser Hypothese auf der Erkenntnis Grafs, daß die priesterlichen Gesetze des Pentateuchs spät zu datieren seien, also nicht in das alte Israel, sondern in das Judentum gehören. Diese Entdeckung war es, die Wellhausen in der Einleitung zur 1. Auflage seiner Prolegomena von 1878 (noch unter dem Titel „Geschichte Israels I") in einer für ihn ganz untypischen biographisch-persönlichen Diktion als eine geradezu reformatorische Erleuchtung beschreibt, die ihn das ‚Gesetz' ganz neu zu verstehen und einzuordnen lehrte:

> „Im Anfange meiner Studien ward ich angezogen von den Erzählungen über Saul und David, über Elias und Ahab, und ergriffen von den Reden eines

---

1 Vgl. die Skizze bei O. Eißfeldt, Einleitung, [3]1964, 208–241, und die ausführlicheren Darstellungen der Forschungsgeschichte von J. W. Rogerson, OT Criticism, 1984; C. Houtman, Pentateuch, 1994 (hier bes. 98–114), und E. W. Nicholson, Pentateuch, 1998.

Amos und Jesaia; ich las mich in die prophetischen und geschichtlichen
Bücher des Alten Testaments hinein. An der Hand der mir zugänglichen
Hülfsmittel glaubte ich sie zwar leidlich zu verstehen, hatte aber ein schlech-
tes Gewissen, als ob ich beim Dache statt beim Fundamente anfinge; denn
ich kannte das Gesetz nicht, von dem ich sagen hörte, es sei die Grundlage
und Voraussetzung der übrigen Literatur."[2]

Nun arbeitete sich Wellhausen durch die Bücher Exodus bis Numeri
hindurch „und sogar durch Knobel's Commentar dazu"[3], jedoch, so
bekennt er: „vergebens wartete ich auf das Licht, welches von hieraus
auf die geschichtlichen und prophetischen Bücher sich ergiessen sollte."[4]
Doch dann endlich befreite ihn ein denkwürdiges Ereignis aus dieser
„unbehaglichen Confusion"[5]:

> „Da erfuhr ich bei einem gelegentlichen Besuch in Göttingen im Sommer
> 1867, dass Karl Heinrich Graf dem Gesetze seine Stelle hinter den Propheten
> anweise; und beinah ohne noch die Begründung seiner Hypothese zu kennen,
> war ich für sie gewonnen: ich durfte mir gestehen, dass das hebräische
> Altertum ohne das Buch der Thora verstanden werden könne."[6]

Auch wenn ihm Graf die Augen geöffnet, oder besser: ihm eine neue
Brille aufgesetzt hat, schränkt Wellhausen dessen Originalität sogleich
wieder ein:

> „Die Hypothese, die man nach K. H. Graf zu nennen pflegt, stammt nicht von
> ihm, sondern von Leopold George und Wilhelm Vatke. Diese sind ihrerseits
> von Martin Lebrecht de Wette ausgegangen, dem epochemachenden Eröffner
> der historischen Kritik."[7]

Wellhausen rekurriert hier auf die kultgeschichtliche Darstellung der
jüdischen Feste von J. F. L. George, W. Vatkes Religionsgeschichte – beide
1835 erschienen – sowie auf die Beiträge zur Einleitung von W. M. L. de
Wette.[8] Was die Abhängigkeit von de Wette angeht, verweist Wellhausen
allein schon auf den analogen Aufbau:[9] Auch das Grafsche Werk befaßt

2 J. Wellhausen, Geschichte Israels I, 1878, 3.
3 J. Wellhausen, Geschichte Israels I, 1878, 3. Vgl. A. Knobel, Exodus, 1857; Ders., Numeri, 1861.
4 J. Wellhausen, Geschichte Israels I, 1878, 3.
5 J. Wellhausen, Geschichte Israels I, 1878, 4.
6 J. Wellhausen, Geschichte Israels I, 1878, 4. Er bezieht sich auf das Hauptwerk Grafs: Die geschichtlichen Bücher des Alten Testaments, 1866. In der zweiten Auflage der Prolegomena (1883) erfährt man zusätzlich, daß [Albrecht] Ritschl der Vermittler war. In den späteren Auflagen sind sowohl „Göttingen" als auch „Ritschl" wieder gestrichen worden.
7 J. Wellhausen, Geschichte Israels I, 1878, 4.
8 J. F. L. George, Feste, 1835; W. Vatke, Religion, 1835; W. M. L. de Wette, Beiträge 1–2, 1806/07.
9 Vgl. J. Wellhausen, Geschichte Israels I, 1878, 4 Anm. 1.

sich in seinem ersten Teil mit der Kritik der Pentateuchüberlieferung (vgl. de Wettes 2. Band) und im zweiten Teil mit der Glaubwürdigkeit der Chronikbücher (vgl. de Wettes 1. Band). In der zweiten Auflage seiner Prolegomena von 1883 (und etwas abgewandelt auch in den späteren Ausgaben) nimmt Wellhausen allerdings eine nicht unwichtige Korrektur vor:

> „Die Hypothese, die man nach Graf zu benennen pflegt, stammt nicht von ihm, sondern von seinem Lehrer Eduard Reuss. Am richtigsten wäre sie aber zu benennen nach Leopold George und Wilhelm Vatke; denn sie haben dieselbe zuerst literarisch vertreten, unabhängig von Reuss und unabhängig von einander."[10]

Inzwischen nämlich hat Wellhausen davon Kenntnis bekommen, daß Eduard Reuß in Straßburg bereits 1833 entsprechende Thesen geäußert, sie aber erst 1879 zur Veröffentlichung gebracht hatte.[11] Etwas präziser gesagt: Reuß hatte die These nach eigenem Bekunden bereits 1833 formuliert, sie im Sommersemester 1834 in einer Vorlesung öffentlich vertreten und erst in seinem Buch von 1879 gedruckt vorgelegt.[12] Graf dürfte die These also bereits in seiner frühen Straßburger Zeit in den Vorlesungen seines Lehrers Reuß gehört haben.[13] Dennoch hielt Wellhausen an der Bezeichnung „Graf'sche Hypothese" fest und zog sie jedenfalls der Benennung nach „Vatke-George-Reuss" vor, wie er im Vorwort zur 2. Auflage der Prolegomena hervorhob.[14]

Für die spezifische Ausprägung und die Begründung, mit der Graf die Spätdatierung der priesterlichen Gesetze in seinen späten Jahren untermauerte, besagt die frühe Kunde von der Reußschen Idee indes noch nicht viel. Denn es steht außer Frage – und die vorliegende Arbeit wird den Beweis im einzelnen führen –, daß Graf keine gänzlich neuen Wege beschritt, sondern in vielfältiger Weise an Vorgänger anknüpfen konnte. Den schon von Wellhausen genannten J. F. L. George und W. Vatke wäre noch C. P. W. Gramberg hinzuzufügen.[15] In seiner forschungsgeschichtlichen Studie charakterisiert R. J. Thompson diese

---

10 J. Wellhausen, Prolegomena, [2]1883, 4.
11 Er dokumentiert dies in einer ausführlichen Fußnote: Prolegomena, [2]1883, 4f. Anm. 1. Vgl. E. Reuß, L'histoire sainte et la Loi, 1879, 23f.
12 Vgl. J. M. Vincent, Reuss, 256–262; ferner die Skizze der Reußschen Sicht bei U. Kusche, Religion, 1991, 9–23.
13 Vgl. Briefwechsel, 551.
14 Vgl. J. Wellhausen, Prolegomena, [2]1883, III. In diesem Vorwort, das in späteren Auflagen nicht mehr abgedruckt wurde, setzte sich Wellhausen ironisch-polemisch mit seinen Kritikern auseinander. Der Name „Graf'sche Hypothese" tauchte indes bereits 1880 bei F. Giesebrecht in einer Rezension von E. Reuß, L'histoire sainte et la Loi, auf (ThLZ 5 [1880], 177), der im übrigen eine „Umtaufung" der These auf den Namen Reuß' vorschlug. Vgl. die Hinweise bei J. M. Vincent, Reuss, 1990, 258f. Anm. 244.
15 Vgl. C. P. W. Gramberg, Geschichte 1–2, 1929/30.

drei Vorläufer treffend als „Grafians before Graf"[16] und dokumentiert damit die wichtige Mittlerstellung, die Graf auf dem Wege zwischen de Wette, George und Vatke auf der einen und Wellhausen auf der anderen Seite zukommt.

Ein wenig komplizierter stellt sich das Verhältnis zu dem Leidener Alttestamentler Abraham Kuenen (1828–1891) dar, dem man neuerdings gern die Priorität der Entdeckung – und hier ist zunächst allgemein an die Spätdatierung der priesterlichen Gesetze gedacht – zuschreibt.[17] Nun vertritt Grafs Buch von 1866 tatsächlich noch nicht die Spätdatierung der *gesamten* Grundschrift (später P genannt), sondern lediglich der gesetzlichen Partien. Die Erzählungen hielt er nach wie vor für alt, auch wenn er bereits deutlich sah, daß die Trennung zwischen Erzählung und Gesetz erklärungsbedürftig war.[18] Kuenen wurde offenbar von Grafs Buch überrascht, während er selbst im Begriff war, sich über die literarischen Verhältnisse im Pentateuch Klarheit zu verschaffen. In einem Brief an Graf vom 4. September 1866, dessen Inhalt Graf seinem Lehrer Reuß mitteilte, stimmte Kuenen ausdrücklich der These von der nachdeuteronomischen Einordnung der priesterlichen Gesetze zu, regt aber zugleich die Zusammenlegung von Erzählung und Gesetz zur Grundschrift an.[19] Darauf ist Graf in einer kleinen Schrift über „Die s. g. Grundschrift des Pentateuchs" (1869) kurz vor seinem Tod eingegangen.[20] So kann man das Verhältnis zwischen Kuenen und Graf wohl als eine gegenseitige Befruchtung verstehen.

Damit ist die Frage, welchen Anteil K. H. Graf an der Etablierung der „Neueren Urkundenhypothese" hatte, wie sie von Julius Wellhausen zusammenfassend formuliert worden ist, vorläufig beantwortet: Graf kommt das Verdienst zu, die von Eduard Reuß in Straßburg erstmals in die Diskussion gebrachte Spätdatierung der priesterschriftlichen Gesetze auf der Basis der von de Wette inaugurierten und von George und Vatke auf eine neue religionsgeschichtliche Grundlage gestellten Literargeschichte des Pentateuchs in Deutschland „salonfähig" gemacht zu

---

16 Vgl. R. J. Thompson, Moses, 1970, 21–24.
17 Vgl. etwa S. J. de Vries, Hexateuchal Criticism, 1963; J. A. Loader, Exilic Period, 1984, 3–23. Zur Sache vgl. J. M. Vincent, Reuss, 1990, 260f., und vor allem R. Smend, Kuenen und Wellhausen, 1993, 120–127; Ders., Abraham Kuenen, 1997, 576f.; Ders., Abraham Kuenen, 2007, 82–84.
18 Einen Versuch, die von Graf bestrittene Einheitlichkeit der Grundschrift zu verteidigen, hat T. Nöldeke in seinem Beitrag „Die s. g. Grundschrift des Pentateuchs" (in: Ders., Untersuchungen, 1869, 1–144) vorgelegt, freilich schlägt er noch eine vorexilische Datierung vor. Vgl. J. W. Rogerson, OT Criticism, 1984, 258f.
19 Vgl. Briefwechsel, 575.
20 Sie ist posthum erschienen im Archiv für wissenschaftliche Erforschung des Alten Testaments 1, hg. v. A. Merx, Halle 1869, 466–477.

haben.[21] Daß Abraham Kuenen zu derselben Zeit ähnliche Beobachtungen gemacht und sie im Gespräch mit Graf profiliert hat, zeigt jedenfalls, daß das Problem der Datierung und Einordnung der priesterlichen Gesetze in den 1860er Jahren gleichsam in der Luft lag und zu einer Lösung drängte.

Die Studie Joachim Conrads ordnet die „Neuentdeckung" Grafs präzise in den forschungsgeschichtlichen Kontext der Zeit ein und zeigt so, welche Beobachtungen und Einsichten man auf Graf selbst zurückführen kann und in welcher Weise er vorgegebene Erkenntnisse aufgreift und weiterführt. Graf betrieb so etwas wie literarhistorische „Grundlagenforschung": Er war weniger an einer zusammenfassenden Darstellung der Religionsgeschichte und der Entwicklung der kultischen Institutionen als solcher interessiert, wie sie etwa von George und Vatke vorgelegt wurde, als vielmehr an einer exakten Erfassung und Einordnung des Quellenmaterials. Wenn man nach der Bedeutung Grafs für die *heutige* Pentateuchforschung fragt, mag eben dies geblieben sein: das Bestreben, die einzelnen Bestandteile des Pentateuchs in ein Gesamtgefüge der Entstehungsgeschichte einzuordnen, ohne die Analyse vorschnell mit vorgegebenen entwicklungsgeschichtlichen Ideen zu belasten. Daß sich aus der Rekonstruktion des Pentateuchs – und auch der Bücher Josua bis 2. Könige, auf die Graf seine Analyse ausdehnt – auch ein neues religionsgeschichtliches Modell des antiken Israel ergab, war ein gewünschtes Resultat, aber nicht der Ausgangspunkt. Die großartige Synthese, die wenig später von Julius Wellhausen vorgelegt wurde, zeigt eindrücklich, in welch fruchtbarer Weise die Analysen Grafs aufgenommen und fortgeführt werden konnten.

Wenn nun der Anteil des Grafschen Beitrags an der Neueren Urkundenhypothese und sein methodischer Zugriff einigermaßen genau bestimmt werden können, so soll am Ende ein kurzer Blick nach vorn in die jüngste Forschungsgeschichte geworfen werden: Gibt es Erkenntnisse Grafs, die in und trotz der gegenwärtigen Krise der sogenannten Neueren Urkundenhypothese aktuell geblieben sind oder gar eine neue Aktualität gewonnen haben?

Diese Frage läßt sich kaum generell beantworten, es ist jedoch auffällig, daß die gegenwärtige Forschung dazu tendiert, das im 19. Jahrhundert entwickelte Bild der Literar- *und* Religionsgeschichte, wie es namentlich durch Wellhausen, aber eben auch durch Vorläufer wie Graf entwickelt wurde, gleichsam zurückzugewinnen. Dabei ist der Ruf „Zu-

---

21 In die Reihe der Vorläufer gehört auch Hermann Hupfeld, der in seinem Buch über „Die Quellen der Genesis und die Art ihrer Zusammensetzung" von 1853 den Weg von der Fragmentenhypothese zur Neueren Urkundenhypothese wies. Vgl. zu ihm jetzt die eingehende Untersuchung von O. Kaiser, Reaktion, 2005 (bes. 213–231).

rück zu Wellhausen" längst keine Forderung oder gar Frage mehr,[22] vielmehr steht er für eine Reihe von Trends, die sich allmählich in der alttestamentlichen Wissenschaft durchzusetzen scheinen und nicht zuletzt durch rezente archäologische und epigraphische Befunde gestützt werden. Die Nennung einiger weniger Stichworte mag an dieser Stelle genügen: (1) Der Monotheismus stand nicht am Anfang der Glaubensgeschichte des antiken Israel, sondern hat sich allmählich und in einem langen Prozeß der Konzentration aus polytheistischen Anfängen herausgebildet. – (2) Die beiden Königtümer Israel und Juda waren sozial- und religionsgeschichtlich enger mit der altorientalischen Umwelt verzahnt, als man früher dachte. Sonderentwicklungen sind vor allem regionalen Besonderheiten geschuldet, aber nicht prinzipieller Art. – (3) Der Hiatus zwischen dem antiken, staatlichen Israel und Juda und dem nachstaatlichen Judentum hat sich, auch wenn man die Übergänge heute milder beschreibt als im 19. Jahrhundert, dennoch als kategorial herausgestellt: Mit dem Untergang von Staat und Staatskult vollzog sich eine grundlegende Transformation der Glaubensgeschichte des alten Israel in das Judentum hinein; aus der „natürlichen Synthese von Religion und Patriotismus"[23], wie sie die staatliche Jahwereligion kennzeichnete, erwuchs eine neue Gestalt des Jahweglaubens, der die „nationalstaatliche" Bindung transzendierte und letztlich die Überlieferungsbildung des Alten Testaments in Gang setzte.[24]

Diese Einsichten waren, soweit sie die literar- und religionsgeschichtlichen Grundlagen und auch die Gesamtsicht betreffen, im 19. Jahrhundert vorbereitet. Die Synthese der „Reuß-Graf-Kuenen-Wellhausenschen" Theorie hat ihren entscheidenden Beitrag dazu geleistet, und zwar ganz unabhängig davon, ob die konkrete Gestalt der Neueren Urkundenhypothese, wie sie bis in die 1970er Jahre zum allgemein anerkannten Lehrbuchwissen gehörte, noch in Geltung steht.

Es darf nicht vergessen werden, daß man in der Ära *nach* Wellhausen in der Blüte der religions- und formgeschichtlichen Betrachtung des Alten Testaments mehr daran interessiert war, die den Quellen zugrundeliegenden – mündlichen – Überlieferungen herauszuarbeiten.[25] Diese Bemühungen gipfelten, um nur die beiden markantesten und einflußreichsten Beispiele zu nennen, zum einen in der Studie Gerhard von Rads über „Das formgeschichtliche Problem des Hexateuchs" von 1938 und zum andern in der „Überlieferungsgeschichte des Pentateuch" von

---

22 Vgl. K. Schmid, Wellhausen, 2004, 314–328, in einer Besprechung von R. G. Kratz, Komposition, 2000. Zum Gesamtbild Wellhausens vgl. auch U. Becker, Wellhausen, 2008, 279–302.
23 L. Perlitt, Bundestheologie, 1969, 114.
24 Vgl. U. Becker, Staatsreligion, 2004, 1–16.
25 Vgl. W. Baumgartner, Wellhausen, 1930, 287–307.

Martin Noth aus dem Jahr 1948. *Beide* Studien unternehmen den Versuch, nicht nur die gegebene Gestalt des Pentateuchs als Ergebnis eines längeren mündlichen (!) und schriftlichen Anreicherungsprozesses zu verstehen, sondern vor allem die vorstaatliche Zeit als die produktivste Stufe der altisraelitischen Glaubensgeschichte zu erweisen. Man braucht nur an den vorstaatlichen Stämmeverband, die Amphiktyonie, zu erinnern, mit der M. Noth seine Sicht der Dinge auch institutionsgeschichtlich abzusichern suchte.[26] In gewisser Hinsicht ist mit diesem Konzept, das die vorstaatliche Zeit zu einer Schlüsselepoche in der altisraelitischen Religionsgeschichte erhebt, das von Wellhausen und seinen Vorläufern entwickelte Gesamtbild schon in der ersten Hälfte des 20. Jahrhunderts wieder verlassen worden. Und man kann und darf mit einem gewissen Recht behaupten, daß die Neuaufbrüche in der Pentateuchforschung seit den 1970er Jahren zu einer partiellen Rückgewinnung des bereits im 19. Jahrhundert entwickelten Bildes der Geschichte und Religionsgeschichte beigetragen haben. Denn nicht zufällig hat sich – angestoßen durch neue archäologische Einzelfunde wie auch umfassende Oberflächenuntersuchungen – gleichzeitig auch das historische Bild vom frühen Israel grundlegend gewandelt.[27] Der grundsätzlichen Spät(er)datierung der Pentateuchquellen und -überlieferungen in der neueren Pentateuchforschung entspricht die Erkenntnis, daß die im Alten Testament verdichtete Glaubensgeschichte primär oder doch in ihren wesentlichen Stationen das Produkt des nachstaatlichen Judentums ist, das freilich in der historiographischen Darstellung der erzählenden Bücher in die frühe Zeit Israels zurückgespiegelt wird.

Wirft man nun einen kurzen Blick auf die Neuentwicklungen der Pentateuchforschung seit den 1970er Jahren, so lassen sich – stark vereinfachend – *vier Grundtendenzen* beobachten. Sie alle kommen zu dem Ergebnis, daß die Neuere Urkundenhypothese in ihrer klassischen Gestalt mehr oder weniger aufzugeben und durch alternative Modelle zu ersetzen sei.[28] In einer ersten Phase wird die Neuere Urkundenhypothese in den 1970er Jahren zunehmend und von mehreren Seiten in Frage gestellt.[29] Dabei sind zwei Stoßrichtungen wahrnehmbar.

---

26 Vgl. M. Noth, System, 1930.

27 Zu den Gründen für die Neuorientierungen vgl. M. Köckert, Gott, 1998, 137–175; zum neuen Bild der Frühgeschichte Israels vgl. exemplarisch (mit Nennung der einschlägigen Literatur) J. C. Gertz, Konstruierte Erinnerung, 2004, 3–29.

28 Ein erneutes Plädoyer für die Neuere Urkundenhypothese in ihrer älteren Gestalt findet sich bei L. Schmidt, Pentateuchforschung, 2010, 400–420.

29 Vgl. die Übersichten über die Anfänge der Diskussion bei A. H. J. Gunneweg, Anmerkungen, 1983/85; O. Kaiser, Pentateuch, 2000, 70–133. Hilfreiche neuere Forschungsberichte finden sich bei A. de Pury / T. Römer (Hgg.), Pentateuque, ³2002, VII–XXXIX (von T. Römer) und 9–80 (von A. de Pury und T. Römer); ferner T. Römer, Hauptprobleme, 2004; Ders. u. a. (Hgg.), Introduction, ²2009, 140–157 (von T. Römer) und

(1) Die erste Richtung läßt sich als *Tendenz zur Spätdatierung des Jahwisten bzw. des „Jehowisten"* bezeichnen. Am Anfang stand die – freilich in der europäischen Forschung kaum als neu zu bezeichnende – Einsicht, daß insbesondere die Patriarchengeschichten rein erbaulich-fiktiv sind und die Quellenverfasser ihre Stoffe überwiegend selbst geschaffen haben. Damit verbunden war eine fundamentale Kritik an der älteren Sagen-Forschung, die mit dem Namen Hermann Gunkels verbunden war. So kam man zur Annahme eines umfangreichen Erzählbestandes, den erst der Jahwist, also der Erstverfasser einer durchlaufenden Pentateucherzählung, im Exil übernommen und angereichert habe.[30] Hinzu kam die Betonung der geistes- und zeitgeschichtlichen Nähe von J und deuteronomistischem Geschichtswerk, wie sie anfangs vor allem John Van Seters und Hans Heinrich Schmid vertraten.[31] Weitgehend noch im formalen Rahmen der Neueren Urkundenhypothese bewegte sich die Spätdatierung des Jahwisten bei Christoph Levin, der indes an einer exakten Unterscheidung von jahwistischem und *vor*jahwistischem Erzählbestand interessiert war.[32] Durch diese Spätdatierung des Jahwisten, also des Erstverfassers einer durchlaufenden Pentateucherzählung, wurde der Abstand zur Priesterschrift, deren Datierung im wesentlichen unverändert blieb, drastisch verkürzt.

(2) Ganz andere Wege beschritt die zweite Richtung seit den 1970er Jahren: die generelle *Abkehr von der Quellenscheidung*. Sie wurde pointiert von Rolf Rendtorff vorgeschlagen[33] und von seinem Schüler Erhard Blum weiter ausgearbeitet.[34] Diese Richtung geht von der Beobachtung aus, daß die einzelnen Überlieferungskomplexe, aus denen der Pentateuch zusammengesetzt ist, zu eigenständig sind, als daß man durch sie hindurch literarische Quellen ausmachen könnte. Es fehlen substantielle Querverbindungen, als (sekundäre) Verbindungsstücke dienen in der Vätergeschichte die Verheißungsreden. Faktisch bedeutet dies eine Rückkehr zur Fragmentenhypothese: Die einzelnen Überlieferungskomplexe (z. B. die Vätergeschichte oder die Exodusüberlieferung) haben ein sehr viel längeres Eigenleben geführt. An der Gestaltung des vorliegenden Pentateuch-Aufrisses haben vor allem dtr Kreise mitgewirkt. So nahm etwa E. Blum eine dtn-dtr orientierte Redaktion an, die erstmals einen durchlaufenden Pentateuch-Faden geschaffen hat (K^D), sowie eine wei-

---

158–184 (von C. Nihan und T. Römer); J.-L. Ska, Introduction, 2006, 96–164; E. Zenger, Theorien über die Entstehung des Pentateuch im Wandel der Forschung, in: Ders., Einleitung, [7]2008, 74–123.

30 Vgl. bes. J. Van Seters, Abraham, 1975.
31 H. H. Schmid, Jahwist, 1976; Ders., Pentateuchforschung, 1981, 375–394; vgl. auch J. Van Seters, Jahwist, 1987.
32 C. Levin, Jahwist, 1993.
33 R. Rendtorff, Problem, 1976.
34 E. Blum, Vätergeschichte, 1984; Ders., Studien zur Komposition, 1990.

tere, priesterlich orientierte Bearbeitung, die mit den traditionell zu P gerechneten Stücken weitgehend zusammenfällt (K^P). Bei allem grundsätzlichen Wohlwollen gegenüber diesem neuen Modell – ist es in der Forschung recht bald mit der These von der sogenannten persischen Reichsautorisation verknüpft und damit auch religionsgeschichtlich fundiert worden[35] – hat sich die Beurteilung der Priesterschrift als einer bloßen Überarbeitungsschicht freilich nicht durchsetzen können.[36] Hier ist man, wenn man so will, bei den Erkenntnissen des 19. Jahrhunderts geblieben.

Überblickt man die beiden bisher genannten Alternativmodelle, die ja als Konkurrenten aufgetreten sind, fällt doch eine gewisse Konvergenz auf: Beide Modelle rechnen mit einer relativ späten Verknüpfung der ursprünglich selbständigen Überlieferungsblöcke, aus denen der Pentateuch zusammengebaut wurde. Und hier sind als markanteste Blöcke die Vätergeschichte (genauer: die *Jakobsgeschichte*) und die *Exodus-(Landnahme-)Erzählung* zu nennen. Genaugenommen handelt es sich bei beiden Modellen also um Varianten: Für die einen ist es der – spät datierte – Jahwist, der erstmals eine durchlaufende Pentateucherzählung geschaffen hat, für anderen der – nun in seinen sprachlichen Besonderheiten nicht mehr sehr spezifische – Deuteronomist. Es stellt sich also erneut die Frage, wer als Erstverfasser einer durchlaufenden Pentateucherzählung in Betracht kommt: der – wie auch immer näher zu beschreibende – Jahwist oder die Priesterschrift? Damit ist die dritte Richtung angedeutet.

(3) Grundlegend für die dritte Forschungstendenz ist die Beobachtung, daß sich die (Ur- und) Vätergeschichte einerseits und die Exodus-Erzählung (unter Einschluß der Landnahme-Überlieferung in Jos 2–11*) andererseits als zwei im Prinzip selbständige Gründungsgeschichten Israels lesen lassen, die offenbar erst relativ spät auf eine heilsgeschichtliche Linie gebracht worden sind.[37] So wird der Schluß gezogen, daß man die klassischerweise als „jahwistisch" betrachteten Texte auf das Buch Genesis beschränken muß oder zwischen einem Jahwisten in Gen und einem in Ex(–Jos) zu unterscheiden habe.[38] Folgerichtig wäre die Priesterschrift womöglich die erste Quellenschrift, die eine zusammenhängende Pentateuchdarstellung von der Schöpfung bis zum Sinai bzw. bis zur Landnahme geschaffen habe.

---

35 Vgl. bereits E. Blum, Studien zur Komposition, 333–360. Für die weitere Diskussion und Literatur sei auf den Sammelband von G. N. Knoppers und B. M. Levinson (Hgg.), The Pentateuch as Torah, 2007, verwiesen.

36 Vgl. die Übersicht über die Diskussion bei J.-L. Ska, Introduction, 2006, 146–161.

37 Vgl. etwa die im einzelnen allerdings stark differierenden Arbeiten von K. Schmid, Erzväter, 1999; R. G. Kratz, Komposition, 2000, 249–313; J. C. Gertz, Tora, ⁴2010, 193–311. Wichtig sind hier auch die Studien von A. de Pury, Cycle de Jacob, 1991, 93–108; Ders., Situer le cycle de Jacob, 2001, 119–146.

38 In letzterem Sinne R. G. Kratz, Komposition, 2000, 249–304.

Schon an der ungewohnten Reichweite der Exodus-Landnahme-Erzählung ist erkennbar, daß man das Buch Josua nun wieder verstärkt in die Pentateuchforschung hineinholt und damit (wiederum!) den Hexateuch zum Ausgangspunkt der Analyse macht. Dies fällt umso leichter, als sich auch die Forschung zum sogenannten deuteronomistischen Geschichtswerk ausdifferenziert hat. Denn die Bücher Dtn – 2. Reg sind kaum von einer (dtr) Hand konzipiert worden, sondern das Ergebnis eines komplexen Wachstumsprozesses, an dessen Anfang wohl einmal eine Geschichte der Königtümer in 1. Sam – 2. Reg stand, die man sukzessive nach vorn erweitert und mit der Exodus-Landnahme-Geschichte in Ex–Num und Jos verbunden hat.[39] Unabhängig davon, wieweit man dieser neuen Richtung folgen will, zeigt sich doch, daß die Forschung am Pentateuch die nachfolgenden Bücher nicht außer Betracht lassen darf, wie sie es im Sog der Hypothesen Martin Noths getan hat, sondern einen enneateuchischen Horizont einnehmen muß, wenn sie dem komplexen Befund im Pentateuch gerecht werden will.

In diesem Zusammenhang ist ein Blick auf Grafs Behandlung der Bücher Jos – 2. Reg durchaus hilfreich. Anders als die durch Martin Noth und seine Nachfolger beeinflußte Forschung, die das „DtrG" von Dtn bis 2. Reg als eine beinahe kanonische Größe betrachtete,[40] legte Graf seiner Analyse der geschichtlichen Bücher des Alten Testaments die gesamten erzählenden Bücher, also Pentateuch und Prophetae priores, zugrunde. In seiner Analyse der Bücher Jos – 2. Reg kommt er zu dem Ergebnis, daß der Jahwist (bei Graf noch „Jehovist") nicht nur der Schöpfer der ältesten durchlaufenden Pentateucherzählung war, sondern auch die Grundlage der Bücher Jos – 1 Reg 10 (mit Salomo als Höhepunkt) geschaffen habe.[41] Nach den Aufbrüchen der Pentateuchforschung seit den 1970er Jahren ist diese Perspektive wieder überaus aktuell geworden: Wer sich heute mit dem Pentateuch beschäftigt, muß den gesamten Enneateuch im Blick haben.[42] Es wäre sicherlich eine lohnende Aufgabe, die Beobachtungen Grafs im einzelnen mit den neuesten Entwicklungen der Forschung an den Prophetae priores in Beziehung zu setzen. Auch hier ist die Forschung nach dem Ende des klassischen Bildes vom DtrG erheblich vielfältiger geworden.[43]

---

39 Vgl. z. B. R. G. Kratz, Komposition, 2000, 155–219.
40 M. Noth, Überlieferungsgeschichtliche Studien, 1943, 3–110.
41 Vgl. K. H. Graf, Geschichtliche Bücher, 1866, 94–113.
42 Vgl. etwa R. G. Kratz, Komposition, 2000, oder auch E. Aurelius, Zukunft, 2003. Vgl. auch die in T. Römer / K. Schmid (Hgg.), Les Dernières Rédactions, 2007, dokumentierte breite Diskussion.
43 Vgl. z. B. W. Dietrich, Frühe Königszeit, 1997, 259f., der eine umfassende vordeuteronomistische Großerzählung bis 1. Reg 12 rekonstruiert.

(4) An letzter Stelle sei eine weitere Tendenz genannt, die nicht mit spezifischen Grundmodellen der Pentateuchentstehung zusammenfällt, sondern eine Begleiterscheinung der immer intensiveren redaktionsgeschichtlichen Analysen darstellt: die substantielle Ausweitung der nachpriesterschriftlichen, „nachendredaktionellen" Anteile an der Gestaltung des Pentateuchs. Hier kann stellvertretend für viele E. Otto genannt werden, der das Gros des Pentateuchmaterials nicht mehr auf die klassischen Quellenschriften zurückführt, sondern mit umfangreichen, nicht-quellenhaften Erweiterungen aus später und spätester Zeit rechnet.[44] Faktisch bedeutet dies – wenigstens bei E. Otto – eine Suspendierung der Neueren Urkundenhypothese und eine Neufassung der alten Ergänzungshypothese.

Auch wenn die zuletzt genannte Tendenz den Eindruck der Fragmentierung des Pentateuchs macht, darf doch nicht darüber hinweggesehen werden, daß die Neuere Urkundenhypothese, wie sie von Graf mit angestoßen wurde, nie ohne umfangreiche „ergänzende" Elemente auskam. Es braucht nur an die zusammenfassende Formulierung der Neueren Urkundenhypothese durch Julius Wellhausen erinnert zu werden:

> „Aus J und E ist JE zusammengeflossen und mit JE das Deuteronomium verbunden; ein selbständiges Werk daneben ist Q [= liber quator foederum]. Erweitert zum Priestercodex ist Q mit JE + Dt vereinigt und daraus der Hexateuch entstanden. Der Einfachheit wegen abstrahire ich meistens davon, dass der literarische Process in Wirksamkeit complicirter gewesen ist und die sogenannte Ergänzungshypothese in untergeordneter Weise doch ihre Anwendung findet."[45]

Man sollte dieses Urteil im Blick haben, wenn man die nüchternen Analysen und Erkenntnisse Grafs einer *relecture* unterzieht und sie im Lichte der modernen Pentateuchforschung betrachtet. Das ist in jedem Fall ein lohnendes Unterfangen.

---

44 Vgl. z. B. E. Otto, Deuteronomium, 2000.
45 J. Wellhausen, Composition, [4]1963, 207, vgl. auch die Fortsetzung 207f.

1. Einleitung

Karl Heinrich Graf ist in der alttestamentlichen Wissenschaft kein Un-
bekannter. Als einer der markantesten Vertreter der Spätdatierung der
priesterschriftlichen Gesetze des Pentateuch im 19. Jahrhundert hat er
auch bei denen, die nicht speziell wissenschaftsgeschichtlich interessiert
sind, einen klingenden Namen. Darüber hinaus sind seine Lebensumstände und seine persönliche Entwicklung seit der Veröffentlichung des
langjährigen Briefwechsels mit seinem Lehrer Eduard Reuß im Jahre
1904[1] kein Geheimnis mehr. Man kann sich daher fragen, ob denn zu
einer erneuten Untersuchung seines Werdeganges und Lebenswerkes
noch eine Berechtigung oder Nötigung besteht.

Hierauf ist zu antworten, daß einige für seine Gesamtbeurteilung
wesentliche Punkte noch zu klären sind. Was zunächst das Lebenswerk
betrifft, so besteht bereits seit dem Ende des 19. Jahrhunderts das Problem, welchen ureigenen Anteil er an der von ihm vertretenen Hypothese
gehabt hat. Kurz nach Erscheinen seines Hauptwerkes zur Pentateuchkritik[2] wurde ja allgemein von der „Grafschen Hypothese" gesprochen. Als
jedoch Reuß in einigen seiner späteren Veröffentlichungen mitteilte, daß
er die nachexilische Ansetzung der priesterschriftlichen Gesetze bereits
in den dreißiger Jahren im Kolleg vertreten habe und Graf von ihm, und
zwar gerade auch im Hinblick auf den entscheidenden Fehler seines
Hauptwerkes, abhängig sei,[3] verschob sich das Bild. Nunmehr rückte
Reuß in den Vordergrund, während Graf eher die Rolle eines Herolds
zugedacht wurde. Nach der Veröffentlichung des Briefwechsels fühlte
man sich in dieser Auffassung noch zusätzlich bestärkt.[4]

Nun kann gar kein Zweifel sein, daß Reuß es war, der Graf die Überzeugung von der späten Entstehung der priesterschriftlichen Gesetze
vermittelt hat und daß Graf selbst kein innovativer Geist gewesen ist,
zumal es auch entsprechende Ideen und Vorarbeiten von anderer Seite
gab, an die er anknüpfen konnte. Zu fragen ist jedoch, ob und wieweit er
unbeschadet aller Vorgaben und Abhängigkeiten einen eigenständigen

---

1 Eduard Reuss' Briefwechsel mit seinem Schüler und Freunde Karl Heinrich Graf, 1904.
2 Die geschichtlichen Bücher des Alten Testaments, 1866.
3 L'histoire 1, 1879, 23f. Anm. 1; Geschichte, [2]1890, VIIIff. Mit dem Fehler ist gemeint,
  daß Graf in seinem Hauptwerk nur die Gesetze der Priesterschrift, nicht aber deren
  erzählende Partien spät datierte, was er allerdings kurz danach noch korrigiert hat.
4 S. dazu J. M. Vincent, Reuss, 1990, 256–261.

Beitrag zur damaligen Forschung geleistet hat und die Bezeichnung „Grafsche Hypothese" zumindest eine relative Bedeutung behält.

Ähnliche Unklarheiten bestehen auch hinsichtlich seiner Lebensumstände. Die Tatsache, daß er kein akademisches Amt erhielt, sondern als Lehrer an der Fürstenschule in Meißen ein sehr zurückgezogenes Leben führte, ist verschieden beurteilt worden. Teils empfand man es wie er selbst als eine Tragik, die die weitere Entfaltung seiner wissenschaftlichen Tätigkeit behinderte. Teils entschied man sich dafür, daß die Abgeschiedenheit Meißens seinem Werk nur förderlich gewesen sei und bei Anstellung an einer Universität nicht die gleiche Intensität und Konzentration der Arbeit erreicht worden wäre.[5] Diese gegensätzlichen Beurteilungen haben ihren Grund darin, daß Grafs Stellung und Wirken in der Fürstenschule nicht genauer untersucht worden ist und deshalb eine entscheidende Voraussetzung für die Gesamtbeurteilung seines Charakters und der ihm eigenen Möglichkeiten bislang noch fehlt.

Damit aber sind die Schwerpunkte für die folgenden Untersuchungen bereits umrissen. Es geht nicht um eine umfassende Biographie Grafs und eine Würdigung seines gesamten Lebenswerkes, sondern nur darum, eine Lösung für die soeben aufgeworfenen Probleme zu finden. Von dem wissenschaftlichen Lebenswerk Grafs sind daher nur Arbeiten zum Alten Testament und auch hier nur diejenigen zu analysieren, in denen er sich mit der Spätdatierung der priesterschriftlichen Gesetze im Pentateuch und deren Voraussetzungen und Folgen befaßt, also vor allem sein Hauptwerk sowie die Arbeiten, die damit in einem engeren Zusammenhang stehen. Darüber hinaus müssen auch seine Veröffentlichungen zur Prophetie, insbesondere sein Jeremiakommentar, hinzugezogen werden, da sie für seine Arbeitsweise als ganze aufschlußreich sind. Was seine Lebensumstände betrifft, so ist speziell seine Tätigkeit als Lehrer an der Fürstenschule in Meißen zu erörtern. Für die frühere Zeit seines Lebens wird nur ein knapper Abriß geboten. Lediglich der kurze Aufenthalt in Kleinzschocher bei Leipzig, der die Meißener Zeit unmittelbar vorbereitete, ist eingehender zu besprechen. Die Lebensumstände und das wissenschaftliche Werk werden in zwei getrennten Teilen behandelt, wobei im Zusammenhang mit den ersteren auch alle Veröffentlichungen Grafs in der zeitlichen Reihenfolge ihrer Entstehung aufgeführt sind, um vor allem die Arbeitsleistung, die er während und neben seiner Tätigkeit als Lehrer erbracht hat, zu dokumentieren. Werden somit im folgenden nur begrenzte Bereiche in Grafs Leben und Werk untersucht, so dürfte gleichwohl klar sein, daß es sich um besonders wichtige Bereiche handelt und daß daher eine Lösung der aufgeworfenen Probleme für seine Gesamtbeurteilung von ganz wesentlicher Bedeutung ist.

---

5 So besonders G. Beer, RE 23 (³1913), 589.

2. Die Lebensumstände

2.1. Kindheit, Ausbildung und Tätigkeit als Hauslehrer (1815–1844)

Karl Heinrich Graf wurde als ältester Sohn des Kaufmanns Johann Heinrich Graf am 28. Februar 1815 in Mühlhausen im Elsaß geboren.[1] Seine Ausbildung erhielt er in der dortigen Primärschule und in dem ebenfalls dort befindlichen Collège. Nebenbei erteilte ihm sein Onkel, der Pfarrer Matthias Graf, Privatunterricht im Lateinischen und Griechischen. Das letzte Schuljahr verbrachte er 1830 auf dem Gymnasium in Straßburg. Anschließend studierte er zwei Jahre auf dem dortigen protestantischen Seminar die das eigentliche Theologiestudium vorbereitenden philologischen und philosophischen Disziplinen, schloß diese Zeit mit der Prüfung zum Bachelier ès lettres ab und nahm 1833 das eigentliche Theologiestudium an der Protestantisch-theologischen Fakultät auf. Dieses schloß er mit der Kandidatenprüfung zum Bachelier en Théologie ab, wobei er eine französische Dissertation über die Entwicklung der messianischen Idee vorlegte.[2] Die öffentliche Verteidigung fand am 3. Dezember 1836 statt. Am darauffolgenden Tag wurde er ordiniert.

Die Straßburger Zeit wurde für sein ganzes weiteres Leben entscheidend, und dies insbesondere durch die Begegnung mit Eduard Reuß (1804–1891)[3], mit dem er seitdem freundschaftlich verbunden blieb und an dessen 1828 gegründeter theologischer Gesellschaft er auch eifrig teilnahm. Auf Reuß' Anregung gehen allein schon alle Arbeitsgebiete, auf denen sich Graf später wissenschaftlich betätigt hat, zurück. Am deutlichsten und bekanntesten ist das bezüglich der alttestamentlichen Wissenschaft, besonders der Pentateuchkritik. Darauf ist im zweiten Teil

---

1 Im folgenden ist besonders der Abriß, den er selbst bei seinem Antritt an der Meißener Fürstenschule gegeben hat, zu vergleichen (Jahresbericht der Schule von 1847, 38–41). Von diesem ist der Abriß im Briefwechsel (624–626) z. T. wörtlich abhängig.

2 L'idée messianique dans son développement historique. Thèse, Straßburg 1836.

3 Über ihn s. nur RE 16 ([3]1905), 691–696; ADB 55 (1910), 579–590, sowie Th. Gerold, Reuss, Paris 1892, von dem weitere Darstellungen – wie z. B. H. Strohl, Protestantisme, 1950, 426–429 – abhängig sind. Für den frühen Reuß vgl. vor allem J. M. Vincent, Eduard Reuss, mit einer Übersicht über die gedruckten Werke und ungedruckten Quellen. Vgl. auch U. Kusche, Religion, 1991, 9–23; das zum 100. Todestag erschienene Themaheft der RHPhR 71/4 (1991) mit Beiträgen von E. Jacob, A. Caquot, J.-G. Heintz und W. Westphal; ferner W. Baird, History 2, 2003, 93–99.

genauer einzugehen. Aber auch seine orientalistische Arbeit, durch die er sich in der wissenschaftlichen Welt zunächst einen Namen gemacht hat, ehe seine grundlegenden alttestamentlichen Werke erschienen, ist durch Reuß inauguriert worden. Sie bekam zwar erst in seiner Leipziger Zeit durch einen zweiten, ihn nachhaltig beeinflussenden Lehrer ihre endgültige Richtung. Doch wäre er nicht zu diesem gestoßen, wenn er nicht schon längst für dieses Fach vorbereitet und begeistert worden wäre und kontinuierlich darin gearbeitet hätte. Als drittes Gebiet sind schließlich kirchen- und wissenschaftsgeschichtliche Forschungen zur Bibelkritik in Frankreich und zu frühen französischen Bibelübersetzungen zu nennen. Vor allem das letztere hat Reuß stark interessiert und ihn noch in den fünfziger und sechziger Jahren zu einer Reihe von Aufsätzen in der Revue de Théologie angeregt.[4] Von daher ist es verständlich, daß auch Graf in dieser Richtung gearbeitet hat und diese Arbeit anfangs, nämlich in seiner Pariser Zeit, sogar stark in den Vordergrund rückte. Zentrale Bedeutung hatte sie für ihn freilich noch weniger als für Reuß, so daß sein Interesse dafür bald schwand und er sie zugunsten der anderen Fächer längst aufgegeben hatte, ehe die letzten Veröffentlichungen im Druck erschienen waren. Aber so, wie die spätere Intensität seiner alttestamentlichen Studien von der Tiefe der Reußschen Einflüsse zeugt, macht die vorübergehende und dennoch erfolgreiche Beschäftigung mit kirchen- und wissenschaftsgeschichtlichen Fragestellungen die Breite von dessen Einfluß und die Weite und Großzügigkeit, mit der er ihm die Welt wissenschaftlicher Arbeit erschloß, erst richtig anschaulich.

Reuß' Einfluß erstreckte sich jedoch nicht nur auf die Arbeitsgebiete selbst. Durch die Begegnung mit ihm ist Graf überhaupt zu der Entscheidung gekommen, nicht in das praktische Pfarramt zu gehen, sondern eine rein wissenschaftliche Laufbahn anzutreten. Ihm war deutlich geworden, welche Umwälzung der Theologie durch die historisch-kritische Erforschung der Bibel bevorstand und welche Aufgaben auch ihm damit gestellt waren, Aufgaben, bei denen er sich so weit vom Pfarramt entfernt fühlte, daß er sich eine Synthese nicht vorstellen konnte. So hat er sich von vornherein radikal gegen eine Übernahme eines solchen gewandt und lieber ein unsicheres Leben auf sich genommen, um jedem Zwiespalt zu entgehen und ohne Rücksichtnahme auf kirchliche Erfordernisse der kritischen Wissenschaft zu leben. Die angeborene Schüchternheit im öffentlichen Auftreten, vor allem auf der Kanzel, die er selbst als einen Grund für seine Entscheidung angibt,[5] kann demgegenüber nur von untergeordneter Bedeutung sein und war lediglich dazu angetan,

---

4 S. die Angaben bei Th. Gerold, Reuss, 80–82. Diese Arbeiten kommen auch im Briefwechsel zur Sprache (vgl. 320, 323f.).
5 Vgl. Briefwechsel, 605, weitere Erörterungen dazu s. u. S. 64f.

ihn noch zusätzlich darin zu bestärken. Diese Radikalität war zweifellos nicht ganz im Sinne von Reuß,[6] aber daß sie letztlich auf dessen Einfluß zurückgeht, steht außer Zweifel.

Ein akademisches Amt, das somit das eigentliche Ziel sein mußte, war für ihn jedoch nicht in Frankreich, sondern nur in Deutschland denkbar. Denn das, was Reuß Graf vermittelte, war die in Deutschland blühende kritisch-theologische Forschung, der man im damaligen Frankreich nichts Vergleichbares entgegensetzen konnte. Lediglich in Straßburg wäre Graf ein akademisches Amt recht gewesen, doch hatte er da keinerlei Aussicht auf Erfolg. So kam nur die Anstellung an einer deutschen Universität in Frage, die daher auch immer und unverändert das einzige Ziel seines Lebens geblieben ist.

Auch hier kamen noch andere Gründe hinzu. Da er das geistliche Amt ablehnte und in Frankreich an eine akademische Laufbahn vorerst nicht zu denken war, hätte er, wenn er da hätte bleiben wollen, über kurz oder lang den Lehrerberuf ergreifen müssen. Ein solcher stieß ihn aber besonders ab, da ihm das französische Collège, bei dem es hauptsächlich um die technische Weitergabe von Wissen und kaum um Erziehen zu selbständigem Denken ging, keinerlei freie Entfaltung in Methodik und Stoffauswahl bieten konnte. Das deutsche Gymnasium gewährte im Vergleich dazu viel mehr Freiheit und Entfaltungsmöglichkeiten. So kam es, daß er an Deutschland selbst dann festhielt, als dieses ihm nur die Anstellung an einer gehobenen Schule bot und ihn im Hinblick auf sein eigentliches Lebensziel schwer enttäuschte. Natürlich spielten auch nationale Gefühle eine Rolle. Er fühlte sich den geistigen Führern der Freiheitskriege wie Ernst Moritz Arndt und Theodor Körner verbunden[7] und stand dem Frankreich der Bourbonen und des Louis Philippe kritisch gegenüber. Von einer politischen Entscheidung kann deshalb jedoch nicht gesprochen werden, da er sich mit den politischen und sozialen Problemen seiner Zeit überhaupt kaum auseinandergesetzt hat und ihm andererseits auch ein unkontrollierter Nationalismus fern lag. Ihm war Deutschland wertvoll, weil es lebendigere Universitäten hatte und sich dies z. T. auch auf die Schulen auswirkte.[8] Darin bewies er freilich wiederum eine gewisse Radikalität, wie sie Reuß, der sich gerade als Vermittler der deutschen Theologie an die Franzosen bewährte, nicht

---

6 Vgl. Briefwechsel, 47f.

7 Vgl. Briefwechsel, 276.

8 In dieser Hinsicht ist auch seine 1854 gehaltene Rede zum Geburtstag des sächsischen Königs Johann bemerkenswert (Rede am Geburtstage Sr. Maj. des Königs Johann von Sachsen, den 12. December 1854 in der Königl. Landesschule St. Afra gehalten, o. J.). Denn Graf rühmt nur dessen wissenschaftliche Leistungen, geht aber im Gegensatz im anderen Rednern, deren Reden zusammen mit der seinigen in einem Sammelband wieder abgedruckt wurden, auf politische Zustände nicht ein (Das Büchlein vom König Johann von Sachsen, 1867).

eigen war, aber Ursache dieser exklusiven Orientierung seines Schülers nach Deutschland war Reuß allerdings.

So stand die Zielrichtung seines Lebens bereits am Ende des Studiums fest, und diese wiederum hatte die innere Loslösung von seiner Heimat notwendig zur Folge. Die letztere wurde noch durch das Verhalten seiner eigenen Familie beschleunigt, da diese, insbesondere der bereits genannte Onkel, der Pfarrer Graf in Mühlhausen, kein Verständnis für rein wissenschaftliche Arbeit aufbrachte und ihm die Ablehnung des geistlichen Amtes verübelte. Bevor er sich aber direkt nach Deutschland aufmachte, suchte er noch Gelegenheit, sich stärker in die theologischen Disziplinen einzuarbeiten, um für die akademische Laufbahn genügend gerüstet zu sein und sich überhaupt über sein weiteres Vorgehen klar zu werden. So nahm er zunächst ein Stipendium in Anspruch, das ihm einen anderthalbjährigen Aufenthalt in Genf zum Zweck der Vervollkommnung in der französischen Sprache und den Besuch der Vorlesungen an der Theologischen Fakultät der Église nationale ermöglichte. Er blieb dort vom Januar 1837 bis Sommer 1838. Nach kurzem Aufenthalt in Straßburg übernahm er im Herbst 1838 eine Hauslehrerstelle in Paris, die er bis November 1843 innehatte. Zuvor, im Mai 1842, erwarb er in Straßburg den Grad eines Licentiaten der Theologie, wobei er zwei Dissertationen, eine alttestamentliche in lateinischer und eine wissenschaftsgeschichtliche in französischer Sprache, vorlegte.[9] Die öffentliche Verteidigung der ersteren fand am 30. Mai, die der letzteren am 7. Juni statt. Von November 1843 bis Juli 1844 hielt er sich ohne berufliche Bindung in Paris auf und widmete sich verschiedenen privaten Studien.

Was seine wissenschaftliche Arbeit in diesem Zeitraum betrifft, so beschäftigte er sich zunächst rezeptiv mit verschiedenen Gebieten der Theologie, darunter auch mit Strauß' Dogmatik, die er zwar ablehnte, weil sie keine Wahrheit enthalte, der er aber zubilligte, daß sie manche Illusion zerstöre und der zeitgenössischen Theologie einen Spiegel vorhalte.[10] Daneben interessierte ihn Mohammed und seine Religion, dies jedoch nicht als Selbstzweck, sondern um eines besseren Verständnisses der Religionsgeschichte der Semiten willen, die zu erarbeiten ihm als ein Hauptziel vorschwebte.[11] Dem letzteren konnte er sich freilich erst in seiner Pariser Zeit zuwenden, da ihm in Genf die nötigen literarischen Hilfsmittel dazu fehlten.[12] Er plante zunächst, speziell über „den reli-

---

9 De librorum Samuelis et Regum compositione, scriptoribus et fide historica, Straßburg 1842; Essai sur la vie et les écrits de Jacques Lefèvre d'Étaples, Straßburg 1842.
10 Briefwechsel, 109f., 119f.
11 Briefwechsel, 82. Vgl. auch ebd., 3, wo er „die Urgeschichte der vorderasiatischen Völker oder doch wenigstens die Geschichte der semitischen Sprachen", aber auch eine Beschäftigung mit Indien als Ziel seiner wissenschaftlichen Arbeit nennt.
12 Briefwechsel, 37; zur Pariser Zeit s. ebd., 72f., 78f., 82.

giösen Zustand Arabiens vor Mohammed" eine Licentiatendissertation anzufertigen.[13] Doch zog es ihn bald wieder energisch zum Alten Testament, das er schon da als seine wissenschaftliche Heimat empfand,[14] und verfaßte in relativ kurzer Zeit eine eigene kritische Untersuchung zu den Büchern Samuelis und der Könige.[15] Er hoffte anfänglich auf eine Veröffentlichung durch Reuß' Vermittlung, reichte sie aber schließlich in lateinischer Sprache als die eine seiner beiden Licentiatendissertationen in Straßburg ein.[16] Merkwürdigerweise hatte er jedoch, nachdem sie abgeschlossen war, kein Interesse, auf rein exegetischem Gebiet selbständig weiter zu arbeiten.[17] Wahrscheinlich empfand er ganz richtig, daß er sich erst auf breiter Basis mit der einschlägigen Literatur, auch im Neuen Testament, vertraut machen und auseinandersetzen müsse, um ein sicheres Urteil zu gewinnen, und daß es deshalb noch verfrüht sei, mit weiteren eigenen Arbeiten vor die Öffentlichkeit zu treten. Er veröffentlichte daher nur drei Rezensionen,[18] suchte aber im übrigen nach Gebieten, die weniger durch Literatur belastet waren und doch auch mit der Exegese in Verbindung standen. Hierfür boten sich wissenschaftsgeschichtliche Themen aus der französischen Kirchengeschichte an, für deren Bearbeitung ein Aufenthalt in Paris besonders günstig war, da die dortigen Bibliotheken sehr reichliches Material enthielten. So begann er im Frühjahr 1841, sich mit Faber Stapulensis zu beschäftigen,[19] und diese Arbeit führte zu der zweiten Licentiatendissertation, die er 1842 einreichte.

An diesem Thema sowie an der Problematik der frühen französischen Bibelübersetzungen arbeitete er dann nach seiner Licentiatenprüfung intensiv weiter, so daß er hier im Gegensatz zu seiner alttestamentlichen Studie über die Samuelis- und Königsbücher bereits zu überzeugenden und ausgereiften Ergebnissen kam und die Gründlichkeit und Genauigkeit, die seine späteren Arbeiten auszeichnete, schon erkennen ließ. Im Druck erschienen allerdings nur zwei Aufsätze, von denen einer einen etwas ergänzten Auszug seiner Licentiatendissertation über Faber Stapulensis bildet.[20] Doch vollendete er außerdem zwei größere Manuskripte, die erst viel später und gekürzt zum Druck kamen und zu seinen besten Arbeiten überhaupt gehören. Es handelt sich einerseits um seine im Mai

---

13 Briefwechsel, 72.
14 Briefwechsel, 82.
15 Briefwechsel, 99f., 101f.
16 Briefwechsel, 133, 135.
17 Briefwechsel, 111.
18 S. die Bibliographie K. H. Graf, Nr. 36–38. Die dritte Rezension erschien erst im September 1844 im Druck.
19 Briefwechsel, 111.
20 Jacques Lefèvre d'Étaples, Le Lien 3 (1843), 79f., 89f., 105–107, 111–113, 128–130; A qui l'église réformée doit-elle sa première traduction française de la Bible?, ebd., 227–231.

         2. Die Lebensumstände

1843 vollendete abschließende Monographie über Faber Stapulensis, in der er alles ihm erreichbare Material aufgearbeitet hatte,[21] und andererseits um einen im Juni 1844 fertiggestellten umfänglichen Aufsatz über Richard Simon, auf den er durch seine Beschäftigung mit Faber gestoßen war.[22] Den letzteren hoffte er durch Reuß' Vermittlung in den Theologischen Studien und Kritiken veröffentlichen zu können,[23] die erstgenannte Monographie als selbständige Schrift. Alle Bemühungen waren jedoch vorerst vergebens und führten erst in seiner Leipziger bzw. Meißener Zeit anders als geplant zum Ziel.[24] Endgültig befriedigte ihn die wissenschaftsgeschichtliche Arbeit freilich nicht. Zwar zeigte er sich an einer ausführlichen Geschichte der französischen Bibelübersetzungen zunächst nicht uninteressiert,[25] doch gab er dieses Vorhaben bald wieder auf, da es von seinen eigentlichen Interessen zu weit abgeführt hätte.[26] Stattdessen wandte er sich wieder der Orientalistik zu und erwog erneut den alten Plan, sich mit der Religion in Arabien vor dem Islam, nun insbesondere mit dem dortigen Juden- und Christentum, zu befassen.[27] Schon seit dem Ende seiner Hauslehrerzeit hatte er sich wieder intensiver dem Studium der orientalischen Sprachen zugewandt.[28] Ein greifbares Ergebnis hatten diese Studien jedoch nicht, da es ihm an der nötigen Führung fehlte und die Themen, die er sich vornahm, nur unter großen Schwierigkeiten zu bewältigen waren. Das hatte denn auch zur Folge, daß er Paris bald verließ und nun endlich Deutschland näher kennenzulernen suchte.

Anlaß zu diesem Schritt gab ihm auch noch ein äußeres Ereignis, das ihn begreiflicherweise stark mitnahm. Kurz zuvor hatte sich nämlich die Hoffnung, ein Extraordinariat in Zürich zu bekommen, zerschlagen.[29] Er hatte sich dort auf eine Zeitungsanzeige hin, auf die ihn Reuß aufmerksam gemacht hatte, im Januar 1844 beworben und über diesen zunächst auch ermunternde Nachrichten erhalten, so daß er schon mit

21 Briefwechsel, 148ff., 163f.
22 Briefwechsel, 166, 199f. Daß die Begegnung Grafs mit dem Werk R. Simons „schicksalhaft" gewesen sei, also Graf zur Beschäftigung mit der Pentateuchkritik wesentlich angeregt hätte, wie H.-J. Kraus glauben machen will (Geschichte, ³1982, 243), ist nach allem bisher über die Pariser Zeit Gesagten kaum richtig.
23 Briefwechsel, 171, 199ff.
24 Die Monographie über Faber sandte er an verschiedene Verlage, die sie sämtlich wieder zurücksandten, so daß er sie schließlich beiseitelegte (Briefwechsel, 170ff., 175, 179f.) und erst viel später einen, dann allerdings erfolgreichen Vorstoß machte (dazu s. u. S. 61). Der Aufsatz über R. Simon lag lange bei Umbreit, dem Herausgeber der Theologischen Studien und Kritiken (Briefwechsel, 246), bis ihn schließlich Reuß 1846 zurückforderte und eine Veröffentlichung in den von ihm herausgegebenen Beiträgen zu den theologischen Wissenschaften ermöglichte (Briefwechsel, 250, 257f.).
25 Briefwechsel, 148
26 Briefwechsel, 201.
27 Briefwechsel, 201f.
28 Briefwechsel, 181ff.
29 Zum folgenden s. Briefwechsel, 188–198.

der Ausarbeitung, von Kollegs begann. Indessen konnten sich seine Fürsprecher in Zürich, Alexander Schweizer und Ferdinand Hitzig nicht durchsetzen, da die Fakultät an einem Vermittlungstheologen interessiert war. So hatte sich die Angelegenheit für ihn sehr bald erledigt, und wenn er sie auch noch nicht besonders tragisch nahm, so drängte es ihn doch um so mehr nach Deutschland, um dort ein Unterkommen zu finden. Ende Juli 1844 begann er seine Reise,[30] die ihn schließlich, nachdem er noch einen großen Teil Böhmens durchstreift hatte, nach Kleinzschocher bei Leipzig führte. Dort bot sich die günstige Gelegenheit, sich für einige Zeit niederzulassen und dabei zugleich an Vorlesungen der Leipziger Universität teilzunehmen. Damit begann ein ganz neuer Abschnitt in seinem Leben, in dem er bei bleibender enger Verbindung mit Reuß nun doch innerlich wie äußerlich einen eigenen Weg ging, der im folgenden genauer und ausführlicher zu untersuchen ist.

Was die Zeit bis dahin betrifft, so ist zusammenfassend zweierlei festzustellen. Einerseits erwies er sich als ein besonders treuer Schüler seines Lehrers Reuß, der gerade in dieser Zeit, als er noch nach einem eigenen Weg suchte, getreu dessen Anregungen auf verschiedenen Gebieten aufnahm und zu verwirklichen suchte und dabei beispielhaften Fleiß an den Tag legte. Andererseits aber ist nicht zu verkennen, daß er gewisse, von Reuß übernommene Auffassungen radikalisierte und enger und einseitiger als dieser ausgerichtet war. Das hatte zur Folge, daß er wissenschaftliche Arbeit und praktisches Amt für unvereinbar hielt und auch eine Anstellung in Frankreich überhaupt auf die Dauer nicht ertragen zu können glaubte. Diese Enge war gewiß in seiner angeborenen Schüchternheit begründet. Sie wurde aber dadurch, daß er sich so bewußt festlegte und nur ein Ziel anerkannte, noch verstärkt und erschwerte ihm im Grunde eher das Erreichen dieses sich selbst gesteckten Ziels. Denn dem Streben nach dem akademischen Amt stand eine ausgesprochene Kontaktarmut gegenüber, die es kaum zu größeren Beziehungen und Verbindungen, wie sie für eine Universitätslaufbahn nötig gewesen wären, kommen ließ. Zu einer Weite der Wirksamkeit, wie sie ihm nach Reuß' Vorbild vorschwebte, war er also gar nicht geeignet. Hier zeichnet sich schon deutlich ein Mißverhältnis von Vorstellung und Wirklichkeit ab, ein Mißverhältnis, das notwendig zu der inneren Tragik führen mußte, die sein ganzes späteres Leben überschattete.

---

30 Briefwechsel, 204ff.

2.2. Der Aufenthalt in Kleinzschocher bei Leipzig
(1844–1846)

Graf hat sich vom Sommer 1844 bis Dezember 1846 in Kleinzschocher bei Leipzig als Lehrer an einer Privatschule aufgehalten. So kurz diese Zeit auch ist, hat sie doch für sein weiteres Leben ganz entscheidende Bedeutung. Das ist zwei Männern zuzuschreiben, mit denen er eng zusammengearbeitet hat und die ihn – in jeweils verschiedener Weise – stark beeinflußten. Sie repräsentieren zugleich die beiden Bereiche, auf die sich seine Tätigkeit in dieser Zeit konzentrierte.

2.2.1. An der Privatschule des Pfarrers J. F. W. Reinhard

Der eine Tätigkeitsbereich Grafs, sein Lehramt an einer Privatschule, ist mit deren Gründer und Leiter, dem Pfarrer von Kleinzschocher, Mag. Johann Friedrich Wilhelm Reinhard, aufs engste verbunden. Er war ein organisatorisch rühriger, wissenschaftlich interessierter und selbständig denkender Mann, der Graf die Möglichkeit eines ungezwungenen und regen geistigen Austausches bot und der auch um seiner selbst willen Beachtung verdient.[31]

Er wurde im Jahr 1800 in Taucha bei Leipzig als Sohn eines Tischlermeisters geboren, besuchte später die von dem Rektor Rost geleitete Thomasschule in Leipzig, die er mit dem Prädikat „omnino dignus" verließ, und studierte ab 1819 an der Leipziger Theologischen Fakultät. Hier wurde ihm 1822 der Magistertitel verliehen.[32] Das Klima dieser Fakultät hat seine theologische Stellung auch für die Folgezeit bestimmt. Er hat hier eine gründliche philologisch-exegetische historische Schulung erhalten[33] und einen zwischen Rationalismus und Supranaturalismus vermittelnden Standpunkt übernommen, wie er in der Fakultät selbst – mit verschiedenen Modifikationen und damit verbundenen Auseinandersetzungen – noch bis in die vierziger Jahre hinein lebendig blieb.[34] Insbesondere dürfte der Einfluß des „supranaturalen Rationalisten" Heinrich Gottlieb Tzschirner und der des „rationalen Supranaturalisten" Johann

---

31 Für die folgenden biographischen Angaben ist vor allem seine lateinische Vita vom 20. Sept. 1863 maßgeblich. Sie ist enthalten in: Acta, Chronik von Kleinzschocher, Nr. 125 (6 Bl.). Vgl. außerdem seinen Artikel Nachrichten über die Parochie Kleinzschocher, in: Sachsens Kirchen-Galerie, 9. Bd., 1844, 188, 191–193.

32 Procancellariatsbuch der Philosophischen Fakultät der Universität Leipzig von 1757 bis 1890/91, 102. Er gehört zu den antiquo ritu creati.

33 In seiner Vita erwähnt er den Besuch der 1817 entstandenen exegetischen Gesellschaft von Georg Benedikt Winer. Zu diesem s. nur H. Stephan, Theologische Fakultät, 1932, 89f.

34 Vgl. O. Kirn, Leipziger Theologische Fakultät, 1909, 198f.; H. Stephan, Theologische Fakultät, 1932, 91ff.; ferner A. Gößner (Hg.), Theologische Fakultät, 2005.

August Heinrich Tittmann[35] entscheidend gewesen sein.[36] Dies erklärt seine spätere Abneigung gegen allzu einseitige Äußerungen des aufkommenden orthodoxen Geistes, weshalb Graf ihn als Mann des Fortschritts bezeichnete.[37] Dazu gehört auch eine Äußerung des Geh. Kirchen- und Schulrats Dr. Meißner, der 1846 feststellte: „Reinhard selbst gehört weder zu den vulgären Rationalisten noch zu den Hyperorthodoxen, ist aber von ächt christlicher, biblisch evangelischer Ansicht durchdrungen".[38]

1823 wurde er – altersmäßig sehr frühzeitig – Katechet und Nachmittagsprediger an St. Petri.[39] Inwiefern der dortige Oberkatechet, der von ihm in seiner Vita hochgerühmte Friedrich August Wolf, mit der stärkeren biblischen Begründung seiner Predigten[40] einen bleibenden Einfluß auf ihn ausgeübt hat, ist nicht sicher zu sagen. Zwei spätere Predigten von ihm, die im Druck erschienen,[41] lassen einen solchen kaum erkennen. Vor allem die zweite zeugt eher von seinen historischen Interessen[42] und ist auch in ihrem Thema nur ganz lose mit dem gewählten Bibeltext verbunden, so daß sie noch durchaus in der Nachfolge des 18. Jahrhunderts steht.[43] Doch handelt es sich um Predigten aus besonderen Anlässen, die ein Gesamturteil nicht erlauben. Nach einigen Jahren der Tätigkeit als Hauslehrer und Lehrer an der Bürgerschule in Leipzig wurde er 1829 Pfarrer in Kleinzschocher mit der Filiale Großmiltitz sowie den eingepfarrten Dörfern Plagwitz und Schleußig. Er hat sich hier sehr um die bauliche Verbesserung der kirchlichen Gebäude u. ä. bemüht[44] und beispielsweise auch dafür gesorgt, daß die Parochie durch Liebesgaben an der Gustav-Adolf-Stiftung sowie an Bibel- und Missionsvereinen

---

35 S. dazu H. Stephan, Theologische Fakultät, 1932, 84f.
36 Er nennt beide in seiner Vita und hat auch an der dogmatischen Gesellschaft des letzteren teilgenommen.
37 Briefwechsel, 233.
38 Bericht an den Kultusminister vom 10. Juli 1846, SHStAD Nr. 21000, Bl. 65f.
39 „Admodum Juvenis" betont er in seiner Vita. Das ist wohl als besondere Auszeichnung auf Grund überdurchschnittlicher Leistungen zu verstehen. – Zum Amt des Katecheten als einer Art Ausbildung mit dem Schwerpunkt auf der Predigttätigkeit s. C. Niedner, Kirchliches Leben, 1932, 64f.
40 Vgl. über ihn nur H. Hering, Lehre von der Predigt, 1905, 223, auch 546.
41 „Sehet euch vor, daß wir nicht verlieren, was wir erarbeitet haben, sondern sollen Lohn empfangen". Konfirmationsrede am Palmsonntage 1830 in der Kirche zu Kleinzschocher gehalten, o. J.; Predigt am Reformationsfeste 1844 in den Kirchen zu Kleinzschocher und Großmiltitz zum Andenken an die vor drei hundert Jahren in hiesiger Parochie eingeführte Kirchenverbesserung gehalten, 1845.
42 Im Vorwort führt er sogar die benutzten Quellen eigens auf (J. F. W. Reinhard, Predigt, 1845, 5).
43 Text: 2. Kor. 6,1–4; Thema: Wie wir die Erinnerung an die vor drei hundert Jahren in unserer Gemeinde eingeführte Reformation für uns segensreich machen können. Vgl. dazu eher die Predigtdispositionen von Tzschirner, die einem supranatural gefärbten Rationalismus verpflichtet waren und somit noch durchaus im 18. Jahrhundert wurzelten (bei P. Drews, Predigt, 1903, 11ff.).
44 S. Sachsens Kirchen-Galerie, 192f.

„verhältnismäßig reichlich" Anteil nahm.[45] Einen Höhepunkt bildete die
300-Jahr-Feier der Reformation im Jahre 1844, die er besonders festlich
ausgestaltete.[46] Seine Tätigkeit erschöpfte sich jedoch nicht im parochia-
len Bereich. Er hat sich als solider Schüler seiner Universitätslehrer auch
während seiner Amtszeit mit wissenschaftlichen Fragestellungen beschäftigt und diese zugleich für seine Verkündigung fruchtbar zu machen
versucht.[47] Es dürfte dabei freilich zu Auseinandersetzungen mit streng
orthodox gesinnten Amtsbrüdern gekommen sein,[48] doch ist ihm bei
seiner klaren und umsichtigen Haltung durchaus auch Anerkennung
zuteil geworden.[49] Das sichtbarste Zeugnis dafür ist die Tatsache, daß
er von 1830–48 Vorstand eines theologischen Kandidatenvereins war,
also die Aufgabe hatte, die Kandidaten der Theologie, die in der Nähe
von Kleinzschocher wohnten, vor allem in Exegese und Homiletik fort-
zubilden.[50] Der Angabe in seiner Vita entsprechend sind insgesamt 54
Pfarrer aus seinem Verein hervorgegangen. Diese rührige Tätigkeit ist
ihm jedoch, vor allem in den späteren Jahren, durch Unstimmigkeiten
im Gemeindeleben,[51] aber auch, wie er in seiner Vita betont, durch zunehmende Entkirchlichung bzw. Abwanderung von Gemeindegliedern
zu Gottesdienstbesuchen im nahen Leipzig verleidet worden, so daß er
1851 in eine andere Pfarrstelle überwechselte.[52]

45 Dies wurde von seinem zweiten Nachfolger, Pfr. Ziegler, hervorgehoben (in: Acta, Chronik von Kleinzschocher, Nr. 63ff.).
46 S. den Bericht in: Leipziger Fama. Ein Wochenblatt für den sächsischen Bürger und Landmann Nr. 45, 1844 (9. Nov.), 356f., sowie das Vorwort zu der zweiten der obenge-nannten Predigten (5–10). – Da Kleinzschocher (noch bis 1815) zum Stift Merseburg gehörte, wurde die Reformation hier später als in Leipzig eingeführt.
47 Das zeigt das Thema eines Vortrages, den er Anfang der vierziger Jahre im Leipziger Landpredigerverein gehalten hat: Welchen Gebrauch der christliche Prediger von den Resultaten neuer theologischer Forschungen in seinen öffentlichen Vorträgen machen dürfe und solle. Dieser Vortrag ist zitiert in: J. E. R. Käuffer (Hg.), Biblische Studien, Bd. 3, 1844, 181.
48 Vgl. nur Briefwechsel, 245, wo Graf berichtet, daß – vermutlich auf eben demselben Landpredigerverein – von allen Teilnehmern außer Reinhard behauptet worden war, die Theologie habe seit der Reformation keine Fortschritte gemacht, und er sich bei den dabei entstandenen harten Streitigkeiten allein dagegen zu verwahren hatte. Vgl. weiter Briefwechsel, 233.
49 S. das Urteil des Kirchen- und Schulrats Dr. Meißner, der ihn als einen sehr klaren, umsichtigen und praktischtüchtigen Geistlichen bezeichnet (Bericht, s. o. Anm. 38).
50 Zu diesen Candidatenvereinen vgl. nur die Angabe in: J. E. R. Käuffer (Hg.), Biblische Studien, Bd. 3, 1844, 193f. Für die Ephorie Leipzig werden hier noch drei weitere Vereine, deren Vorstände ihren Sitz in Leipzig, Magdeborn und Lützschena hatten, genannt.
51 S. Sachsens Kirchen-Galerie, 193. Auch der bereits erwähnte Pfr. Ziegler klagt über die schwierigen Verhältnisse in der Gemeinde, die schon zu Reinhards Zeiten bestanden hätten (Acta, Chronik von Kleinzschocher, Nr. 166).
52 Er amtierte 1851–1861 in Döhlen bei Tharandt, ab 1861 in Altmügeln bei Oschatz. 1874 wurde er emeritiert und starb 1879 in Bobersen bei Riesa. S. dazu R. Grünberg, Sächsisches Pfarrerbuch, II. Teil, 1940, 727.

Von der ihm eigenen Energie und Umsicht zeugt aber vor allem die von ihm 1832 eingerichtete Privatschule für Knaben, die er bis zum Ende seiner Amtstätigkeit in Kleinzschocher unterhalten hat. Ihr gehörten durchschnittlich 18 Zöglinge an,[53] und der Angabe in seiner Vita entsprechend haben sie insgesamt 53 durchlaufen. Diese wurden im Pfarrhaus, wo eine Schulstube für sie eingerichtet war, unterrichtet und hatten dort auch ihren gemeinsamen Schlafsaal.[54] Ihre Erziehung lag in Händen dreier Lehrer,[55] die jeweils bestimmte Fächer vertraten und nach einem festen Stundenplan, der etwa den Gymnasien entsprach, unterrichteten.[56] Die Lehrer wohnten auswärts und hatten jede dritte Woche die Aufsicht über die Schüler zu führen.[57] In den restlichen zwei Wochen hatten sie nur die pflichtmäßigen Unterrichtsstunden zu halten und konnten die übrige Zeit zu privaten Arbeiten verwenden. Für Graf beispielsweise begann der Unterricht erst vormittags 9 Uhr, und mittwochs und sonnabends war er ab 11 Uhr frei.[58]

So konnten sich die Lehrer, und dies war zweifellos von Reinhard so eingerichtet und gefördert worden, persönlich weiterbilden und die dazu gegebenen Möglichkeiten in Leipzig nützen. Reinhard legte denn auch großen Wert darauf, junge Männer mit gründlicher wissenschaftlicher Bildung und sicherer Beherrschung der zu lehrenden Fächer zu gewinnen. Dies zeigt sehr deutlich die Wahl von Grafs Nachfolger, den er nicht aus dem Kreis sächsischer Kandidaten nahm, sondern aus Straßburg kommen ließ, wobei er sich nicht scheute, das sächsische Kultusministerium um finanzielle Unterstützung, die ihm allerdings schon vorher angeboten war, zu ersuchen.[59] So konnte er den Schülern eine solide und gründliche Ausbildung bieten, und seine Schule dürfte sich eines guten Rufes erfreut haben. Er vermochte darüber hinaus eine gesunde und vertrauensvolle Atmosphäre zu schaffen, die ihm die Anhänglichkeit der Schüler sicherte. Noch im September 1863 versammelten sich 13 von ihnen aus den Jahren 1844–47 und veranstalteten mit ihm zusammen ein

---

53 Das geht aus einer Notiz von Pfr. Ziegler in Acta, Chronik von Kleinzschocher (Nr. 68) hervor. Vgl. Briefwechsel, 252.
54 Nach den Angaben in einem Brief Reinhards an Pfr. Ziegler vom 15. Sept. 1863 in: Acta, Chronik von Kleinzschocher, Nr. 123.
55 Unter den Lehrern der Jahre 1844–47 befanden sich außer Graf ein späterer Seminardirektor, ein Pfarrer und ein Mathematicus, wie aus dem „Kommuniqué" einer Absolventenversammlung vom 21. Sept. 1863 hervorgeht (Acta, Chronik von Kleinzschocher, Nr. 124, zu dieser Versammlung s. u.).
56 Briefwechsel, 252.
57 Briefwechsel, 208f.
58 Später hatte er sogar den gesamten Mittwoch frei (Briefwechsel, 224).
59 Genaueres dazu s. u. S. 33.

festliches Treffen, bei dem sie ihre ehemalige Ausbildungsstätte wieder aufsuchten und ihrer Dankbarkeit Ausdruck gaben.[60]

Für Graf, der den französischen und griechischen Sprachunterricht erteilte,[61] war die reine Lehrtätigkeit nicht mehr als ein notwendiges Übel – „Holzhauerarbeit"[62] –, die ihn nur deshalb versöhnlich stimmte, weil er mehr Freizeit als während seines Pariser Aufenthaltes hatte und sich somit stärker eigenen Studien widmen konnte. Doch waren es nicht nur diese, die ihn entschädigten. Vielmehr hatte er im Hause Reinhards auch eine persönliche und geistige Heimat gefunden, die ganz zweifellos ein wesentlicher Grund dafür ist, daß er schließlich in Sachsen ansässig wurde. Denn wiewohl Kleinzschocher selbst nur ein bescheidenes Dorf war und als solches kaum Anregungen bot,[63] hatte doch Reinhard selbst mannigfache Verbindungen, so daß im Pfarrhaus ein reges geistiges Leben herrschte und Graf daraus viel Gewinn ziehen konnte.[64] Die Briefe aus dieser Zeit an Reuß lassen denn auch erkennen, daß er über die sächsischen Verhältnisse aufs beste unterrichtet war und großes Interesse dafür gewonnen hatte. Da sich Reinhard in der Ablehnung des rein orthodoxen Standpunktes und der Offenheit kritischen Fragen gegenüber mit Graf mindestens im Grundzug einig war, dürfte sein Urteil für diesen ohnehin von Gewicht gewesen sein und dessen Einschätzung der sächsischen Verhältnisse auch für die Folgezeit mitbestimmt haben. Auf der anderen Seite hat Reinhard seinerseits die Tüchtigkeit des von ihm angestellten Lehrers erkannt und ihm, unabhängig von den Interessen seiner Privatschule, den Weg zu einer gesicherten Existenz gewiesen.[65] So hat er einen beträchtlichen Einfluß auf ihn ausgeübt, der höher zu veranschlagen sein dürfte, als ihn der Briefwechsel mit Reuß erkennen läßt.

Aber auch bezüglich der Lehrtätigkeit selbst darf man sich nicht ganz auf Grafs Äußerungen im Briefwechsel verlassen. Wohl waren

---

60 Reinhard hatte Pfr. Ziegler vorher in einem Brief vom 15. Sept. 1863 davon informiert (Acta, Chronik von Kleinzschocher, Nr. 123). Zum Verlauf des Treffens s. das „Kommuniqué" (o. Anm. 55), Graf war eingeladen worden, aber nicht anwesend.

61 Nach dem Bericht des Kirchen- und Schulrats Dr. Meißner (o. Anm. 38).

62 Briefwechsel, 208.

63 Es hatte im Jahr 1843 956 Einwohner (Acta, Chronik von Kleinzschocher, Nr. 4). Zur Gesamtentwicklung des Ortes vgl. F. Popelka, Chronik von Leipzig-Kleinzschocher, 1935.

64 So war Reinhard mit dem in Kleinzschocher ansässigen Professor der Philologie, R. Klotz, befreundet (seit 1839 ao. Prof. an der Leipziger Universität, s. über ihn ADB 16, 1882, 231–233). Auch der Rechtshistoriker G. F. H. Hänel, ein Verwandter von ihm, verkehrte viel in seinem Hause (seit 1838 o. Prof. an der Leipziger Universität, s. über ihn ADB 49, 1904, 751–755) Letzterer hat sich mit Graf oft unterhalten und ihn sehr geschätzt (s. den Bericht des Kirchen- und Schulrats Dr. Meißner, o. Anm. 38). Von dem ersteren hielt Graf nicht viel (Briefwechsel, 266f.).

65 Dazu s. u. S. 31.

wissenschaftliche Arbeit und der akademische Bereich das eigentliche Ziel seines Lebens. Aber er hat seine berufliche Tätigkeit dennoch nicht lieblos ausgeübt. Im Gegenteil, er bewies ausgezeichnete pädagogische Fähigkeiten, die nicht nur Reinhard zu rühmen wußte, sondern die auch der Leipziger Kirchen- und Schulrat Dr. Meißner bei einem Besuch in Kleinzschocher gebührend anerkannte. Letzterer betonte vor allem die große Anhänglichkeit, die die Schüler in ihrem Verhalten zu ihm zum Ausdruck brachten.[66] Hieraus ist zu ersehen, daß sich Graf zum Lehrerberuf sehr wohl eignete und ihm auch seinerseits die erforderliche Liebe und Sorgfalt angedeihen ließ. Ein bloßes *opus alienum* hat er in dieser Hinsicht also nicht betrieben, auch wenn ihm andere Ziele vorschwebten und er nur über diese gesprächig wurde.

2.2.2. Die Begegnung mit H. L. Fleischer

Der zweite Mann, der einen maßgeblichen und noch weiter reichenden Einfluß auf Graf während seines Aufenthaltes in Kleinzschocher ausgeübt hat, war der Orientalist Heinrich Leberecht Fleischer. Dieser hatte seit 1840 eine Professur an der Philosophischen Fakultät der Leipziger Universität inne und hielt wöchentlich zehn Stunden ab, die in erster Linie dem Arabischen, daneben aber auch dem Persischen und Türkischen gewidmet waren.[67] Sein Hörerkreis war zwar noch nicht so international wie später, als er auf der Höhe seiner Wirksamkeit stand, aber im Hinblick auf das noch in den Anfängen stehende Fachgebiet bereits beachtlich,[68] so daß sich seine führende Stellung in der Orientalistik seiner Zeit schon deutlich abzeichnete.

Grafs Verbindung zu Fleischer ergab sich zwangsläufig aus seinen fachlichen Interessen. Er hatte die Stelle in Kleinzschocher natürlich nur deshalb angenommen, weil Leipzig von da aus bequem zu Fuß zu erreichen war und er so die Gelegenheit hatte, an Lehrveranstaltungen der dortigen Universität teilzunehmen. So besuchte er zunächst rein aus Zeitgründen, weil auf seine beiden freien Nachmittage fallend, im

---

66 „. . . wenn ich Gelegenheit hatte, die Zöglinge in ihrem Verhältnisse zum Lehrer im gesellschaftlichen Leben zu beobachten, so mußte ich aus der sichtbaren Anhänglichkeit, welche die Ersteren dem Letzteren bewiesen, mit Grund schließen, daß der Lehrer die schöne Eigenschaft besitze, ungemein anziehend auf seine Schüler einzuwirken." (Bericht, s. o. Anm. 38).

67 Vgl. dazu und zum folgenden J. Fück, Arabische Studien, 1955, 170ff.; W. Reuschel, Fleischer, 1959, 422–438; S. Mangold, Weltbürgerliche Wissenschaft, 2004, 78–116; knapp auch ADB 48, 1904, 584–594; NDB 5, 1961, 231f. Der Briefwechsel zwischen Fleischer und Graf befindet sich im Teilnachlaß Karl Heinrich Grafs in der Staatsbibliothek Berlin.

68 Vgl. Briefwechsel, 242f., wo Graf die Teilnehmer an der Einführung in die türkische Grammatik aufzählt.

Wintersemester 1844 das persische Kolleg über Sadis Gulistan,[69] das für
ihn ziemliche Anforderungen stellte, so daß er noch privat persische
Texte übersetzte, um den Anschluß zu gewinnen.[70] Doch blieb es nicht
bei der bloßen Teilnahme. Fleischer wußte ihn gleich stärker für diesen
Dichter, seinen arabischen Kommentator Sururi und eine evtl. Heraus-
gabe beider zu interessieren, so daß bereits bei dieser ersten Begegnung
der Grund für Grafs weitere orientalistische Arbeit gelegt wurde.[71] Die
freie Zeit, die ihm in Kleinzschocher blieb, ist denn auch im wesentlichen
der Arbeit an der Übersetzung des Gulistan gewidmet,[72] einer Arbeit,
die durch die Veröffentlichung im Druck im Herbst 1846[73] noch in dieser
Periode seines Lebens ihren Abschluß fand. So bedeutete Fleischer für
ihn einen Neuanfang auf dem orientalistischen Gebiet, und wiewohl
später die Beschäftigung mit dem Alten Testament in den Vordergrund
trat, hat er doch neben ihr auf dem von Fleischer gewiesenen Weg bis an
sein Lebensende kontinuierlich weitergearbeitet und damit den bleibenden Einfluß, den dieser auf ihn gehabt hat, bezeugt. Neben persischen
Kollegs hat er auch zwei Semester an Fleischers Kolleg über Baidawis
Korankommentar und, der türkischen Kommentare wegen, ein Semester
an dem über die Grammatik des Türkischen teilgenommen.[74] Doch galt
sein Interesse ganz der persischen Literatur, auf die allein sich auch seine
weiteren Pläne bezogen.[75]

   Auf Fleischers Einfluß ist es natürlich auch zurückzuführen, daß er
von Anfang an der Morgenländischen Gesellschaft angehörte.[76] An der
konstituierenden Versammlung in Darmstadt im Oktober 1845 konnte er zwar aus beruflichen Gründen nicht teilnehmen,[77] doch wird er
im Protokoll der vorbereitenden Sitzung dazu unter den Anwesenden,
„die ihren Eintritt angekündigt haben", genannt[78] und außerdem von
Fleischer durch Vorlesen einer Probe aus seiner Übersetzung von Sadis

---

69 Beendigung der Erklärung des 7. und 8. Buches von Saadi's Gulistan, 3 Uhr Mittw. u.
   Sonnab. S. hierzu und zum folgenden die Verzeichnisse der auf der Universität Leipzig
   zu haltenden Vorlesungen. Die diesen zu entnehmenden Angaben stimmen jedoch
   nicht immer mit Grafs Angaben im Briefwechsel überein, da offenbar nachträgliche
   Änderungen, die von der zeitlichen Disponierung der Teilnehmer abhängig gewesen
   sein dürften, eingetreten waren.
70 Briefwechsel, 210.
71 Briefwechsel, 210.
72 Briefwechsel, 225f., 230f.
73 Vgl. dazu Briefwechsel, 240f., 254, 256.
74 Briefwechsel, 227, 242f.
75 Briefwechsel, 241f.
76 Er hatte die Mitgliedsnummer 48. Zu Fleischers Tätigkeit in dieser Gesellschaft vgl.
   nur W. Reuschel, Hermann Leberecht Fleischer, 436f.
77 Briefwechsel, 227.
78 Protokoll der vorbereitenden Sitzung der Orientalisten in Darmstadt vom 24. Sept.
   1845 (Beilage), erhalten in den Akten der Gesellschaft in Halle / Saale.

Gulistan, die allgemeinen Beifall fand, eingeführt.[79] Bei der im darauffolgenden Jahr vom 29. September bis 2. Oktober in Jena stattfindenden
Versammlung war er dann anwesend und konnte Reuß ausführlich darüber berichten.[80] Mit dieser Gesellschaft ist er bis zu seinem Tod eng
verbunden geblieben. Insbesondere sind seine weiteren orientalistischen
Arbeiten durch sie angeregt oder wenigstens gefördert worden und auch
zu einem guten Teil in ihrer Zeitschrift erschienen.[81] Schon von da aus
ergab es sich, daß er über die Leipziger Zeit hinaus mit Fleischer in
Kontakt blieb.

Es waren aber überhaupt freundschaftliche Beziehungen, die beide
miteinander verbanden. Sie standen in regelmäßigem Briefwechsel,[82]
und Fleischer selbst hat Graf gelegentlich noch in Meißen besucht.[83]
Auch an seinem Werdegang hat er regen Anteil genommen. Dies gilt
vor allem für die Zulassung zu der noch zu besprechenden Prüfung für
Kandidaten des höheren Schulamts, die Graf wohl ganz wesentlich auf
seine Empfehlung hin gewährt wurde,[84] und als später Berufungsmög-
lichkeiten an eine Universität zur Diskussion standen, war er für diesen
die wichtigste Informationsquelle, um Einzelheiten über den Stand der
Dinge zu erfahren.[85] Aktiver eingreifen konnte er da kaum, da Graf als
Alttestamentler eine Professur an einer Theologischen Fakultät erstrebte.
Auch sonst waren die Beziehungen infolge der beiderseitigen beruflichen
Belastungen und der ganz verschiedenen Tätigkeitsbereiche naturgemäß
locker. Doch war er eben sein zweiter wirklicher Lehrer, der ihm in bezug
auf seine wissenschaftliche Arbeit nach Reuß am nächsten stand.

Eine solche einseitige Bindung Grafs hätte sich vielleicht nicht gebildet, wenn die Theologische Fakultät der Leipziger Universität anders
besetzt gewesen wäre.[86] Er fand an dieser jedoch keinerlei Anknüpfungs-
punkte für das kritische Ideengut, das er von Reuß mitbrachte, und
gerade die derzeitig jüngsten Vertreter der alttestamentlichen Studien,

---

79 Vgl. Briefwechsel, 238, auch das Schreiben Fleischers an den Kultusminister vom 30.
    Mai 1846, SHStAD Nr. 11420, Bl. 11f.
80 Briefwechsel, 258ff. Er kam allerdings mit einem Tag Verspätung an.
81 S. u. S. 185.
82 Vgl. Briefwechsel, 459, 471, 552.
83 Briefwechsel, 415. über diesen Besuch berichtet auch Fleischer in seinem Brief an seinen
    Vater vom 18. Apr. 1857 (enthalten in seinem Nachlaß in der Universitätsbibliothek
    Leipzig, D–E XV, Nr. 365). Vgl. weiter Briefwechsel, 538.
84 Das geht jedenfalls aus einen Brief an seinen Vater vom 20. Apr. 1849 hervor, wo er
    schreibt: „... ich mußte ... bei Wietersheim (dem derzeitigen Kultusminister) schieben
    helfen, um Graf in das Examen zu bringen" (aus seinem Nachlaß in der Univer-
    sitätsbibliothek Leipzig, D–E XV, Nr. 248). Er tat das durch ein Schreiben an den
    obengenannten Kultusminister vom 30. Mai 1846, in dem er Grafs wissenschaftliche
    Tätigkeit und Leistungen gebührend hervorhob (SHStAD Nr. 11420, Bl. 11f.).
85 Vgl. Briefwechsel, 529f., 536.
86 S. über sie O. Kirn, Leipziger Theologische Fakultät, 1909, 198ff.

Carl Paul Caspari[87] und Franz Delitzsch,[88] enttäuschten ihn durch ihre starr konfessionalistische und der historischen Kritik verschlossene Haltung, obwohl er ihre Gelehrsamkeit als solche anerkannte.[89] Auch von anderen, wie dem Kirchenhistoriker Christian Wilhelm Niedner, dessen Rede zum 300. Todestag Luthers er sehr ergötzlich zu schildern weiß,[90] und vor allem von Tischendorf, dessen Auftreten ihm besonders zuwider war,[91] hielt er nicht viel. Größeren Eindruck machte ihm allerdings Adolf Harleß, der 1845 nach Leipzig gekommen war,[92] wiewohl er dessen konfessionalistischer Haltung natürlich ebenfalls reserviert gegenüberstand.

Lehrveranstaltungen, die für ihn von Interesse hätten sein können, boten sich jedenfalls nicht, so daß es ihm an Anregungen auf alttestamentlichem Gebiet völlig fehlte. Dies ist zweifellos ein Grund dafür, daß er sich in dieser Zeit fast ausschließlich mit orientalistischen Studien beschäftigte und über einen mißratenen Versuch, einen kritischen Aufsatz zu den Proverbien zu schreiben, nicht hinauskam.[93] Eine Ausnahme bildete lediglich Christian Friedrich Illgens historisch-theologische Gesellschaft. In ihr, die ursprünglich für Studenten gegründet worden war, zu Grafs Zeiten aber von Privatdozenten und Licentiaten besucht wurde, versammelte man sich, um sich durch Vorträge, die die Teilnehmer hielten, über bestimmte Fragen der historischen Theologie zu informieren bzw. über aufgestellte Thesen regelrecht zu disputieren. Diese Gesellschaft hatte sich zu einem geistigen Zentrum entwickelt und genoß einen so guten Ruf, daß sich auch Graf um die Mitgliedschaft bewarb.[94] Sein Eintritt erfolgte aber ausgerechnet an Illgens Todestag, dem 4. Dezember 1844,[95] und da dieser ein vorläufiges Aufhören der Versammlungen und eine Umbildung der Gesellschaft zur Folge hatte, gewann sie für ihn, der er Kleinzschocher bald wieder verließ, keine we-

87 Er war, nachdem er 1839/40 in Berlin studiert hatte, bis 1847 Privatgelehrter in Leipzig. S. über ihn RE 3, ³1897, 737–742, ADB 47, 1903, 461f.
88 Er war von 1844–46 ao. Prof. in Leipzig. S. zu seinem Werdegang S. Wagner, Franz Delitzsch, ²1991. Vgl. auch ADB 47, 1903, 651f., NDB 3, 1957, 581f.
89 Briefwechsel, 219, 245.
90 Briefwechsel, 243f. Diese Rede ist abgedruckt in der von Niedner selbst herausgegebenen ZHTh 16 (1846), 3–36.
91 Briefwechsel, 227f.
92 Briefwechsel, 244f.
93 Briefwechsel, 225. Im Druck erschien lediglich noch eine Rezension über ein Werk zur Reformationsgeschichte Frankreichs, s. die Bibliographie K. H. Graf, Nr. 39.
94 Er mußte, um aufgenommen werden zu können, eine lateinische Probeschrift einliefern und sie gegen einen Opponenten verteidigen. Zu Entstehung und Charakter der Gesellschaft samt den für Graf noch gültigen Statuten von 1830 s. C. F. Illgen, Geschichte, 1832, zu den Aufnahmebedingungen speziell S. 21. Zur Persönlichkeit Illgens vgl. B. Lindner, Erinnerung, 1845.
95 Briefwechsel, 216ff., vgl. auch B. Lindner, Erinnerung, 1845, 11f.

sentliche Bedeutung. In ihrem wissenschaftlichen Organ, der Zeitschrift für die historische Theologie, hat er später auch nur ein einziges Mal einen Aufsatz veröffentlicht.[96]

2.2.3. Die Ablegung der Prüfung für das höhere Schulamt und die Berufung nach Meißen

Die Zeit in Kleinzschocher fand ein baldiges und überraschend schnelles Ende. Reinhard, der sehr wohl erkannte, daß Graf zu einer gesicherteren Stellung, als er sie ihm bieten konnte, kommen mußte, und der wohl auch darüber Bescheid wußte, daß vorerst an eine akademische Stellung nicht zu denken war, machte Graf im Februar 1846 auf ein Zeitungsinserat, das eine Aufforderung zur Meldung zur Prüfung für das höhere Schulamt enthielt, aufmerksam und riet ihm dringlich, sich dazu zu melden.[97] Graf sah in der Zulassung zum Schulamt zwar kein endgültig erstrebenswertes Ziel, hielt aber eine vorübergehende Tätigkeit als Gymnasiallehrer unter den gegebenen Umständen für annehmbar, und da er auch in Sachsen gern bleiben wollte, so entschloß er sich schließlich, um Zulassung zu dieser Prüfung nachzusuchen. Eine solche war für ihn freilich nicht ohne weiteres zu erlangen. Denn diese Prüfung, die erst im Jahr 1843 eingeführt worden war,[98] war nur für sächsische Bürger, die auch mindestens zwei Jahre in Leipzig studiert haben mußten, vorgesehen.[99]

Er brauchte also eine Sonderbewilligung und fuhr deshalb persönlich nach Dresden, um dem Kultusminister ein diesbezügliches Bittgesuch zu überreichen.[100] Dieses selbst wäre wahrscheinlich nicht ohne weiteres genehmigt worden, wenn nicht zugleich auch Fleischer ein Empfehlungsschreiben übersandt und sich mit seiner Autorität hinter Graf gestellt hätte.[101] So wurde der Prüfungskommission in Leipzig bereits am 26. Juni mitgeteilt, daß Graf zur Prüfung zugelassen werden solle, wobei zugleich betont wurde, daß daraus kein Anspruch auf Stellen „königlicher Collatur" abzuleiten sei, allenfalls auf solche unter „Privatcollatur", aber auch dies nur, wenn die Gesamtnote „wohl" (bene = 2) sei.[102] Die Prü-

96 Jacobus Faber Stapulensis, ZHTh 22 (1852), 3–86, 165–237.
97 Briefwechsel, 246, 264f.
98 Vorher war das höhere Lehramt nur ein Nebenzweig der Theologie, so daß es Kandidaten der Theologie ohne besondere und genauer festgelegte Vorbedingungen übernehmen konnten.
99 Regulativ, die für die Candidaten des höhern Schulamts auf der Universität Leipzig zu haltenden Prüfungen betreffend (vom 11. Aug. 1843), § 4 (SHStAD Nr. 11419, Bl. 38–42).
100 Schreiben vom 31. Mai 1846, SHStAD Nr. 11420, Bl. 9f.
101 S. o. Anm. 84.
102 SHStAD Nr. 11420, Bl. 13.

fung wurde von Professoren der Leipziger Universität in Leipzig selbst
abgehalten und bestand aus zwei Hauptteilen, der allgemeinen Prüfung,
bei der für Graf die Fächer Deutsch, Latein, Philosophie, Mathematik
und Geschichte samt Geographie in Frage kamen,[103] und der speziellen,
nämlich in den Hauptfächern, in denen der Prüfling später zu unterrichten beabsichtigte,[104] bei Graf die französische Sprache und hebräische
Sprache. Vorher waren ihm noch die Themen für je einen Aufsatz in
deutscher, lateinischer und französischer Sprache, die er als Hausarbeit
anzufertigen hatte, zugesandt worden. Da der zweite Kandidat, der mit
ihm zusammen geprüft werden sollte, aus Krankheitsgründen nicht an-
treten konnte, war er der einzige Prüfling und hatte sich am 23. Oktober
1846, 15–18.30 Uhr der allgemeinen und am 24. Oktober 16–18 Uhr der
speziellen Prüfung zu stellen. Am 24. Oktober 11–12 Uhr mußte er außerdem in der Nikolaischule eine praktische Lehrprobe in der hebräischen
Sprache ablegen. Die Examinatoren gehörten bis auf Tuch, der ihn im
Hebräischen prüfte, der Philosophischen Fakultät an.[105] Das Ergebnis
war außerordentlich günstig. Er bekam als Gesamtnote das Prädikat „Per
bene" (1) und gehörte damit über Jahre hinaus zu den besten Prüflin-
gen, so daß er die berechtigte Hoffnung auf eine Anstellung an einem
sächsischen Gymnasium haben konnte.[106]

Die Möglichkeit einer solchen zeichnete sich jedoch schon vor Able-
gung der Prüfung ab. An der Fürstenschule St. Afra in Meißen waren
Schwierigkeiten im französischen Sprachunterricht aufgetreten. Der dortige Fachlehrer, der als Orientalist bekannte Prof. Gustav Leberecht Flügel,
war so stark erkrankt, daß an eine baldige Wiederaufnahme seiner Tätigkeit nicht zu denken war. Daher hatte sich Rektor Friedrich Franke in
seinem Schreiben vom 22. Juni 1846 an das Kultusministerium mit der
Bitte gewandt, einen neuen Lehrer oder wenigstens einen Kandidaten
des höheren Schulamtes für den Französischunterricht und auch noch
andere Fächer anzustellen, da die übrigen Lehrer die volle Vertretung
für Flügel nicht übernehmen könnten. Es sei aber überhaupt ein neuer
Lehrer wünschenswert, auch wenn Flügel gesundheitlich voll wiederher-

---

103 Vgl. das genannte Regulativ, §§ 6, 8.
104 Ebd., § 7.
105 Die Einzelheiten sind aus dem Bericht der Prüfungskommission an das Kultusmini-
    sterium vom 25. Okt. 1846 ersichtlich (SHStAD Nr. 11420, Bl. 14f.). Vgl. auch Grafs
    Schilderung, Briefwechsel, 263ff.
106 Die Noten für die einzelnen Fächer sind aus den noch vorhandenen Zensurtabellen
    ersichtlich (SHStAD Nr. 11437, Bl. 16). In dem Zeitraum von Febr. 1844 bis Sept. 1848
    (im Dez. 1848 wurde das seit 1843 gültige Regulativ durch ein neues abgelöst) haben
    von 39 Kandidaten, von denen 36 die Prüfung bestanden, nur vier die Hauptzensur 1
    erhalten. Die höchste Auszeichnung „egregie" erhielt keiner. Zu Grafs Einzelnoten sei
    nur noch bemerkt, daß er auch in der praktischen Lehrprobe eine 1 erhielt.

gestellt würde.[107] Da nun Graf in seinem Gesuch an den Kultusminister um die spezielle Prüfung im Französischen gebeten hatte, kam dieser auf den Gedanken, ihn hier einzusetzen und äußerte das auch in einem Gespräch mit Fleischer, durch den Graf selbst von der Sache erfuhr.[108] Daraufhin wurde der Leipziger Kirchen- und Schulrat Dr. Meißner beauftragt, Graf und Reinhard näher in Augenschein zu nehmen. Dessen Gutachten vom 10. Juli 1846[109] fiel ebenfalls sehr günstig aus, so daß schon daran gedacht war, die Prüfung vorzuverlegen,[110] wovon allerdings bald wieder abgesehen wurde, da sich Flügels Zustand zunächst etwas besserte. Doch wandte sich das Ministerium am 30. Oktober erneut an den Rektor Franke mit der Anfrage, ob Flügel bald wiederhergestellt sei oder ein Hilfslehrer noch benötigt würde,[111] worauf dieser am 31. Oktober mitteilte, daß Flügel zwar nicht mehr bettlägerig sei, aber keinen Unterricht halte, sondern nur von Zeit zu Zeit französische Aufgaben aufgebe und korrigiere.

Ein Hilfslehrer sei also dringend erforderlich.[112] Auf Grund dieses Bescheids richtete das Ministerium am 7. November an Graf die offizielle Anfrage, ob er bereit wäre, als „Hilfs- und interimistischer französischer Sprachlehrer" in die Fürstenschule einzutreten. Eine feste Anstellung sei zur Zeit nicht möglich, doch könne eine solche, wenn er den an ihn gestellten Erwartungen entspreche, in Aussicht genommen werden.[113] Graf erklärte sich in seinem Antwortschreiben vom 13. November bereit, bat aber darum, ihm noch bis Ostern 1847 Zeit zu lassen, da er die zu diesem Zeitpunkt abgehenden Schüler nicht vorzeitig verlassen wolle und Reinhard auch nicht so schnell einen Nachfolger für ihn finden könne.[114] Dies war aber nun nicht im Sinne des Ministeriums, so daß es sich am 15. November an Reinhard wandte mit dem Ersuchen, doch Graf unverzüglich freizugeben. Man einigte sich schließlich darauf, daß Reinhard ihn noch bis zum Ende des Jahres behielt,[115] woraufhin die Inspektion der Schule sowie Graf am 18. November davon in Kenntnis gesetzt wurden, daß er ab 1. Januar 1847 interimistisch angestellt werde und entsprechend zu besolden sei.[116]

---

107 SHStAD Nr. 21000, Bl. 60–64.
108 Briefwechsel, 265
109 S.o. Anm. 38, 66.
110 Briefwechsel, 260. Nach dem genannten Regulativ (§ 5) waren zwei Termine jährlich, Ostern und Michaelis, vorgesehen.
111 SHStAD Nr. 21000, Bl. 69.
112 Ebd., Bl. 70.
113 Ebd., Bl. 69a.
114 Ebd., Bl. 71f.
115 Schreiben Reinhards vom 16. Nov., ebd., Bl. 73.
116 Ebd., Bl. 74f.

Reinhard wurde auf seine eigene Bitte hin in der Weise entschädigt, daß ihm die Kosten für Grafs Nachfolger, und zwar aus der Kasse der Fürstenschule, ersetzt wurden.[117] Grafs Nachfolger wurde Ph. A. Lambs, ebenfalls ein Elsässer, der Reinhard auf Anraten Grafs durch den Straßburger Professor der Moral, J. F. Bruch,[118] vermittelt wurde und bis 1849 bei ihm blieb.

Als letztes aus der Zeit des Aufenthaltes in Kleinzschocher ist schließlich zu berichten, daß Graf am 13. Dezember von der Philosophischen Fakultät der Leipziger Universität zum Dr. phil. promoviert wurde, und zwar auf Grund seiner beiden Straßburger Licentiatendissertationen sowie der eben erschienenen Übersetzung von Sadis Rosengarten.[119] Das Verfahren wurde stark vereinfacht, da man sich auf die im Oktober vorgenommene Prüfung, an der ja hauptsächlich Professoren der Philosophischen Fakultät beteiligt waren, berufen konnte. So gab man dem Ersuchen Grafs auf Erlaß der mündlichen Prüfungen statt, verzichtete auch darauf, über die vorgelegten Schriften spezielle Gutachten einzuholen und legte sogar den niedrigen Gebührensatz für Inländer, d. h. sächsische Staatsbürger, fest. Daß man ihm so stark entgegen kam, war natürlich dadurch bedingt, daß die Prüfung im Oktober besonders gut ausgefallen war, denn den von Graf vorgelegten französischen Diplomen maß man wenig Wert bei.[120]

So fand diese kurze Periode in Grafs Leben einen für ihn sehr erfreulichen und günstigen Abschluß, und dadurch wiederum wurde die Bindung an Sachsen, die er empfand, noch verstärkt und gefestigt. Natürlich betrachtete er die sich ihm nun eröffnende Wirksamkeit nur als verheißungsvolles Zwischenstadium vor dem eigentlichen Ziel, dem akademischen Amt, für das ihm nicht nur die Leipziger Universität, sondern eine solche in Deutschland überhaupt vorschwebte. Aber Sachsen war ihm doch bereits eine zweite Heimat geworden, die ihn innerlich stärker verpflichtete, als er das vielleicht glaubte. Und da nun, ohne daß er das damals ahnen konnte, mit ihrem Abschluß bereits die Entscheidung für das ganze weitere Leben gefallen war, so gewann diese Leipziger Zeit für ihn eine Bedeutung, die kaum überschätzt werden kann.

---

117 Schreiben des Kultusministeriums an das Rentamt der Schule und an Reinhard vom 20. Jan. 1847 (ebd., Bl. 79). Es war die Antwort auf ein Schreiben Reinhards vom 14. Jan., in dem sich dieser seinerseits darauf beruft, daß ihm der Kultusminister finanzielle Unterstützung angeboten habe (ebenda, Bl. 78). Auch das nächstfolgend Ausgeführte geht aus diesem Schreiben hervor.
118 Zu diesem s. nur Briefwechsel, 629, zu Lambs, ebd., 640f.
119 Procancellariatsbuch der Philosophischen Fakultät der Universität Leipzig von 1757 bis 1890/91, 161.
120 Schreiben des Procancellars F. Büler an den Dekan der Philosophischen Fakultät vom 9. Dez. 1846 (Prüfungsakten der Philosophischen Fakultät, Bl. 291f.).

2.3. Die Meißner Zeit (1847–1869)

Die Fürstenschule St. Afra in Meißen, zu Grafs Zeiten Landesschule genannt, gehörte zu den drei von Kurfürst Moritz von Sachsen aus ehemaligen Klöstern geschaffenen Ausleseschulen, die dazu bestimmt waren, besonders begabte Schüler aus dem Kurfürstentum Sachsen aufzunehmen und auf das Universitätsstudium vorzubereiten, um so dem Land eine Beamtenelite und bestmöglich vorgebildete Gelehrte zu sichern. Die beiden anderen Schulen befanden sich in Grimma und Schulpforta. Letztere fiel jedoch nach der Teilung Sachsens auf dem Wiener Kongreß 1815 an Preußen. Sie alle hatten durch die Jahrhunderte hindurch ihre Sonderstellung den anderen höheren Schulen gegenüber gewahrt und genossen auch im 19. Jahrhundert einen ausgezeichneten Ruf, so daß sie an Schüler wie Lehrer entsprechend hohe Anforderungen stellten.[121] Graf trat also hier in ein Schulwesen von geprägter Eigenart und traditionsreicher Geschichte ein, das mit einem gewöhnlichen Gymnasium nicht zu vergleichen war. Im folgenden ist daher zunächst von seinen Aufgaben innerhalb dieses Bereiches und seinen Beziehungen zu den Schülern und den Kollegen zu sprechen.

2.3.1. Aufgaben als Lehrer an der Fürstenschule St. Afra

2.3.1.1. Die Unterrichtsfächer

Der Unterricht wurde in vier Klassen von anderthalbjähriger Dauer bei halbjähriger Versetzung – Quarta, Tertia, Secunda, Prima – abgehalten. Jede Klasse bestand also aus drei Gruppen, Dekurien genannt, die jeweils zu Ostern und Michaelis versetzt wurden, sofern die zu dieser Zeit angesetzten Prüfungen bestanden waren. Bereits 1849 hatte sich zwar Rektor Franke, Grafs Schwiegervater, um die Einführung einjähriger Klassen bemüht und dabei auch das Lehrerkollegium hinter sich gehabt,[122] sie wurde jedoch erst am Ende seines Rektorats, nämlich ab Ostern 1868, Wirklichkeit. Graf, der im Sommer dieses Jahres pensioniert wurde und schon seit Pfingsten schwer erkrankt war, wurde von dieser Veränderung also kaum mehr betroffen. Franke setzte jedoch bereits Jahre vorher einige Zwischenlösungen durch. So wurde ab Wintersemester 1850/51 die Quarta in Unter- und Oberquarta geteilt. Die erstere war nur für ein halbes Jahr gedacht, um die, die nicht die nötigen Vorkenntnisse für die Schule mitbrachten, gründlich einzuführen. Später, im Wintersemester

---

121 Zur Geschichte von St. Afra s. Th. Flathe, St. Afra, 1879; G. Fraustadt, Meißner Fürstenschule, 1965, 243–256; zum Ende der Schule s. R. Gründel, Ergänzung, 1966, 137–192; Verzeichnis der Schüler und Lehrer in: A. H. Kreyssig, Afraner-Album, 1876.

122 Näheres dazu in dem Aktenfaszikel SHStAD Nr. 20998 sowie in dem Synodalprotokoll vom 7. Mai 1850 (FM Nr. 1817, Bl. 51).

1863/64, erfuhr auch die Tertia eine Teilung wegen Überfüllung, was dann, nach Aufrücken der Schüler, auf die Secunda übertragen wurde. Eine totale Trennung trat jedoch nicht ein, da mehrere Fächer weiterhin jeweils für beide Abteilungen gemeinsam abgehalten wurden.

Für die getrennt unterrichteten Fächer ergab sich freilich eine nicht unerhebliche Vermehrung der Lehrstunden. Sie wurde zunächst dadurch bewältigt, daß man die vorhandenen Lehrkräfte – es gab neun reguläre Lehrerstellen[123] – z. T. stärker belastete. Später, bei Teilung der Tertia, wurde noch eine zehnte Lehrerstelle eingerichtet, eine elfte kam schließlich bei der Einführung der einjährigen Klassen hinzu.[124] Eine bessere Ausnutzung wurde weiter dadurch erreicht, daß immer stärker zwischen den Ordinarien, d. h. den Klassenlehrern, die hauptsächlich für den Unterricht in den klassischen Sprachen verantwortlich waren, und den Fachlehrern, die die „Realien", d. h. vor allem Deutsch, Französisch, Geschichte mit Geographie, Mathematik samt Naturwissenschaften und Religionslehre, ohne Bindung an eine bestimmte Klasse zu erteilen hatten, unterschieden wurde. So entwickelte sich eine weitgehende Spezialisierung unter den Lehrern, die jeden einzelnen schließlich auf wenige Bereiche beschränkte und ihm in diesen in größerer Freiheit und Eigenverantwortung zu unterrichten erlaubte.

Diese Entwicklung läßt sich auch bei Graf beobachten, wiewohl er von vornherein zu den reinen Fachlehrern gehörte und immer einer Spezialisierung unterworfen war. Sein Hauptfach bildete der Unterricht im Französischen, den er während seiner gesamten Amtszeit in allen Klassen erteilte. Nur weil er sich dazu eignete, wurde er überhaupt angestellt. Man war nämlich seitens der Schule und des Ministeriums daran interessiert, einen Sprachlehrer zu gewinnen, der einerseits eine breite wissenschaftliche Vorbildung hatte, um einen methodisch einwandfreien Unterricht halten zu können, und der auch für andere Fächer zu gebrauchen war, der aber andererseits die französische Sprache voll beherrschte. In dieser Hinsicht gab es an der Schule noch keine feste Tradition. Französischunterricht gab es zwar schon seit 1718, jedoch zunächst nur als freiwillige Veranstaltung und anfangs sogar in enger Verbindung mit dem Unterricht im französischen Tanz. Erst 1828 wurde er für alle Klassen obligatorisch. Er lag noch bis 1832 in den Händen von gebürtigen Franzosen, die als Nebenlehrer angestellt wurden, und da diese keine Vorbildung wie die Ordinarien und Fachlehrer hatten und außerdem oft einen zweifelhaften Lebenswandel führten, ließen auch ihre Lehrerfolge stark zu wünschen übrig. Von dem letzten dieser Franzosen stellte der Rektor Baumgarten-Crusius denn auch lakonisch fest, er habe an der

---

123 Außerdem gab es noch Nebenlehrer für Musik, Turnen, Zeichnen und Tanzen.
124 S. dazu Th. Flathe, Chronik von St. Afra, 1870, 24f.

Schule „ohne irgendeinen Erfolg und unter Vernichtung aller Disziplin" gewirkt.[125] Man betraute daher 1833 die Professoren Becker und Flügel mit diesem Fach, von denen es Flügel nach Beckers Abgang 1835 ganz übernahm.[126]

Somit war es erst ein reichliches Jahrzehnt vor Grafs Antritt gelungen, hier einen den anderen Fächern gleichwertigen Unterricht zu erzielen. Doch war auch Flügel nicht eigentlich auf dieses Fach spezialisiert, sondern hatte es nur bis auf weiteres, nämlich bis zur Einstellung eines regelrechten Fachlehrers übernommen.[127] Als er nun 1846 an einer Bauchwassersucht schwer erkrankte und keinen Unterricht zu halten vermochte, galt es, einen Vertreter bzw. Nachfolger zu finden, der geeignet war, das inzwischen Errungene zu halten und es möglichst noch zu vervollkommnen, zumal Flügel in der letzten Zeit entschieden etwas nachgelassen hatte.[128] Hier traf es sich gut, daß Graf etwa gleichzeitig seinen Antrag auf die Prüfung zur Zulassung zum höheren Schulamt gestellt und dabei um die spezielle Prüfung im Französischen gebeten hatte. Das gute Urteil, das Fleischer über ihn abgab, und die Tatsache, daß er als Elsässer Französisch als zweite Muttersprache hervorragend beherrschte,[129] sowie das ausgezeichnete Ergebnis der Prüfung taten ihr Übriges, um ihn als den geeignetsten Anwärter erscheinen zu lassen. Er hat die an ihn gestellten Erwartungen nicht enttäuscht. Bereits 1850 äußerte der Kirchen- und Schulrat Dr. Meißner, daß Graf speziell im Französischunterricht Vorzügliches leiste.[130] Gleich zu Beginn seiner Lehrtätigkeit sorgte er denn auch dafür, den Unterricht methodisch zu verbessern, indem er mit Genehmigung des Ministeriums neue Lehrbücher einführte,[131] und bald darauf gab er selbst ein Übungsbuch für

---

125 Schreiben vom 22. Dez. 1839 an das Kultusministerium (SHStAD Nr. 21000, Bl. 49–53).

126 Einzelheiten zur Geschichte dieses Unterrichtszweiges s. bei Th. Flathe, St. Afra, 1879, 231ff., 314f., 363f.

127 Das geht aus dem Schreiben der Inspektion der Schule an das Kultusministerium vom 19. Dez. 1847 hervor (SHStAD Nr. 20994, Bl. 144–149).

128 Dazu s.u. S. 51.

129 Er betonte das schon in seinem Gesuch an den Kultusminister um Zulassung zur Prüfung für das höhere Schulamt vom 31. Mai 1846 (SHStAD Nr. 11420, Bl. 9f.).

130 Bericht an das Kultusministerium vom 11. Mai 1850 (SHStAD Nr. 20998, Bl. 33–35). Bereits Ende 1847 hatte auch Franke betont, daß der Französischunterricht bei ihm „in den besten Händen" liege (Schreiben an das Kultusministerium vom 28. Dez. 1847, SHStAD Nr. 20994, Bl. 150).

131 Statt einer von Flügel benutzten veralteten Grammatik nahm er eine speziell für Gymnasien verfaßte deutsch geschriebene in Quarta, eine französisch geschriebene in Tertia und eine Anthologie der französischen Literatur für die beiden oberen Klassen. S. dazu das Schreiben der Inspektion der Schule an das Kultusministerium vom 12. März 1848 (SHStAD Nr. 20994, Bl. 180f.). Dahingehende Vorschläge hatte er schon ein Jahr vorher geäußert (Schreiben des Rektors an das Kultusministerium vom 16. Febr. 1847, ebenda, Bl. 100–117).

die oberen Klassen heraus,[132] das er von 1853 an bis zum Ende seiner
Lehrtätigkeit benutzte. Die Angaben zur „Lehrverfassung" in den Jahresberichten der Schule lassen darüber hinaus erkennen, daß er immer
wieder bemüht war, neue Stoffe für die Lektüre zu gewinnen und so die
Schüler wirklich in die Kultur und Geisteswelt Frankreichs einzuführen.

Aber auch abgesehen davon zeichnete sich sein Unterricht dadurch
aus, daß er mit pädagogischem Geschick, Liebe und Aufopferung sowie
mit großer Gewissenhaftigkeit abgehalten wurde und er selbst sich
der aufrichtigen Zuneigung seiner Schüler erfreuen konnte. So ist es
wahrscheinlich nicht zuviel behauptet, wenn man seine Lehrtätigkeit in
der allerdings bisher recht fragwürdigen Geschichte dieses Faches in
St. Afra als einen ersten wirklichen Höhepunkt bezeichnet, der für die
weitere Entwicklung maßgeblich blieb.[133] Abgesehen davon hatte sich
der Unterricht im Verlauf seiner Amtszeit auch stark ausgeweitet. Waren
anfangs nur 8 Wochenstunden zu halten, so wurden ab Wintersemester
1850/51, als die Quarta geteilt wurde, deren 10 nötig, und als schließlich
im Wintersemester 1863 auch die Tertia eine Teilung erfuhr, mußte die
Zahl auf 12 erhöht werden.[134]

Die zweite Sprache, die Graf während des größten Teils seiner Amtszeit lehrte, war Hebräisch für die künftigen Theologen unter den Schülern.[135] Daß er diesen Unterricht erteilen durfte, war eine Ausnahme,
die ihm persönlich zugestanden wurde. Auch dieses Fach hatte eine
bewegte und ungleich längere Geschichte als das Französische hinter
sich.[136] Schon im 16. Jahrhundert war es vertreten und wurde seitdem,
jedoch mit sehr wechselndem Erfolg, in der Regel von den Pfarrern an
St. Afra gelehrt. Der erfolgreichste unter ihnen war August Pfeiffer, der
1675–82 amtierte und der auch zeitweise eine Professur der orientalischen Sprachen in Wittenberg und Leipzig bekleidete.[137] Doch war dies

---

132 Aufgaben zur Uebung des französischen Stils für die oberen Gymnasialklassen, 2
    Abteilungen 1851/52. S. dazu auch u. S. 62.
133 Zur Beurteilung seines Unterrichts s. nur die Zeugnisse bei seiner Pensionierung und
    seinem Tode in den Jahresberichten der Schule von 1869 (S. 49) und 1870 (S. 38) sowie
    die Schreiben Frankes an den Kultusminister vom 16. Aug. 1868 und 21. Juli 1869
    (SHStAD Nr. 20961, Bl. 141, 150f.).
134 Schon ab Wintersemester 1860 waren es 11 geworden, da in der Unterquarta die
    ursprünglichen 2 Wochenstunden nicht ausreichten (Schreiben des Rektors an das
    Kultusministerium vom 18. Aug. 1860, FM Nr. 1832, Bl. 39f.). Stundenverteilung und
    Lehrstoff gehen – dies gilt auch für die folgenden Ausführungen – außer aus den
    erhaltenen Akten vor allem aus den Stundenplänen und den Angaben zur „Lehrver-
    fassung" in den Jahresberichten der Schule hervor. Zu den Klassenteilungen s. o. S.
    35.
135 Für die übrigen war dieses Fach freiwillig. S. dazu das Schreiben des Kultusministeri-
    ums an den Rektor vom 19. März 1836 (SHStAD Nr. 20994, Bl. 42–44).
136 Vgl. Th. Flathe, St. Afra, 1879, 135ff., 228.
137 A. H. Kreyssig, Afraner-Album, 632.

nur eine kurze Blütezeit, da viele der übrigen Pfarrer selbst nur über mangelhafte Hebräischkenntnisse verfügten. Außerdem traten immer wieder Vakanzen ein, die einen geregelten Ablauf in Frage stellten und mancherlei Schwierigkeiten hervorriefen.[138] Der letzte Pfarrer, der Hebräischunterricht gab, der spätere Professor der Theologie in Leipzig, August Ludwig Gottlob Krehl, 1821–34 an St. Afra, war allerdings wieder ein ausgewiesener Mann, der höheren Ansprüchen vollauf genügte.[139]

Man nahm dennoch nach seinem Abgang, also etwa zur gleichen Zeit und in derselben Weise wie beim Französischen, eine grundsätzliche Veränderung vor. Der Unterricht wurde etwas eingeschränkt[140] und einem der eigenen und wissenschaftlich vorgebildeten Lehrer, dem Professor Schumann, übertragen und dabei zugleich mit dem Amt des Religionslehrers verbunden.[141] Schumanns Name ist auch später noch in besonderer Erinnerung geblieben, da auf ihn eine Stiftung zurückgeht, wonach besonders fleißige und befähigte Schüler als Prämie eine hebräische Bibel bekamen. Diese Stiftung wurde vom jeweiligen Hebräischlehrer, darunter auch von Graf, verwaltet.[142] Von Schumann übernahm 1841 sein Nachfolger Friedrich Julius Hermann Schlurick den Unterricht, ohne ihn jedoch wirklich gewissenhaft durchzuführen und angemessene Erfolge zu erzielen.[143] Der Leipziger Professor Tuch hatte daher Graf bereits kurz vor seinem Antritt in Meißen versichert, daß er lieber ihn als Hebräischlehrer sähe und er sich beim Kultusministerium dafür einsetzen wolle.[144] Dies führte jedoch erst nach Schluricks Ausscheiden (1851) zum Erfolg. Dessen Nachfolger als Religionslehrer, Julius Theodor Graf, erklärte sich bereit, Religionslehre und Hebräisch zu trennen und auf das letztere zu verzichten. Ein enger Zusammenhang zwischen beiden be-

---

138 Einen solchen Fall beleuchten Akten aus den Jahren 1759/60, wonach nach einer Vakanz der Rektor selbst den Unterricht übernahm, dafür aber seine turnusmäßige Aufsichtspflicht über die Alumnen den anderen Lehrern übertrug und dies auch beibehalten wollte, nachdem der Unterricht wieder von einem Pfarrer von St. Afra übernommen worden war (FM Nr. 1829).

139 Über ihn s. O. Kirn, Leipziger Theologische Fakultät, 1909, 200, 203. Er unterrichtete in drei Klassen, z. B. im Sommersemester 1832 in Tertia Grundlagen der Grammatik, in Secunda Lektüre des Buches Josua und in Prima Lektüre der Psalmen. Das geht aus dem von der Schule dem Kultusministerium zur Genehmigung eingereichten Lektionsplan für dieses Semester hervor (SHStAD Nr. 20994, Bl. 3–5).

140 Es wurden nur noch je zwei Wochenstunden in den beiden oberen Klassen gehalten. Das war ursprünglich als vorübergehende Lösung gedacht (Schreiben des Kultusministeriums an den Rektor vom 26. Mai 1834, SHStAD Nr. 20994, Bl. 31), blieb jedoch bestehen.

141 Schreiben des Kultusministeriums vom 21. April 1834 an die Inspektion der Schule (FM Nr. 1829, Bl. 23a).

142 S. die Jahresberichte der Schule unter der Rubrik „Prämien und Stipendien".

143 Weiteres über ihn s. u. S. 54.

144 Briefwechsel, 267.

stand ja ohnehin nicht. Der diesbezügliche Antrag des Rektors[145] wurde vom Kultusministerium genehmigt, so daß Graf diesen Unterricht vom Sommersemester 1851 an bis zu seiner Pensionierung erteilen konnte.

Er fand jetzt nur noch in den beiden oberen Klassen in je zwei Wochenstunden statt. In der Secunda wurde hauptsächlich Formenlehre betrieben, in der Prima Wiederholung schwieriger Teile der Formenlehre sowie Syntax und Lektüre. Auch hier ist aus den Angaben in den Jahresberichten der Schule leicht zu ersehen, wie Graf um ständige methodische Verbesserung seiner Lehrtätigkeit bemüht war. So übernimmt er zunächst G. H. Seffers Elementarbuch,[146] bittet jedoch bald darum, die Grammatik von Wilhelm Gesenius[147] und das Lese- und Hilfsbuch von Gustav Brückner[148] verwenden zu dürfen. Später erscheinen in den Jahresberichten die Grammatiken von Heinrich Ewald[149] und Carl Wilhelm Eduard Nägelsbach,[150] ab 1862 schließlich endgültig die von W. Gesenius. Als Übungsbücher dienten ihm bis zum Schluß G. Brückners Lese- und Hilfsbuch, doch ging es ihm nicht nur um grammatische Einübung. Sehr bald trat in der Prima die Erklärung, also die Einführung in die Exegese bestimmter Partien des Alten Testaments, die Graf von sich aus bestimmte, hinzu und wohl oft sogar in den Vordergrund. Das ist ganz deutlich ab 1859 der Fall. Denn in diesem letzten Jahrzehnt seiner Wirksamkeit behandelt er fast ausschließlich Partien aus dem 1. Samuelisbuch ab Kapitel 8 und den Psalmen. Auffällig ist hier besonders die Bevorzugung der Geschichten um Saul und David. Sie eigneten sich gewiß gut, um in die hebräische Erzählkunst einzuführen, aber dafür hätte es ja auch noch viele andere Beispiele gegeben. Offensichtlich lag ihm daran, die Schüler mit der Problematik der frühesten Königszeit vertraut zu machen und ihnen damit eine Einführung in eine sehr wichtige Zeit in der Geschichte des Volkes Israel zu geben.

So ist es ihm zweifellos erheblich besser als seinem Vorgänger gelungen, die Schüler auf die alttestamentliche Arbeit an der Universität vorzubereiten und den reinen Sprachunterricht in einen größeren Rah-

---

145 Schreiben vom 19. März 1851 (FM Nr. 1832, Bl. 33f.). Einen ähnlichen Vorschlag hatte der Rektor bereits in einem Schreiben vom 5. März 1848 gemacht, da schon damals mit Schluricks Ausscheiden gerechnet wurde (ebenda, Bl. 27–30).
146 Elementarbuch der hebräischen Sprache. Eine Grammatik für Anfänger, Leipzig 1845.
147 Ab der 14. Aufl. (1845) von Emil Rödiger herausgegeben.
148 Practisches Hilfsbuch zur methodischen Einübung der hebräischen Grammatik, Leipzig 1842; Neues hebräisches Lesebuch für Anfänger und Geübtere, Leipzig 1844. Der Antrag auf Einführung dieser Lehrbücher wird in einem Schreiben des Rektors an das Kultusministerium vom 7. März 1852 gestellt (SHStAD Nr. 20995, Bl. 59). Die Durchführung des Unterrichts wird in dem Schreiben des Rektors an das Kultusministerium vom 7. Nov. 1852 (ebd., Bl. 65–67) beschrieben.
149 Hebräische Sprachlehre für Anfänger, Göttingen 1844; ⁴1874.
150 Hebräische Grammatik als Leitfaden für den Gymnasial- und akademischen Unterricht, Leipzig 1856.

men hineinzustellen. Bei diesem Fach, das im Gesamtlehrplan der Schule
ja mehr am Rande stand, fand er auch selbst wenigstens an einer Stelle
in der seinen speziellen wissenschaftlichen Interessen sonst wenig entsprechenden Lehrtätigkeit eine größere Befriedigung. Außerdem konnte
er es vor der Schule wie dem Kultusministerium besser rechtfertigen,
wenn er sich in seiner Freizeit mit Arbeiten zum Alten Testament und
zur Orientalistik beschäftigte, da er das nun gewissermaßen ex officio
tat.[151] Die Verbindung von Französisch- und Hebräischunterricht war
natürlich ein ungewöhnlicher, durch Grafs Herkunft und Ausbildung be-
dingter Fall. Nach seiner Pensionierung übernahm den letzteren wieder
der Religionslehrer.[152]

Durch diese beiden Fächer wurde Grafs Lehrtätigkeit an der Schule
im wesentlichen bestimmt. Daneben hatte er aber noch andere Fächer
zu unterrichten, um die übrigen Kollegen zu entlasten, vor allem in der
Zeit vor der Übernahme des Hebräischunterrichtes. Teils entsprachen
die Fächer wenigstens grundsätzlich seinen Interessen, teils übernahm
er sie geradezu mit Widerwillen. Das erstere galt für den Unterricht
in Geschichte und Geographie in den beiden unteren Klassen, den er
gleich zu Beginn seiner Amtstätigkeit übernahm und, z. T. im Wechsel
mit dem eigentlichen Fachlehrer dazu, Prof. Oertel, bis zum Sommersemester 1848 abhielt.[153] Vor allem der Geschichtsunterricht, in Quarta ein
Überblick über die allgemeine Weltgeschichte, in Tertia spezieller die alte
Geschichte, machte ihm Freude und war ihm überhaupt, da er noch kein
Hebräisch gab, der liebste.[154] Aus Gründen des Stundenplans und einer
gleichmäßigeren Auslastung der Lehrer wurden ihm beide Fächer jedoch
bald wieder abgenommen. Denn da Prof. Oertel als Fachlehrer für sie
nicht genügend ausgelastet war und sich, nicht zuletzt seines schwierigen Charakters wegen, für andere nicht recht eignete, entschied man sich
dafür, sie ihm in allen Klassen zu übertragen. Stattdessen mußte sich Graf
mit dem Mathematikunterricht in Quarta einverstanden erklären.[155] Er
hatte zwar, als ihm der Rektor den Wechsel antrug, erklärt, „daß ihm zu
diesem Unterricht die rechte Freudigkeit fehle",[156] doch entschied dann

---

151 Briefwechsel, 370.
152 Jahresbericht der Schule von 1869, 50.
153 Je zwei Wochenstunden pro Fach in jeder Klasse, also insgesamt acht Wochenstunden.
154 Briefwechsel, 274.
155 Vier Wochenstunden in Arithmetik und Geometrie, u. a. über gemeine und Dezimal-
   brüche, Winkel- und Dreieckslehre.
156 Schreiben des Rektors an das Kultusministerium vom 28. Dez. 1847 (SHStAD Nr. 20994,
   Bl. 150). Eine unbedingte Ablehnung war das allerdings nicht. Denn wie aus einem
   Schreiben der Inspektion der Schule vom 19. Dez. 1847 an das Kultusministerium
   (ebd., Bl. 144–149) hervorgeht, hatte er den Deutschunterricht in Prima und Secunda,
   den er in der Nachfolge Flügels hätte übernehmen können, grundsätzlich abgelehnt,
   da er „dieser Sprache und Literatur nicht mächtig" genug sei.

der Kirchen- und Schulrat Dr. Meißner, daß er ihn halten müsse, dabei
jedoch in ständiger Verbindung mit dem eigentlichen Fachlehrer, Prof.
Wunder, stehen solle und von diesem gelegentlich hospitiert werde.[157]
Glücklicherweise blieb das auch nur ein kurzes Zwischenspiel. Denn
im Wintersemester 1850/51 wurde die Stundenzahl im Französischunterricht durch Teilung der Quarta erhöht, so daß er von dem ihm so
unliebsamen Fach entbunden werden konnte. Allerdings mußte er dafür
vier Griechischstunden in Quarta II vorübergehend in Kauf nehmen.[158]
Als er dann jedoch im Sommersemester 1851 den Hebräischunterricht
erhielt, fielen auch diese wieder weg.

Bei dem besonderen Charakter der Schule konnte er sich dem alt-
sprachlichen Unterricht freilich nicht ganz entziehen. Von Anfang an
hat er daher einen Teil der Lateinstunden in Quarta gegeben. Zunächst
geschah dies im Wechsel mit anderen Lehrern, später hatte er feste eigene Stunden und las ab Sommersemester 1851 mit den Schülern der
Oberquarta regelmäßig in drei,[159] ab Wintersemester 1860 in zwei Wochenstunden Ovids Metamorphosen. Als dann ab Wintersemester 1863
noch die Tertia geteilt wurde und sich die Stundenzahl im Französischen wiederum erhöhte, fielen für ihn allerdings auch diese beiden
letzten Lateinstunden weg, so daß er nun nur noch in zwei Sprachen
unterrichtete. Aber er hat sich jedenfalls während des weitaus größten
Teils seiner Amtszeit auch dieser Sprache widmen müssen, die damit
ein fester Bestandteil seines Repertoires gewesen ist. Zweifellos hat er
hier gleichfalls mit großer Gewissenhaftigkeit und pädagogischem Geschick unterrichtet, wiewohl vielleicht nicht mit derselben Überlegenheit,
wie er sie im Französischem und Hebräischen an den Tag legte. Am
Anfang wenigstens schienen einige Mängel aufgetreten zu sein, wie aus
einem Bericht des Kirchen- und Schulrats Dr. Meißner vom 11. Mai 1850
hervorgeht.[160]

Überblickt man seine Lehrtätigkeit noch einmal als ganze, dann ist
zweierlei festzustellen. Einerseits ist sie, von den ersten Jahren abgesehen, sehr kontinuierlich verlaufen. Den Französischunterricht hat er stets
voll in der Hand gehabt, so daß er hier nicht von Kollegen abhängig,
sondern sein eigener Herr war. Dasselbe gilt für das Hebräische. Nur im
Lateinischen hatte er als Unterstufenlehrer mehr Handlangerdienste zu
leisten. So konnte er vieles selbständig gestalten und sich recht gut auf
die beiden erstgenannten Sprachen konzentrieren, ohne unter Zersplit-

---

157 Schreiben des Kultusministeriums an die Inspektion der Schule vom 21. Jan. 1848
(ebd., Bl. 162f.).
158 Diese dienten z. T. für Extemporalien. Zu diesen s. u. S. 44f.
159 Bis dahin hatte er durchschnittlich zwei Stunden gehalten, wozu jedoch noch 3–4
Stunden für Extemporalien und Emendationen hinzukamen.
160 SHStAD Nr. 20998, Bl. 33–35.

terung seiner Stunden in allzu verschiedene Fächer leiden zu müssen. Auch hatte er ziemlich konstant etwa 18 Wochenstunden zu halten, wie das den normalen Anforderungen, die an die Lehrer gestellt wurden, entsprach. Ist so seine Amtszeit, was Fächer und Stunden betrifft, im ganzen günstig verlaufen, so war es freilich andererseits auf die Dauer nicht recht befriedigend, daß seine Fächer außer dem Hebräischen, und das heißt eben vor allem sein Hauptfach, von seinen speziellen wissenschaftlichen Interessen nicht berührt wurden. Der Geschichtsunterricht, der ihn mehr hätte fesseln können, war nur ein kurzes Zwischenspiel. Das mußte je länger desto unbefriedigender für ihn sein. Da er aber auch nicht der Typ war, es mit dem für ihn nicht Interessanten etwas leichter zu nehmen, sondern mit unverminderter Gewissenhaftigkeit seine Pflichten erfüllte, so mußte er seinen Unterricht mit der Zeit als immer drückendere Last empfinden und sich aus dem schulischen Bereich heraussehnen. Gerade seine hingebende Treue in der Pflichterfüllung führte ihn also in eine umso tiefere Unzufriedenheit mit seiner gesamten beruflichen Arbeit.

2.3.1.2. Die zusätzlichen Verpflichtungen

Die berufliche Tätigkeit eines Lehrers an St. Afra erschöpfte sich jedoch nicht in den reinen Lehrstunden. Schon diese konnten sich beträchtlich erhöhen, wenn ein Kollege für längere Zeit erkrankte. Denn dann mußten die anderen einspringen, sei es, daß sie seine Stunden direkt übernahmen, sei es, daß sie verstärkt im eigenen Fach unterrichteten, um dem Erkrankten nach seiner Gesundung ausreichend Gelegenheit zum Nachholen zu schaffen. Die Ordnung der Schule, bei der es sich um eine geschlossene Anstalt, die besonders hohe Anforderungen an die Schüler stellte, handelte, brachte jedoch noch eine ganze Reihe weiterer Verpflichtungen und Belastungen der Lehrer mit sich, so daß deren Kraft und Zeit erheblich beansprucht wurde.

Als erstes sind die Prüfungen zu nennen. Die Schüler waren – wie schon gesagt – grundsätzlich in vier Klassen von anderthalbjähriger Dauer bei halbjähriger Versetzung eingeteilt. Infolgedessen fanden zweimal im Jahr größere Prüfungen statt, nämlich in der Woche vor Lätare, ab 1849 in der vor Judica, und in der Michaeliswoche.[161] In diesen sog. Elaborierwochen hatten die Schüler große Arbeiten in den Hauptfächern, darunter auch im Französischen, anzufertigen, die jeweils am Ende der Woche abzugeben waren. Den Lehrern lag es dann ob, sie im Verlauf

---

161 In dieser Form bestand dies von 1812 bis 1868, also während Grafs gesamter Amtszeit.
     S. dazu Th. Flathe, St. Afra, 1879, 332f., 391.

der folgenden Woche zu korrigieren und schließlich vor versammelter Lehrer- und Schülerschaft darüber Bericht zu erstatten.[162]

Es war dies aber nur ein Teil der schriftlichen Arbeiten, die ein Lehrer im Verlauf des Jahres zu korrigieren hatte. Seit 1834 bestand nämlich die Einrichtung von sogenannten Studiertagen. Das waren unterrichtsfreie Tage, die etwa aller zwei Wochen angesetzt wurden und von denen außerdem je einer in der Fastnachts-, Kirchmeß- und Jahrmarktswoche lag.[163] Diese Tage standen den Schülern nicht einfach zur freien Verfügung, vielmehr hatten ihnen die Lehrer Themen für schriftliche Arbeiten zu stellen, die diese dann natürlich auch korrigieren mußten.[164] Im Verlauf des Jahres waren demnach sehr viele größere schriftliche Arbeiten anzufertigen, und deren Korrekturen wiederum belasteten die Lehrer so stark, daß alle darunter seufzten und einzelne immer wieder versuchten, sich weniger als andere aufbürden zu lassen.[165] Dazu kam noch eine ganze Reihe kleinerer schriftlicher Arbeiten, die die Schüler in jeder Woche anzufertigen hatten, insbesondere Extemporalien, d. h. Übersetzungen eines Textes aus dem Deutschen in die entsprechende Fremdsprache unter Aufsicht des Lehrers, und Übungsaufgaben. Sofern sie die klassischen Sprachen betrafen, wurden sie in sogenannten Emendationsstunden, die sonnabends in der Zeit von 8–10 oder 9–11 Uhr lagen, zurückgegeben und dort besprochen bzw. es wurden auch in dieser Zeit Extemporalien geschrieben.[166]

Für die klassischen Sprachen waren außerdem bestimmte Übungsstunden, die hauptsächlich für Extemporalien verwendet wurden, im Wochenplan eigens festgelegt. An solchen Übungs- und Emendationsstunden mußte sich auch Graf, wenigstens in seinen ersten Jahren, als er noch keinen Hebräischunterricht gab, beteiligen. Bis Sommersemester 1850 hatte er die sonnabendlichen Emendationsstunden für die Quarta im Lateinischen und zwei Übungsstunden, davon im Sommersemester 1850 eine im Griechischen, im Wintersemester 1850/51 zwei griechische Übungsstunden zu halten. Ab Sommersemester 1851 lagen ihm davon

---

162 Das letztere, der sog. „Bockmarkt", fiel allerdings 1860 weg, da es dabei oft unwürdig zuging. S. Th. Flathe, St. Afra, 1879, 391.

163 Die letzten beiden lagen nach Pfingsten bzw. im August.

164 Zur Einrichtung dieser Tage s. Th. Flathe, St. Afra, 1879, 378f. Zu vergleichen ist auch eine Aufstellung der Termine in einem Schreiben des Rektors an das Kultusministerium vom 16. Febr. 1847 (SHStAD Nr. 20994, Bl. 100–117).

165 Beispiel dafür ist der Geschichtslehrer, Prof. Oertel, der privat eingeführte Korrekturen, z. B. bei Privatstunden, und Korrekturen der Geschichtshefte vorschützt, um sich von anderen dispensieren zu können (Schreiben des Rektors an das Kultusministerium vom 7. Nov. 1852, SHStAD Nr. 20995, Bl. 65–67).

166 Sie wurden nach dem Vorbild der Fürstenschule in Grimma unter dem Rektor Baumgarten-Crusius in Meißen eingeführt. Vgl. das Schreiben des Kultusministeriums an ihn vom 2. April 1836 (SHStAD Nr. 20994, Bl. 58–63).

nur noch die Korrekturen schriftlicher Arbeiten im Französischen und Hebräischen ob, für die keine eigenen Emendationsstunden vorgeschrieben waren. Doch bedeutete dies für ihn kaum eine große Erleichterung, denn mit der Ausweitung des Unterrichts im Französischen vergrößerte sich zwangsläufig auch die Zahl der zu erledigenden Korrekturen, so daß er anderen Lehrern darin nicht nachstand. Am Anfang seiner Meißner Zeit äußerte er einmal, daß er jährlich etwa 2500 Arbeiten zu korrigieren hätte.[167] Im Prinzip wird sich daran in der Folgezeit nicht viel geändert haben.

Neben den schriftlichen Arbeiten stellten die Privatstunden, die die Lehrer in ihren Fächern zu geben hatten, eine weitere Belastung außerhalb des eigentlichen Unterrichts dar. Sie waren hauptsächlich für schwächere Schüler, die hinter den anderen zurückzubleiben drohten, gedacht. Nicht jeder Lehrer empfand sie allerdings als reine Belastung. Da sie die Schüler bezahlen mußten und sich auf diese Weise ein Nebenverdienst ergab, waren manche im Gegenteil sehr an ihnen interessiert und suchten möglichst viele Schüler dazu zu gewinnen. Als Mittel zum Zweck geworden, wurde ihnen dann nicht immer die für sie ja eigentlich besonders nötige Liebe und Sorgfalt zuteil.[168] Graf gehörte natürlich nicht zu dieser Kategorie von Lehrern. Er konnte hier weder seine gründliche und gewissenhafte Art verleugnen noch ein Geschäft daraus machen. So erteilte er sie „nur nothgedrungen und wenigen Schülern … und dies uneigennützig, wie er war, zu sehr geringem Honorar".[169] Er mußte sie dann freilich auch stärker als andere als zusätzliche Belastung, die ihn nur von seiner wissenschaftlichen Arbeit abhielt, empfinden. Ähnlich stand es mit den sogenannten Verlagsschülern. Jeder Schüler war einem Lehrer zugewiesen, der die besondere Aufsicht über ihn zu führen hatte, wofür er von dessen Vater bestimmte Verlagsgelder erhielt. Auch das kostete zusätzlich Zeit und Kraft.[170]

Als letzte, aber nicht geringste Belastung, ist schließlich die äußere Ordnung, die das internatsmäßige Wohnen der Schüler in der Schule nötig machte, zu nennen. Die Lehrer waren ja für eine ständige Beaufsichtigung und weitgehend für die Freizeitgestaltung der letzteren verantwortlich. Dies fand seinen deutlichsten Ausdruck in der sogenannten Inspektionswoche, in der der Lehrer, dann Hebdomadar genannt, bei den Schülern wohnte und für die peinlich genaue Einhaltung der Tagesordnung Sorge zu tragen hatte. In dieser Woche war der Lehrer völlig

---

167 Briefwechsel, 297.

168 Als Beispiel ist Flügel zu vergleichen, s. u. S. 52f.

169 Privates Schreiben Frankes an den Kultusminister vom 21. Juli 1869 (SHStAD Nr. 20961, Bl. 150f.).

170 Laut Jahresbericht von 1866 beispielsweise hatte Graf in diesem Jahr deren 18. Vgl. auch Briefwechsel, 528.

gebunden und außerstande, irgendwelche größeren privaten Arbeiten zu erledigen. Über die vielen sich da ereignenden Zwischenfälle wissen die Protokolle über die wöchentlichen Synodal-Versammlungen, d. h. Lehrerkonferenzen, reichlich zu erzählen.[171] Insbesondere gab es immer wieder Schwierigkeiten, wenn Schüler Stadturlaub hatten und verspätet heimkamen bzw. sich verbotenerweise in Gaststätten aufhielten. Dem Hebdomadar standen zwar in den einzelnen Stubengemeinschaften, in die die Schüler eingeteilt waren, bestimmte, mit kleinen Strafbefugnissen ausgestattete Schüler, die Inspektoren, zur Seite. Aber da auch diese zuweilen unzuverlässig waren, gab es hier begreiflicherweise so manchen Ärger, der diese Woche oft zusätzlich anstrengend und unerfreulich werden ließ. An sich wurde das Hebdomadariat in regelmäßigem Turnus absolviert. Wenn jedoch einer der Lehrer ernsthaft erkrankte, mußten die anderen es entsprechend häufiger auf sich nehmen.

Natürlich hatte das enge Zusammenleben von Lehrern und Schülern auch viele positive Seiten, wie sie Graf gleich am Anfang seiner Meißener Zeit deutlich empfand.[172] Es ergaben sich zahlreiche persönliche Kontakte und gemeinsame Erlebnisse, die auch den Lehrer erfreuten und bereicherten und ihn mit einzelnen Schülern über deren Schulzeit hinaus verbanden. Dazu trugen schon die regelmäßigen Spaziergänge, die angeordnet waren, bei.[173] Darüber hinaus aber erbaten sich die Lehrer einzelne Schüler, um mit ihnen Ausflüge zu machen oder sie bei sich zu Besuch zu haben.[174] Selbst in den Ferien ist das geschehen. So haben Franke und Graf gemeinsam mit einigen Schülern im Juli 1856 eine Fußwanderung durch den Harz unternommen.[175] Überhaupt wird man sagen können, daß gerade Franke, der die Beurlaubungen von Schülern zu eigenen Spaziergängen oder sonstigen Unternehmungen auf ein Mindestmaß reduziert hatte,[176] Lehrer und Schüler umso mehr miteinander verband und eine persönliche Kontaktaufnahme förderte.

In dieser Hinsicht aber konnte auch Graf in hohem Maße geben und nehmen. Er war gewiß nicht der Mann, der sich auf Grund einer ihm eigenen Autorität machtvoll hätte Geltung verschaffen können oder

---

171 Für Grafs Zeit sind das die Aktenfaszikel FM Nr. 1816–1818.

172 Briefwechsel, 274f.

173 Einer der Spaziergänge unter Grafs Leitung, am 21. Aug. 1863, ist deshalb bekannt geworden, weil dabei ein Holzsteg über den Triebischbach zusammenbrach und mehrere Schüler abstürzten, ohne daß allerdings ein Todesfall zu beklagen war (Th. Flathe, Chronik von St. Afra, 1870, 29).

174 So wird von Graf berichtet, daß er im Herbst 1847 mit fünf Schülern eine Partie mit dem Dampfschiff unternahm (Synodal-Protokoll vom 4. Sept. 1847, FM Nr. 1817, Bl. 10f.).

175 Das geht aus dem Urlaubsgesuch an das Kultusministerium vom 15. Juni 1856 (SH-StAD Nr. 20960, Bl. 81) hervor. Vgl. auch Briefwechsel, 408.

176 Vgl. Th. Flathe, St. Afra, 1879, 395f.

dem die Verehrung der Schüler einfach zugeflogen wäre. Dazu war
er viel zu scheu und zurückhaltend. Öffentliches Auftreten, auch im
Rahmen der Schule, kostete ihn im Grunde immer Überwindung.[177]
Wohl aber wußten die Schüler zu achten, daß er weder eigennützig noch
selbstbewußt auftrat und dennoch einen klaren Blick hatte und unbeirrt
seinen Weg ging. Diese feine und bei aller Zartheit doch bestimmte
Art seines Auftretens verfehlte ihre Wirkung nicht und sicherte ihm
zeitlebens Ansehen und Zuneigung, wie dies am deutlichsten kurz vor
und nach seinem Tod zum Ausdruck kam.[178] Er war in Meißen also weder
eine Randfigur noch ein verkannter Mann, sondern hatte durchaus die
für eine erfolgreiche und kontinuierliche Wirksamkeit nötige Resonanz
und stand in einer festen Gemeinschaft, die ihn ihrerseits trug und trotz
aller drückenden Belastungen immer erneut zu treuer Pflichterfüllung
anspornte.

In seinem Briefwechsel mit Reuß traten diese positiven Seiten seiner
Amtstätigkeit allerdings kaum hervor. Es ist aber schon an dieser Stelle
ernsthaft die Frage aufzuwerfen, ob nicht gerade die Fürstenschule mit
ihren festen Grenzen nach außen hin und der strengen inneren Ordnung
vom rein Menschlichen her gesehen der richtige Platz für ihn gewesen ist.
In den freieren Verhältnissen der Universität, an der der Erfolg des einzelnen ungleich stärker von seiner persönlichen Anziehungskraft, seiner
Beweglichkeit und auch einem seiner selbst gewissen Beharrungsvermö-
gen abhing, hätte er es erheblich schwerer gehabt, sich durchzusetzen.
Wie die Angaben zu seinem persönlichen Leben und zu seinen Werken
noch genauer zeigen werden, war er kein Mann großer innerer Weite
und ausgedehnter Beziehungen, sondern konzentrierte sich streng auf
bestimmte festumgrenzte Kreise und Arbeitsgebiete. Hier bewies er be-
wundernswürdige Treue und Ausdauer. Eben diese Grundhaltung war
im Rahmen der Fürstenschule die gebotene und am meisten bleibenden
Erfolg versprechende, während sie ihn an der Universität eher als zu
eng und nicht anregend genug erscheinen lassen konnte. So gewiß also
seine wissenschaftlichen Interessen von seinen Unterrichtsgebieten an
der Schule differierten, so fraglich bleibt es doch, ob er in der akademischen Laufbahn auch menschlich die Erfüllung gefunden hätte, wie
er sie suchte. Fehl am Platze war er seiner ganzen Art nach in Meißen
jedenfalls nicht.[179]

---

177 Vgl. nur Briefwechsel, 401f.
178 S. nur die Jahresberichte der Schule von 1869 (S. 49) und 1870 (S. 38) sowie Frankes
     persönliche Schreiben an den Kultusminister vom 10. Aug. 1868 und 21. Juli 1869
     (SHStAD Nr. 20961, Bl. 141, 150f.).
179 Als kleinere Verpflichtungen Grafs im Rahmen der Schule sei noch genannt, daß er
     die Verwaltung zweier Kassen innehatte, nämlich die des „Musikfiscus" sowie vor
     allem die sehr wichtige „Afranerwittwenkasse", eine Stiftung aus dem Jahr 1843, in die

2.3.1.3. Das Verhältnis zu den Kollegen

Grafs Stellung im Rahmen der Fürstenschule wäre nicht vollständig umschrieben, wenn nicht auch das Verhältnis zu den übrigen Lehrern in Betracht gezogen würde. Graf trat hier ja, dem Charakter der Schule entsprechend, in ein Kollegium wirklich gelehrter und auch selbst wissenschaftlich tätiger Lehrer ein, das sich von den Kollegien der übrigen Gymnasien im Lande erheblich unterschied. Eine Reihe seiner Mitglieder wurde denn auch nach erfolgreicher Wirksamkeit auf besonders hervorgehobene Posten wie Rektorstellen an anderen Gymnasien, Superintendenturen und Professuren an der Leipziger Universität berufen.[180] Wie stand Graf zu ihnen? Wurde er durch sie für manche Belastung, die er im Rahmen der schulischen Ordnung auf sich nehmen mußte, entschädigt, oder ließen sie ein tieferes gegenseitiges Verständnis nicht aufkommen, so daß er enttäuscht wurde und einsam blieb? Es sei hier wenigstens auf die, die ihm am nächsten standen, eingegangen.

Die führende Gestalt, war der Rektor Ludwig Gottlieb Friedrich Franke, der kurz vor Grafs Eintritt in das Kollegium sein Amt übernommen hatte und diesen um knapp zwei Jahre überlebte.[181] Er bestimmte also während der gesamten Amtszeit Grafs die Geschicke der Schule und stand diesem überdies noch als sein nachmaliger Schwiegervater persönlich nahe.

Geboren 1805 in Weimar, studierte er Philologie in Jena und Leipzig, wo er besonders G. Hermann[182] nahestand, und wurde 1828 Conrector in Rinteln in Hessen, 1836 in Fulda, von wo aus er nach Meißen berufen wurde. Schon vor seiner Berufung hatte er sich als Verfasser gelehrter Abhandlungen, vor allem zur attischen Rhetorik, und verschiedener Schriften für Unterrichtszwecke einen Namen gemacht[183] und sich auch

---

die ordentlichen Lehrer, für deren Witwen sie bestimmt war, zusätzlich regelmäßige Beiträge einzahlten (Grafs Verwaltung dieser Kassen geht aus dem Synodal-Protokoll vom 29. Aug. 1868, FM Nr. 1818, Bl. 37f., hervor).

180 Die wichtigsten Lebensdaten der Lehrer finden sich bei A. H. Kreyssig, Afraner-Album, 617ff. Während Grafs Amtszeit wurden R. H. Hofmann (1862) und W. G. Schmidt (1866) Professoren der Theologie in Leipzig. Über sie s. O. Kirn, Leipziger Theologische Fakultät, 1909, 201, 206, 210, 219, zu Schmidt s. auch RE 17 (^{3}1906), 660f.

181 Er wurde am 27. Nov. 1845 in sein Amt eingeführt und übte es bis zu seinem Tod, am 23. Jan 1871, aus. Zur Charakterisierung seiner Persönlichkeit und zur Geschichte der Schule während seiner Amtszeit s. Th. Flathe, St. Afra, 1879, 388ff. Bis 1845 gibt er selbst einen Abriß seines Lebens im Jahresbericht der Schule von 1846 (37–39). Vgl. auch die anläßlich seiner Beerdigung gehaltenen Reden des Kirchen- und Schulrats Dr. Gilbert und des Prof. Ackermann im Jahresbericht der Schule von 1871, S. 5ff. Weitere Einzelheiten finden sich in den Jahresberichten von 1846–71.

182 Seit 1803 o. Prof. an der Philosophischen Fakultät, s. über ihn ADB 12 (1880), 174–180; NDB 8 (1969), 657f.

183 S. seine eigenen Angaben in seinem Lebensabriß im Jahresbericht der Schule von 1846, 37–39, weitere Angaben bei W. Haan, Schriftsteller-Lexicon, 1875, 79.

persönlich in seinem Wirkungsbereich große Achtung erworben, so daß er dem sächsischen Kultusministerium, dem eine ganze Reihe von Bewerbungen wie auch Empfehlungen von dritter Seite für die Nachfolge des 1845 verstorbenen Rektors Baumgarten-Crusius vorlagen, als der geeignete Mann für St. Afra erschien.[184]

Die an ihn gestellten Erwartungen haben sich dann auch in vollem Maße bestätigt. Er hat während seiner gesamten Amtszeit die Zügel fest in den Händen gehabt und der Schule eine kontinuierliche Entwicklung gesichert. Da es sich um eine geschlossene Anstalt handelte, ging es ihm vor allem darum, deren innere Ordnung mit eiserner Energie aufrechtzuerhalten und Lockerungen von innen oder außen her nicht zu dulden. Dazu legte er eine große Strenge, oftmals auch eine unversöhnliche Schärfe, an den Tag.[185] Grundsätzlich nahm er eine konservative Haltung ein und versuchte insbesondere, an der absolut dominierenden Stellung der klassischen Sprachen im gesamten Unterricht beharrlich festzuhalten. Auch bemühte er sich, den Schülern genügend Studierzeit außerhalb der Unterrichtsstunden zu gewährleisten und die diesbezüglichen Gepflogenheiten, wie er sie bei seinem Amtsantritt vorfand, zu erhalten.[186]

Ganz uneingeschränkt ließ sich das freilich nicht durchführen. Schon gleich am Anfang seiner Amtstätigkeit mußte er sich einige Neuerungen, die die Zeit notwendigerweise mit sich brachte, gefallen lassen, insbesondere die durch das Regulativ vom 22. Dezember 1846[187] geforderte Vermehrung von Unterrichtsstunden in Deutsch und Mathematik und die Einführung eines naturkundlichen Unterrichts, wodurch die Dominanz der klassischen Sprachen doch etwas beeinträchtigt wurde.[188] Gegen Ende seiner Amtszeit wurde auch die Studierzeit der Schüler zugunsten weiterer Unterrichtsstunden eingeschränkt.[189] Er hat sich aber auch von sich aus um Neuerungen gemüht. So wurde eine Reihe von

---

184 Dies geht aus einem Bericht über einen Erkundigungsbesuch bei ihm in Fulda, den der Kirchenrat D. Schulze am 13. Aug. 1845 abgab (SHStAD Nr. 20942, Bl. 45–50), hervor.

185 Die strenge Art war schon dem Kirchenrat D. Schulze bei einer Hospitationsstunde in Fulda aufgefallen (s. den in der vorigen Anm. genannten Bericht).

186 Es handelt sich einerseits um bestimmte Stunden, die den Schülern zum eigenen Studium zur Verfügung standen. Sie lagen ursprünglich im Sommersemester in der Zeit von 6–7 Uhr früh. Franke führte solche ab 1850 auch im Wintersemester in der Zeit von 6.30–8 Uhr früh ein, wobei sich dann der gesamte weitere Tagesverlauf um eine Stunde verschob (Schreiben des Rektors an das Kultusministerium vom 23. Sept. 1850, SHStAD Nr. 20995, Bl. 10–18). Andererseits geht es um unterrichtsfreie Studiertage, dazu s. o. S. 44.

187 Zu diesem s. G. Schmidt, Staatsreform, 1966, 166.

188 Franke sträubte sich dabei, so sehr er konnte, und erreichte auch vorübergehend einige Abweichungen vom Regulativ zu seinen Gunsten, wie aus einem Schreiben an das Kultusministerium vom 5. Jan. 1848 hervorgeht (SHStAD Nr. 20994, Bl. 152–159).

189 Th. Flathe, St. Afra, 1879, 390f.

baulichen Maßnahmen getroffen und die Inneneinrichtung der Schule erheblich verbessert.[190] Vor allem aber lag ihm daran, Klassen mit einjährigen Kursen statt der bisherigen anderthalbjährigen einzuführen. Er regte sie bereits 1849 an und konnte sie nach einigen Übergangslösungen schließlich 1868 durchsetzen.[191] So erlebte die Schule unter seiner Leitung manche eingreifende Veränderung und konnte doch dabei ihren bisherigen Charakter weitgehend behalten. Durch beides erhielt er ihr ihren Ruf und ihr Ansehen, so daß sein Rektorat von bleibender Bedeutung gewesen ist, auch wenn sich die Verhältnisse bald nach ihm in stärkerer Weise veränderten, nicht zuletzt durch den völligen Neubau des Schulgebäudes in den Jahren 1876–79.

In seinem Verhältnis zu seinen Kollegen ging es seiner Art entsprechend nicht immer ohne Schärfe ab. Insbesondere blieb das Verhältnis zu dem allerdings sehr schwierigen und empfindlichen Geschichtslehrer und zweiten Professor Oertel stets so gespannt, daß er einmal sogar selbst, und dies dem Kultusministerium gegenüber, zugeben mußte, nicht ganz sachlich, sondern leidenschaftlich gehandelt zu haben.[192] Doch bewahrte er im übrigen auch hier den Geist der Schule und wußte bei den sich immer mehr erhöhenden Anforderungen an die Lehrer und den zahlreichen Krankheitsfällen für den nötigen Ausgleich zu sorgen. Daß er dies bis zuletzt durchhielt und dabei zu den am längsten amtierenden Rektoren von St. Afra gehörte, zeugt von seiner unerhörten, auch bei zunehmender Kränklichkeit aufrechterhaltenen Arbeitskraft,[193] die er fast ganz der Schule widmete, obwohl er auch wissenschaftlich und literarisch weiterhin tätig war.[194] Er starb an einen Gehirnschlag, nachdem er noch am gleichen Tag seine normalen Unterrichtsstunden gehalten hatte.[195]

Es war nur natürlich, daß sich zwischen ihm und Graf, einerseits infolge der verwandtschaftlichen Beziehungen und infolge der langjährigen beruflichen Zusammenarbeit andererseits, ein engeres Vertrauensverhältnis entwickelte. Franke schätzte an Graf neben seinen wissenschaftlichen Leistungen vor allem dessen Unterrichtserfolge und Gewissenhaftigkeit,

---

190 Th. Flathe, Chronik von St. Afra, 1870, 15ff.

191 Dazu s. o. S. 35.

192 Oertel hatte im Herbst 1853 einen Extraneer, d. h. einen Schüler, der nicht im Alumnum lebte, härter bestraft, als es Franke für gerecht hielt. Daraus hatte sich ein erhitzter Briefwechsel zwischen Oertel und Franke sowie zwischen beiden und dem Kultusministerium entwickelt (SHStAD Nr. 20943, Bl. 74–93).

193 Wie wenig er oft gesundheitlich auf dem Posten war, zeigen die zahlreichen Anträge auf Sonderurlaub und Kuren in dem Aktenfaszikel SHStAD Nr. 20960.

194 S. dazu nur W. Haan, Schriftsteller-Lexicon, S. 79.

195 S. den Jahresbericht der Schule von 1871, 3ff. Er hatte schon Ende 1869 einen leichten Schlaganfall erlitten, s. sein Schreiben an das Kultusministerium vom 3. Jan. 1870 (SHStAD Nr. 20960, Bl. 143f.).

die, wie er ausdrücklich betonte, ihm nie Anlaß zu Unzufriedenheit gegeben haben.[196] Für seine berufliche Arbeit hat er ihm denn auch zweifellos wichtige Anregungen gegeben[197] und überhaupt für ihn getan, was in seinen Kräften stand. Aber die Lebensziele beider waren doch so verschieden, daß es nicht zu einem vollen gegenseitigen Verständnis gekommen ist. Franke war ganz und gar Rektor und ging völlig in seinem Schulamt auf. Nach einer akademischen Laufbahn strebte er nicht. Da sich nun auch Graf in Meißen bestens bewährte und gerade als Lehrer vorbildlich war, war er wohl der Meinung, daß das für diesen der gegebene Platz sei, der ihm volle Befriedigung schaffen könne. Dabei mögen sich persönliche Überzeugung und die Interessen des Rektors unbewußt miteinander verknüpft haben. Jedenfalls fand Graf in seinem Streben zur Universität bei ihm keine Resonanz.[198] Ob das freilich nur ein Zeichen einer Engstirnigkeit des Schulmannes war, wie Graf meinte, ist angesichts dessen, daß andere Lehrer ja doch zu Professoren in Leipzig berufen wurden, immerhin fraglich. Vielleicht hat Franke sogar ein ganz richtiges Empfinden gehabt.[199] Aber man wird es Graf schon zubilligen müssen, daß sich Franke bei seiner strengen und praktischen Art nicht recht in ihn hineinversetzen konnte und er sich nicht ohne Grund unverstanden fühlte. Ein in die Ferne gehendes und nicht sicher realisierbares Streben lag diesem eben nicht. Dazu kam noch, daß auch die wissenschaftlichen Interessengebiete sehr verschieden waren. Natürlich gab es mancherlei Berührungen und Anlaß zu gegenseitigem Austausch, doch waren die Gebiete zu wenig miteinander vereinbar, als daß einer von da aus auf den anderen stärkeren Einfluß hätte nehmen können.

Aufs ganze gesehen, ist also festzustellen, daß Franke Grafs Leben wohl in seinem äußeren Verlauf und in der beruflichen Arbeit ganz wesentlich mitbestimmte, daß er aber im übrigen trotz der verwandtschaftlichen Bindung beider keinen tiefergehenden Einfluß ausgeübt hat und ihm letztlich auch persönlich nicht nahegekommen ist. Graf konnte ihn nicht wirklich als einen väterlichen oder geistesverwandten Freund betrachten.

Bezüglich seiner wissenschaftlichen Interessen stand ihm da sein Vorgänger und zeitweiliger Kollege, Prof. Gustav Leberecht Flügel, erheblich näher. An der Schule zwar als Fachlehrer für Deutsch und Französisch

---

196 Privates Schreiben an den Kultusminister vom 21. Juli 1869 (SHStAD Nr. 20961, Bl. 150f.).

197 So ist Grafs Buch „Aufgaben zur Uebung des französischen Stils für die obersten Gymnasialklassen" von 1851/52 auf sein Zureden hin entstanden, nämlich u. a. in der Überlegung, daß es, z. B. vor dem Kultusministerium, besser sei, wenn Graf auch für sein Hauptunterrichtsfach einmal etwas veröffentliche (Briefwechsel, 323).

198 Briefwechsel, 511, 521, 531.

199 Zu diesem Problem s. o. S. 46.

angestellt, widmete er sich doch außerhalb der schulischen Verpflichtungen fast ausschließlich der Orientalistik und hatte sich auf diesem Gebiet durch eine Reihe bedeutender Veröffentlichungen und weitgespannte Beziehungen bereits vor Grafs Meißener Zeit einen sehr geachteten Namen gemacht.[200] Auch Graf und Reuß war er längst bekannt, so daß er in ihrem Briefwechsel nicht erst besonders eingeführt werden mußte. Graf konnte daher hoffen, in ihm einen ihm entsprechenden und ihn anziehenden Gesprächspartner zu finden.

Diese Hoffnung schien sich auch zu bestätigen, da Flügel ihn gleich bei seinem Antritt in Meißen sehr freundlich aufnahm und auf Grund seiner Beziehungen in vielseitiger Weise zu informieren wußte.[201] Nur war allein schon die Zeit ihres gemeinsamen Wirkens sehr kurz, da Flügel bereits 1850 emeritiert wurde und dann nach Dresden übersiedelte. Außerdem war er gerade zu Beginn von Grafs Dienst in Meißen so schwer krank, daß man stets mit seinem baldigen Tode rechnete und sich sicher niemand hätte träumen lassen, daß er Graf noch überleben würde.[202] Ein engerer Kontakt, wie Graf ihn gewünscht hätte, kam aber noch aus einem anderen Grund nicht zustande. So sehr nämlich beide die rein schulischen Pflichten als notwendiges Übel empfanden und nur ihre wissenschaftliche Arbeit als vollwertig betrachteten, so verschieden waren sie doch in ihrem Verhalten der Schule gegenüber. Flügel war als Lehrer zwar weder nachlässig noch untüchtig. Frankes Vorgänger, der Rektor Baumgarten-Crusius, bescheinigte ihm im Gegenteil, daß er speziell den Französischunterricht mit besten Erfolge erteilt habe und ihm die übrigen Lehrer wie die Schüler dafür dankbar seien.[203] Auch hatte er eine sehr beträchtliche Zahl an Unterrichtsstunden zu halten.[204] Aber ganz ohne methodische Mängel war sein Unterricht nicht,[205] und darüber hinaus wurde seine Betätigung auf anderen Gebieten im Laufe

---

200 Vgl. als zeitgenössisches Zeugnis dafür nur den Artikel über ihn in der von M. Hoefer hg. Nouvelle Biographie Générale 18 (1858), 19; vgl. ferner NDB 5 (1961), 260f.
201 Briefwechsel, 272f., 281f.
202 Er starb ein knappes Jahr nach Graf, am 5. Juli 1870. Zur Krankheit Flügels vgl. Briefwechsel, 272f., sowie das Attest des Bezirks- und Schularztes Dr. Meding als Beilage zu dem Schreiben Frankes an das Kultusministerium vom 22. Juni 1846 (SHStAD Nr. 21000, Bl. 60–64).
203 Schreiben an das Kultusministerium vom 22. Dez. 1839 (SHStAD Nr. 21009, Bl. 49–53).
204 Zu Frankes Zeiten hatte er grundsätzlich folgende Verpflichtungen: Französisch für alle Klassen (8 Std.), Deutsch in den beiden oberen Klassen (6 Std.), Geschichte und Geographie in den beiden unteren (8 Std.). S. das Schreiben des Rektors an das Kultusministerium vom 13. Sept. 1847 (SHStAD Nr. 21000, Bl. 80f.).
205 So benutzte er beispielsweise im Französischunterricht faktisch keine Grammatik und hielt auch keinen regelmäßigen grammatischen Kurs ab. Das geht aus einem Schreiben des Rektors an das Kultusministerium vom 16. Febr. 1847 (SHStAD Nr. 20994, Bl. 100–117) hervor.

der Zeit immer umfänglicher, so daß er nicht in der Weise auf die Schule konzentriert war, wie es wünschenswert erschien.[206]

Ganz uneigennützig handelte er dabei nicht. So wurde ihm von Außenstehenden der Vorwurf gemacht, daß er es allzu sehr auf Privatstunden im Französischen abgesehen habe und dazu viele Schüler, die angeblich im normalen Unterricht nicht mitkämen, nötige.[207] Gewiß handelt es sich hier um eine Verleumdung, doch hielt er tatsächlich relativ viele Privatstunden, die er grundsätzlich nur beim Spazierengehen abhielt[208] und sich auch sehr angemessen bezahlen ließ.[209] Ähnliches wird auch für andere Nebenbeschäftigungen gelten.[210] Vor allem aber machte man ihm zum Vorwurf, daß er sich in seiner literarischen Tätigkeit unter keinen Umständen etwa zugunsten der Schule beschränken könne. So stellt denn der Kirchen- und Schulrat Dr. Meißner in seinem Bericht vom 11. Mai 1850 fest: „Flügel ... hat der Schule nie viel genützt und wird ihr auch in Zukunft nicht viel nützen können ... Ueber alles aber nimmt es Flügel, bei aller wissenschaftlichen Tüchtigkeit, in seinem gelehrten Egoismus, mit der Schule so leicht, daß sein bildender Einfluß auf die Schüler sehr gering ist. Die Schule ist ihm nur zu sehr Nebensache".[211] Rektor Franke hat das gleiche Urteil gehabt, wenn er sich auch in seinem Schreiben über ihn sehr vorsichtig ausdrückt.[212]

Da sich nun andererseits Graf gut bewährte, drang der Rektor immer stärker darauf, daß Flügel auf sein Hauptfach, den Französischunterricht und damit auch auf die mit ihm verbundene Renumeration, verzichte und dieses Graf offiziell übertragen werde, nachdem dieser 1847 ohnehin

---

206 Franke stellt denn auch mißbilligend fest, daß er den Französischunterricht (Franke: „ich weiß nicht wie?") für den leichtesten hält, ihm also seiner Meinung nach nicht ganz die nötige Sorgfalt angedeihen läßt (Schreiben an das Kultusministerium vom 28. Dez. 1847, SHStAD Nr. 20994, Bl. 150f.).

207 Anonymes Schreiben an das Kultusministerium, eingegangen am 10. Aug. 1843 (SHStAD Nr. 21000, Bl. 54f.).

208 Dagegen wandte sich auch der Kirchen- und Schulrat D. Schulze in seinem Bericht über diese Angelegenheit vom 10. Dez. 1843 (SHStAD Nr. 20994, Bl. 98f.).

209 Nach dem Schreiben des Rektors an das Kultusministerium vom 13. Sept. 1847 (SHStAD Nr. 21000, Bl. 80f.) waren es 12 Stunden wöchentlich. Aus Flügels Rechtfertigungsschreiben an das Kultusministerium vom 26. Okt. 1843 (SHStAD Nr. 21000, Bl. 57–59) geht hervor, daß jeder Teilnehmer an den Privatstunden das Doppelte wie beim Tanzunterricht zu zahlen hatte.

210 So leitete er einen ausgedehnten Journalzirkel und die Lesebibliothek der Schule (s. Frankes in der vorigen Anm. genanntes Schreiben).

211 SHStAD Nr. 20998, Bl. 34a.

212 Bezeichnend ist allein schon, daß er sich bereits in einem Schreiben vom 22. Juni 1846 dafür ausspricht, daß Flügel auf den Französischunterricht verzichten solle, da er dies „theils seiner (sc. Flügels) Gesundheit wegen, theils im Interesse der Schule für wünschenswerth" hält (SHStAD Nr. 21000, Bl. 60–64).

schon vertretungsweise alle Stunden gehalten hatte.[213] Das wurde denn auch vom Kultusministerium in einem Schreiben vom 21. Januar 1848 definitiv angeordnet.[214] Natürlich war das keine Intrige, sondern als eine notwendige Entlastung Flügels gedacht. Aber nach all dem bisher Ausgeführten ist klar, daß man damit auch seiner Unzufriedenheit Ausdruck gab und Flügel dies spüren mußte. Es war dann nur die natürliche Folge, daß sich das Verhältnis zu Graf, der zudem bald noch Schwiegersohn des Rektors wurde, verschlechterte und damit zugleich der Kontakt auf orientalistischem Gebiet weitgehend verlorenging. Graf hat sicherlich recht, wenn er in Flügels Frau den treibenden Keil sieht,[215] aber die Gründe für die eingetretenen Spannungen, die er bedauerte, lagen doch noch tiefer, als er es Reuß schilderte, und ließen sich deshalb nicht so ohne weiteres wieder beseitigen. Die Beziehungen rissen allerdings nie etwa völlig ab. Später, beim Orientalistentag des Jahres 1863 in Meißen, haben beide gemeinsam präsidiert. Aber ein freundschaftlicher Verkehr mit dem ihm fachlich so Nahestehenden war durch die gegebenen Umstände nicht mehr recht möglich.

Auch die übrigen Kollegen boten Graf nicht viel Anlaß zu engeren Beziehungen. Am nächsten standen ihm noch die beiden Theologen, die in den fünziger und sechziger Jahren Religionslehrer waren und von da aus als Professoren nach Leipzig berufen wurden.[216] Sie hatten wenigstens Verständnis für sein Streben nach der akademischen Laufbahn und wie er das Gefühl des Unbefriedigtseins im schulischen Dienst. So ergab sich manches Graf wohltuende Gespräch, zumal auch sie dem streng orthodoxen Geist, wie er in Sachsen aufkam, abhold waren. Aber alttestamentliche oder orientalistische Interessen hatten beide nicht, und überdies hielt Graf von ihren wissenschaftlichen Leistungen und ihrer vermittelnden Stellung zwischen Kritik und Orthodoxie nicht allzu viel.[217] Die ihnen vorangehenden beiden Religionslehrer, Friedrich Julius Hermann Schlurick und Julius Theodor Graf,[218] standen ihm schon deshalb fern, weil sie nicht an selbständiger wissenschaftlicher Arbeit, sondern an der Wiederaufnahme eines kirchlichen Amtes interessiert waren.[219] Der erstere war außerdem auch menschlich wenig überzeugend, da er seine Stunden nachlässig hielt und nicht genügend vorbereitete.

---

213 In dem dem Jahresbericht der Schule von 1847 beigegebenen Stundenplan für das erste Halbjahr 1847 ist Flügel überhaupt nicht aufgeführt.
214 SHStAD Nr. 21000, Bl. 84f.
215 Briefwechsel, 313.
216 S. o. Anm. 180.
217 Vgl. Briefwechsel, 468, 489, 496, 531, 544, 552, 580.
218 Während des gleichzeitigen Wirkens beider an der Schule wurde dieser als Graf I bezeichnet, da er vor seinem Namensvetter, als Graf II bezeichnet, an die Schule gekommen war.
219 Schlurick wurde 1851 Superintendent in Pirna, Graf 1854 Superintendent in Meißen.

Das Kultusministerium hatte daher am Ende größtes Interesse an seinem Abgang.[220] Graf stand wohl von Anfang an in starkem Gegensatz zu ihm, zumal dieser auch den Hebräischunterricht, und zwar ebensowenig überzeugend, erteilte.[221]

Das Gros der nichttheologischen Lehrkräfte war, dem Charakter der Schule entsprechend, in erster Linie klassisch-philologisch und philosophisch ausgerichtet. Hierfür aber hatte Graf nur geringes Interesse und bei seiner konzentrierten Arbeit auf alttestamentlichem und orientalistischem Gebiet auch zu wenig Zeit. So blieb er, was die geistige Atmosphäre betraf, notgedrungen ein Außenseiter, der einsam für sich arbeitete und seinen Kollegen innerlich wenig verbunden war. Ein zwangloser Austausch wurde ohnehin durch die starke berufliche Belastung jedes einzelnen Lehrers, wie sie die Ordnung der Schule mit sich brachte, sehr erschwert. Natürlich bestanden auch zwischen den anderen Kollegen keinesfalls nur enge und freundschaftliche Beziehungen. Die Mehrzahl von ihnen stand sich eher distanziert gegenüber und, wie aus dem Vorangegangenen zur Genüge deutlich wurde, waren die Verhältnisse oft genug gespannt und unerfreulich. Aber man wird schon zugeben müssen, daß bei Graf Pflicht und Neigung in besonders extremer Weise auseinanderfielen. Und diese Divergenz wurde noch dadurch verstärkt, daß er äußerlich gesehen ein erfolgreicher Lehrer war und sich sehr gut in den Rahmen der Schule einfügte. Er mußte sich dadurch erst recht vereinsamt und unverstanden fühlen. Die verwandtschaftliche Bindung an seinen Rektor war für ihn aus demselben Grund eher belastend als erleichternd. Freilich erhebt sich dabei zugleich die Frage, ob er im Hinblick auf seine persönlichen Fähigkeiten und Möglichkeiten nicht mehr Befriedigung im Lehrerberuf selbst hätte finden können und ob er sich von der rein wissenschaftlichen Arbeit nicht zu viel versprach. Doch davon wird in den folgenden Abschnitten noch ausführlicher die Rede sein.

2.3.2. Der persönliche Werdegang

Ist in den bisherigen Ausführungen über die Meißener Zeit der Rahmen, in dem sich Grafs Leben abspielte, umrissen worden, so ist nun auf seine

---

220 Bericht des Kirchen- und Schulrats Dr. Meißner vom 11. Mai 1850 (SHStAD Nr. 20998, Bl. 33–35). Später, von 1870–73, ist er selbst Kirchen- und Schulrat bei der Kreisdirektion Dresden geworden. Er starb als Oberkonsistorialrat in Dresden. Meißner äußert sich im gleichen Bericht übrigens auch kritisch über Julius Theodor Graf, der damals noch nicht Religionslehrer war, sondern hauptsächlich Deutschunterricht erteilte.
221 Über die schlechten Leistungen der von ihm im Hebräischen unterrichteten Schüler beklagte sich beispielsweise der Leipziger Theologieprofessor Tuch (Briefwechsel, 267, 336f.).

persönliche Entwicklung innerhalb dieses Rahmens und auf Probleme außerhalb des Schulbereichs einzugehen.

2.3.2.1. Beruflicher Aufstieg und familiäre Verhältnisse

Graf wurde an der Fürstenschule zunächst als provisorischer oder interimistischer Hilfslehrer mit einem Jahresgehalt von 480 Talern angestellt und als solcher am 4. Januar 1847 vom Rektor verpflichtet.[222] Er war anfangs nur Stellvertreter für Flügel. Als diesem der Französischunterricht im Sommersemester 1848 definitiv abgenommen und Graf übertragen wurde, erhielt der letztere zwar eine Gehaltserhöhung auf 500 Taler jährlich, aber noch immer keine definitive Anstellung.[223] Diese erfolgte schließlich im Herbst 1849. Doch bedurfte es dazu eines aus ganz besonderen Gründen erfolgenden Vorstoßes von seiten Grafs. Nachdem es nämlich den Anschein gehabt hatte, daß er Junggeselle bleiben werde und er sich auch Reuß gegenüber für ein freiwilliges Cölibat ausgesprochen hatte,[224] verlobte er sich im April 1849 plötzlich und für alle Welt überraschend mit der damals 19jährigen Tochter seines Rektors, Marie Louise Franke. Reuß gegenüber versäumte er es auch nicht, nachdrücklich zu betonen, daß es keine „mariage de raison", sondern eine ausgesprochene „mariage d'inclination" sei.[225]

Dieses Ereignis verursachte begreiflicherweise großes Aufsehen, wie selbst Fleischer in einem Brief an seinen Vater vom 20. April 1849 bezeugt.[226] Als er aber im Herbst desselben Jahres heiraten wollte, stellten sich unerwartet Schwierigkeiten ein. Da er weder sächsischer Staatsbürger noch, weil nur als interimistischer Lehrer fungierend, ein in einem öffentlichen Amt Angestellter war, konnte er nach geltendem Recht nicht getraut werden. Nach einer ersten Rücksprache mit dem Kultusministerium und Verhandlungen mit der königlichen Kreisdirektion in Dresden, an die ihn das Kultusministerium gewiesen hatte, wandte er sich schließlich wieder an das letztere mit der Bitte, ihn wenigstens als einen, der den

---

222 Bericht der Inspektion der Schule vom 7. Jan. 1847 (SHStAD Nr. 21000, Bl. 77). Die Angabe zum Gehalt ist dem Schreiben des Kultusministeriums an Graf vom 7. Nov. 1846 zu entnehmen (ebd., Bl. 69a).
223 Schreiben des Kultusministeriums an die Inspektion der Schule vom 21. Jan. 1848 (SHStAD Nr. 21000, Bl. 84f.).
224 Briefwechsel, 288f.
225 Briefwechsel, 298.
226 Aus seinem Nachlaß in der Universitätsbibliothek Leipzig, D–E XV, Nr. 248. Er schreibt u.a.: „Sein Spielchen bei Frankens hat er übrigens so geheim gehalten, daß, wie mir Flügel schreibt, ganz Meißen (alle Schulcollegen mit inbegriffen) erst aus dem betreffenden Inserate der Leipziger Zeitung etwas von der Sache erfahren hat. Wie ihm aber die lieben Mütter und Töchter zugesetzt haben mögen, kannst Du aus der spaßhaften ‚Gratulationsepistel' abnehmen, welche ich zum neuen Jahre von ihm erhielt und die ich Dir zur Belustigung hier beilege".

in öffentlichem Amte Angestellten gleichzuachten sei, zu deklarieren.[227] Daraufhin erfolgte schließlich seine definitive Anstellung als neunter ordentlicher Oberlehrer bei gleichbleibendem Gehalt.[228] Bei Ausscheiden anderer Lehrer rückte er nach und nach von einer Lehrerstelle zur nächsthöheren auf.[229]

Die höchste Stufe war für ihn die vierte, die er ab Dezember 1866 innehatte. Im Januar 1852 ersuchte er das Ministerium um Verleihung des Professorentitels unter Berufung auf Kollegen, die diesen gleich bei Aufrücken in die siebente Stelle erhalten hatten. Die Ernennung erfolgte durch Dekret vom 13. Januar 1852.[230] Mußte sich das Ministerium schon bei dieser Verleihung von Graf drängen lassen, so war es erst recht bei Gehaltserhöhungen zurückhaltend. Nur zweimal waren Gehaltserhöhungen mit dem Aufrücken in eine höhere Stelle automatisch verbunden. Um angesichts der stark steigenden Preise nicht allzu ärmlich leben zu müssen oder sich gar von später angestellten Kollegen überflügeln zu lassen, stieß Graf selbst noch dreimal vor, erreichte aber nur in zwei Fällen eine Erhöhung, so daß er schließlich bei Aufrücken in die vierte Stelle das keineswegs besondere hohe Gehalt von jährlich 900 Talern[231] bezog. Da er auch sonst, etwa durch Privatstunden, Verlagsschüler und Druckhonorare, nur geringe Einnahmen hatte, so war sein Einkommen stets relativ niedrig und blieb auch hinter dem anderer Kollegen, die rascher vorankamen, merklich zurück. Er konnte seiner Familie nach

---

227 Schreiben vom 19. Aug. 1849 (SHStAD Nr. 21000, Bl. 86f.). Andernfalls hätte er sich im Elsaß einen Revers verschaffen müssen, in dem sich der Präfekt des Departements Haut-Rhin zu verpflichten hätte, ihn im Falle einer Ausweisung aus Sachsen mit seiner Familie unverzüglich aufzunehmen.

228 Anordnung des Kultusministeriums vom 29. Aug. 1849 (SHStAD Nr. 21000, Bl. 88). Er wurde am 8. Sept.1849 durch einen Aktuar des Kreisamtes Meißen vor versammelter Lehrerschaft vereidigt und mußte sich durch diesen Eid auch auf die Confessio Augustana invariata verpflichten (Bericht vom 8. Sept. 1849, FM Nr. 2059, Bl. 26f.).

229 Ab Oktober 1850 hatte er die achte, ab Juli 1851 die siebente, ab September 1852 die sechste, ab April 1854 die fünfte Lehrerstelle inne. Die Lehrer stellten jeweils persönliche Gesuche an das Kultusministerium um Aufrückung. Die entsprechenden Dokumente, die sich auch auf die Gehaltserhöhungen beziehen, finden sich in den Aktenfaszikeln SHStAD Nr. 20943/44 sowie FM Nr. 1666.

230 Gesuch Grafs vom 10. Jan. 1852 (SHStAD Nr. 20943, Bl. 28), Dekret ebenda, Bl. 29

231 So war der Religionslehrer Hofmann 1854 als sechster Professor mit jährlich 700 Talern angestellt worden, während Graf zur gleichen Zeit als fünfter Professor immer noch die 600 Taler, die ihm bei seinem Aufrücken in die siebente Stelle gewährt worden waren, bezog. Sein Gesuch auf Erhöhung unter Hinweis auf Hofmann (vom 7. Okt. 1854, SHStAD Nr. 20943, Bl. 133) wurde jedoch abgelehnt. Er erhielt nur eine „außerordentliche Gratification" von 75 Talern (Anordnung des Kultusministeriums vom 23. Okt. 1854, ebenda, Bl. 134). Erst ab April 1855 erhielt er 700 Taler. Am 26. Juni 1861 schließlich bat er um der steigenden Preise willen um Erhöhung (SHStAD Nr. 20943, Bl. 202), mußte sich aber, da monatelang keinerlei Antwort erfolgte, noch einmal, und zwar an den Kultusminister persönlich wenden, um dann ab April 1862 800 Taler zu erhalten (Schreiben Grafs vom 6. Jan. 1862, SHStAD Nr. 20944, Bl. 2f.).

seinem Tod denn auch nur ein ganz bescheidenes Vermögen, nämlich das ihm von seinen Eltern gebliebene Erbe, hinterlassen.[232]

Von seiner Verlobung mit Marie Franke war bereits die Rede. Sie wurden, nachdem die geschilderten Schwierigkeiten beseitigt waren, am 20. September 1849 in der Kirche St. Afra durch den derzeitigen Pfarrer Klotzsch getraut.[233] Wie der Briefwechsel mit Reuß erkennen läßt, war die Ehe durchaus glücklich und harmonisch, und auch für sein eigentliches Lebensziel, das akademische Amt, hatte seine Frau Verständnis,[234] so daß er sich nicht gänzlich allein fühlen mußte und seine Enttäuschung, als sich alle Möglichkeiten einer Berufung zerschlugen, wenigstens gemildert wurde. Aber auch sonst hat sie offensichtlich alle Belastungen, die auf sie zukamen, mit Geduld ertragen. Denn auf ihre Ehe fielen allerdings so manche Schatten. Sie hatten insgesamt sieben Kinder. Doch überlebten nur vier ihren Vater,[235] die zwei ältesten Söhne, Karl Friedrich und Heinrich Eduard, verstarben 1857 kurz hintereinander an Scharlach,[236] die Tochter Anna 1865 an Lungenentzündung.[237] Vor allem aber war Graf selbst im letzten Jahrzehnt seines Lebens von Krankheit gezeichnet. Er erkrankte im November 1858 an einer schweren linksseitigen Rippenfellentzündung und konnte, da Ende Dezember dieses Jahres noch ein schwerer Rückfall eintrat, erst ab Ostern 1859 seine Unterrichtsstunden wieder aufnehmen. Im Hebräischen vertrat ihn in der Zwischenzeit der Religionslehrer Prof. Hofmann.[238] Da sich bei seiner Krankheit ein großes Exsudat gebildet hatte und die linke Lungenhälfte stark in Mitleidenschaft gezogen war, konnte er sich nur sehr langsam wieder erholen. Sein Zustand besserte sich vor allem, nachdem er im Mai mit seiner Familie in eine Wohnung auf dem Lande bei Meißen gezogen war und sich nur montags bis donnerstags in der Stadt aufhielt, um Unterricht zu halten.[239] Doch blieb er seitdem zeitlebens kränklich und erlangte nie wieder volle Frische und Widerstandskraft. Reuß gegenüber klagte er, vor allem während des Winters, immer wieder über Husten,

---

232 Nach der Aussage von Franke in seinem persönlichen Schreiben an den Kultusminister vom 21. Juli 1869 (SHStAD Nr. 20961, Bl. 150f.)

233 Pfarramtliche Bescheinigung laut Kirchenbuch St. Afra vom 6. Aug. 1869 (FM Nr. 1438, Bl. 96).

234 Briefwechsel, 521.

235 Es sind dies Marie Bertha (geb. am 20. April 1857), Louise Magdalene (geb. am 30. März 1859), Heinrich Ernst (geb. am 20. April 1861) und Anna Elisabeth (geb. am 7. Febr. 1866, Angaben nach der in Anm. 233 genannten Bescheinigung).

236 Briefwechsel, 423f., 426. Der erstere war 1850, der letztere 1853 geboren.

237 Briefwechsel, 550. Sie war 1863 geboren.

238 Schreiben des Rektors an das Kultusministerium vom 9. Jan. 1859 (SHStAD Nr. 20943, Bl. 190f.).

239 Briefwechsel, 452.

Katarrh, Kopfweh, Schlaflosigkeit und Kurzatmigkeit, und selbst wenn er
sich wohler fühlte, so war er doch stets sehr angegriffen und anfällig.[240]
Er hielt sich daher oft längere Zeit auf dem Lande auf[241] und unternahm außerdem zwei Kurreisen, die eine im Sommer 1864 nach Streitberg
in der Fränkischen Schweiz, wo er sich einer Molkenkur unterzog,[242]
die zweite im Sommer 1867, nachdem er im Januar und Februar dieses Jahres länger das Zimmer hatte hüten müssen,[243] in die Schweiz.[244]
Eine grundlegende Besserung erbrachten beide Kuren nicht, vielmehr
verschlechterte sich sein Zustand von Jahr zu Jahr,[245] und als schließlich
Ende Mai 1868 eine Abszeßbildung an einer Rippe eintrat,[246] war an eine
weitere Ausübung seines Berufes nicht mehr zu denken. Er unternahm
zwar mit seinem Schwiegervater in den Sommerferien ab 20. Juli eine
Reise nach Teplitz, die eine Besserung herbeiführte, aber am 16. August
wurde seine Pensionierung offiziell beantragt,[247] nachdem sich Franke
in dieser Angelegenheit bereits von Teplitz aus persönlich an den Kultusminister gewandt hatte.[248] Dem Antrag wurde stattgegeben. Ab 1.
Oktober 1868 wurde er mit einer jährlichen Pension von 500 Talern in
den Ruhestand versetzt und durfte seine (mietfreie) Amtswohnung noch
bis 31. März 1869 innehaben.[249] Sein Nachfolger im Französischunterricht
– der hebräische ging wieder an den Religionslehrer über – wurde am
12. Oktober in sein Amt eingeführt.[250] Mitte April 1869 zog er dann

---

240 Vgl. Briefwechsel, 457f., 467, 470, 489, 526, 532f., 552, 589. Auch aus den Protokollen
   der wöchentlichen Synodal-Versammlungen ist zu ersehen, daß er seit 1859 häufig
   erkrankte bzw. wegen Unwohlsein nicht teilnehmen konnte (FM Nr. 1817, 1818).

241 Z. B. Briefwechsel, 467, 494f.

242 Für sie wurden ihm vom Kultusministerium auf seinen Antrag hin (vom 28. Mai 1864,
   SHStAD Nr. 20960, Bl. 121) ein längerer Urlaub vom 5. Juli bis 6. August sowie eine
   Unterstützung von 50 Talern bewilligt. Vgl. auch Briefwechsel, 538.

243 Briefwechsel, 579.

244 Diesmal wurde ihm auf seinen Antrag hin (vom 2. Mai 1867, SHStAD Nr. 20960, Bl.
   132) ein noch längerer Urlaub, vom 8. Juni bis 27. Juli, gewährt. Da er danach noch
   wenigstens eine Woche Erholung brauchte und bei einem Kollegen das gleiche der
   Fall war, außerdem der Rektor eine ausgedehntere Reise unternehmen wollte, wurden
   in diesem Jahr die Sommerferien der Schule um eine Woche, bis zum 4. August,
   verlängert (Gesuch der Inspektion der Schule vom 27. Mai an das Kultusministerium,
   ebenda, Bl. 134f.). Vgl. zu Grafs Reise auch Briefwechsel, 588.

245 Nach der letzten war er immerhin noch so schwach, daß seine Kollegen die Inspekti-
   onswochen bei den Alumnen für ihn übernahmen (Briefwechsel, 589). Das wäre kaum
   geschehen, wenn man nicht eine dringende Notwendigkeit darin gesehen hätte.

246 Briefwechsel, 594f. S. auch das ärztliche Gutachten im Abhang dieses Kapitels.

247 Schreiben des Rektors an das Kultusministerium, SHStAD Nr. 20961, Bl. 142f. (eine
   Beilage dazu ist das im Anhang dieses Kapitels wiedergegebene ärztliche Gutachten).

248 Schreiben vom 10. August (SHStAD Nr. 20961, Bl. 141).

249 Anordnung des Kultusministeriums vom 20. Aug. 1868 (FM Nr. 1458, Bl. 86). Vgl. auch
   den Jahresbericht der Schule von 1869, 49; Briefwechsel, 599.

250 Jahresbericht der Schule von 1869, S. 49.

mit seiner Familie in eine kleinere Mietwohnung in Meißen um.[251] Sein
Zustand hatte sich auch durch die infolge der Pensionierung eingetrete-
ne Ruhe nicht gebessert. In der noch verbleibenden Zeit seines Lebens
wurde er zunehmend schwächer und hat das Zimmer zuletzt nicht mehr
verlassen.[252] Sein Tod trat am 16. Juli 1869 infolge einer Lungenlähmung
ein.[253] Am 19. Juli wurde er durch den derzeitigen Pfarrer Teufer auf dem
Friedhof von St. Afra beerdigt.[254] Auch seine Frau blieb von Krankheit
nicht verschont,[255] hat aber im übrigen die Belastungen, die ihr durch
die Kränklichkeit des Mannes auferlegt wurden, tapfer durchgehalten
und ihn bis zum Ende aufopfernd gepflegt, wobei ihr ihre eigene Mutter
hilfreich zur Seite stand.[256] Wie der Briefwechsel Grafs mit Reuß zeigt,
ist sie ihrerseits durchaus eine eigene Persönlichkeit gewesen, die trotz
ihrer jungen Jahre Achtung verdiente und sich durch Liebenswürdigkeit
Freundschaft erwarb.[257]

2.3.2.2. Die private wissenschaftliche Arbeit

Nach dem bisher Geschilderten blieb Graf neben den Amtsgeschäften
und den Perioden akuter Erkrankung nur wenig freie Zeit für sein privates Leben übrig. Für ausgedehntere Reisen kamen nur die dreiwöchigen
Ferien im Juli in Frage. Doch erlaubten es ihm weder seine finanziellen
und familiären Verhältnisse noch sein gesundheitlicher Zustand, jährlich
eine solche Reise zu unternehmen. Abgesehen von den genannten beiden
Kurreisen und dem Aufenthalt in Teplitz vom Sommer 1868, hat er nur
viermal seine Heimat, das Elsaß, besucht, einmal davon auf seiner Hoch-
zeitsreise und einmal wegen Familienangelegenheiten.[258] Im übrigen war
er zweimal in der Schweiz,[259] und je einmal in Tirol sowie im Enga-

---

251 Briefwechsel, 611f.
252 Briefwechsel, 603, 612, 615.
253 Schreiben der Inspektion der Schule an das Kultusministerium vom 16. Juli 1869
     (SHStAD Nr. 20961, Bl. 149).
254 Pfarramtliche Bescheinigung laut Kirchenbuch St. Afra vom 6. Aug. 1869 (FM Nr. 1458,
     Bl. 96).
255 Vgl. nur Briefwechsel, 589.
256 Vgl. nur Briefwechsel, 470.
257 Vgl. nur Briefwechsel, 619, sowie die Tatsache, daß Reuß den Briefwechsel nach Grafs
     Tod mit ihr bis zu seinem eigenen Tod weiterführte (Briefwechsel, V).
258 Das erstere im September 1849 (er erhielt hier Sonderurlaub, Gesuch des Rektors
     an das Kultusministerium vom 8. Sept. 1849, SHStAD Nr. 20960, Bl. 44, vgl. auch
     Briefwechsel, 303), das letztere während der Ferien 1860 (der Grund der Reise ist zu
     ersehen aus dem Gesuch des Rektors an das Kultusministerium vom 7. Juli 1860, ebd.,
     Bl. 109; vgl. auch Briefwechsel, 470). Weitere Besuche fielen in die Ferien der Jahre 1848
     (Briefwechsel, 287f.) und – als Abstecher von einer Schweizreise – 1855 (Briefwechsel,
     399).
259 1855 und 1867 (Briefwechsel, 398f., 588).

din,[260] in Böhmen[261] und in Bremen.[262] Im letztgenannten Ort wohnte ein Verwandter seiner Frau. Von dort aus unternahm er auch eine Fahrt nach Helgoland. In der restlichen Zeit hielt er sich fast ausschließlich in Meißen selbst oder in der Nähe in einer Landwohnung auf.

Dies war nun die Zeit, in der er sich seiner privaten wissenschaftlichen Arbeit widmen konnte. Er tat das mit eiserner Energie und bewundernswürdiger Konzentration und ließ es bis zuletzt an Gründlichkeit und Genauigkeit nicht fehlen. Das hatte zur Folge, daß er sich nur mit bestimmten und begrenzten Problemkreisen beschäftigen konnte und ihm auch da nicht überall eine Abrundung gelang. Die Einzelheiten zu seinen Hauptarbeitsgebieten am Alten Testament werden im zweiten Teil ausführlicher erörtert. An dieser Stelle soll nur ein allgemeiner Überblick über den Verlauf seiner wissenschaftlichen Bemühungen und über das Verhältnis der einzelnen Arbeitsgebiete untereinander gegeben werden.

Kirchen- und wissenschaftsgeschichtliche Fragestellungen beschäftigten ihn grundsätzlich nicht mehr. Die beiden Veröffentlichungen auf diesem Gebiet, die noch nach seinem Antritt in Meißen erschienen, waren bereits in seiner Pariser Zeit fertiggestellt worden. Die erste wurde nahezu unverändert im Druck übernommen.[263] Die zweite[264] mußte er nur noch so stark kürzen, damit sie als Zeitschriftenaufsatz angenommen werden konnte.[265] Neu erarbeitet hat er dabei nichts.

Zunächst, nämlich bis 1851, dominierte unbedingt die orientalistische Arbeit, so daß ein Außenstehender wohl hätte annehmen können, er werde sich auf diesem Gebiet spezialisieren. Bis zum Herbst 1850 beschäftigte ihn voll die Übersetzung von Sadis Bostan, die Ende 1850 in zwei Bändchen im Druck vorlag.[266] Er schrieb dabei auch Sururis persischen Kommentar zum Bostan vollständig ab[267] und plante im Anschluß an die Übersetzung eine Textedition des Bostan samt Sururis Kommentar.[268] Außerdem plante er ein zusammenfassendes Werk über Sadi und seine Zeit, d. h. die Glanzperiode des Sufismus im 13. Jh.,[269] und machte dazu

260 1858 (Briefwechsel, 436).
261 1865 (Briefwechsel, 543).
262 1852 (Briefwechsel, 348, 355).
263 Richard Simon, in: Beiträge zu den theologischen Wissenschaften in Verbindung mit der theologischen Gesellschaft zu Strassburg, hg. v. E. Reuss und E. Cunitz, 1. Bändchen, Jena 1847, ²1851, 158–242. Zur Vorgeschichte s. o. S. 19.
264 Jacobus Faber Stapulensis, ZHTh 22 (1852), 3–86, 165–237. Zur Vorgeschichte s. o. S. 19.
265 Briefwechsel, 312, 339f.
266 Moslicheddin Sadi's Lustgarten (Bostan), 2 Bde. 1850. S. Briefwechsel, 284, 290, 310ff., 322f.
267 Briefwechsel, 304.
268 Briefwechsel, 323, 337, 342.
269 Briefwechsel, 337, 341f.

in dem Aufsatz über Sadis Moral einen ersten Anfang.[270] Einige kleinere
Übersetzungsproben sowie eine Miszelle in der Zeitschrift der Deutschen
Morgenländischen Gesellschaft runden das Bild ab.[271]

Die rein wissenschaftliche Arbeit wurde dann für kurze Zeit durch
die Erstellung des Manuskripts seines französischen Übungsbuches un-
terbrochen, eine Veröffentlichung, die er sich nicht selbst gesucht hatte
und die ihm auch wenig Freude machte.[272] Diese Arbeit war im Juli
1851 abgeschlossen.[273] Unmittelbar darauf meldeten sich die alttestamentlichen Interessen energisch zu Wort, und bereits im Mai 1852 ist
das Gebiet seiner Hauptarbeit am Alten Testament, die kritische Untersuchung des Pentateuch und der Prophetae priores, fertig abgesteckt.[274]
Von den geplanten Werken zum persischen Sufismus wurde nur noch die
Textausgabe von Sadis Bostan Wirklichkeit. Auch an ihr arbeitete er nicht
mehr kontinuierlich,[275] konnte sie aber im Herbst 1855 abschließen.[276] Im
Druck erschien sie erst 1858.[277] Im übrigen beschränkte sich seine Arbeit
auf diesem Gebiet auf wenige kleinere Übersetzungen, einige Rezensionen und eine Miszelle.[278] Dies zeigt deutlich, daß er in Wirklichkeit kein
Orientalist, sondern Alttestamentler war und die intensive Beschäftigung
mit der persischen Literatur nur eine Übergangslösung bildete, nämlich
solange er das eigentliche Problem seines Lebens, die Spätdatierung der
priesterlichen Gesetze im Pentateuch und die Entwicklung des Kultes in
Israel, noch nicht voll erfaßt hatte. Sobald das der Fall war – und hierfür
dürfte die Übernahme des Hebräischunterrichts im Sommersemester
1851 von Bedeutung gewesen sein – trat alles andere zwangsläufig in
den Hintergrund. Schließlich widmete er sich der persischen Literatur
praktisch nur noch dann, wenn er gesundheitlich nicht mehr in der Lage
war, streng kritische Arbeit am Alten Testament zu leisten. So kam es
vor allem zu seinen kleineren Übersetzungsproben, mit denen er sich
bei körperlicher Schwäche noch beschäftigen konnte und die ihn über
die Unfähigkeit, Größeres auf alttestamentlichem Gebiet zu leisten, hin-

---

270 Die Moral des persischen Dichters Sadi, in: Beiträge zu den theologischen Wissenschaf-
      ten in Verbindung mit der theologischen Gesellschaft zu Strassburg, h, v. E. Reuss und
      E. Cunitz, 3. Bändchen, 1851, 141–194.
271 S. die Bibliographie K. H. Graf, Nr. 16, 17, 20.
272 Dazu s. o. Anm. 197.
273 Briefwechsel, 336.
274 Briefwechsel, 341, 347.
275 Briefwechsel, 369.
276 Das geht aus einem Schreiben Grafs an den Vorstand der Deutschen Morgenländischen
      Gesellschaft vom 26. Nov. 1855 hervor (erhalten in den Akten der Gesellschaft in
      Halle / Saale). In einem früheren Schreiben an Prof. Brockhaus legte er genauer die
      Grundsätze für die Edition fest (im Auszug abgedruckt in ZDMG 7 [1853], 411).
277 Le Boustân de Saʿdî. Texte Persan avec un commentaire Persan, 1858; vgl. dazu auch u.
      S. 66.
278 S. die Bibliographie K. H. Graf, Nr. 21, 22, 24, 25, 40–44.

wegtrösten sollten.[279] Eine Eigenbedeutung hatte die Iranistik jedenfalls nicht mehr.

Für die absolute Vorrangstellung der alttestamentlichen Wissenschaft sprechen aber vor allem die dazu erschienen Veröffentlichungen selbst. Sie setzen ab 1854 ein und sind durchweg, bis hin zu kleinen Miszellen, von grundsätzlicher Bedeutung, so daß nur sie ein geschlossenes Lebenswerk ergeben, das von Zeitgenossen wie Nachfahren ernsthafte Auseinandersetzung forderte. Das Hauptthema, die kritische Untersuchung des Pentateuch und der Prophetae priores, stand, wie gesagt, seit 1851 fest und zieht sich wie ein roter Faden durch seine gesamte weitere Arbeit, die postumen Veröffentlichungen eingeschlossen, hindurch. Darauf ist im zweiten Teil hauptsächlich einzugehen. Aus ihm ergaben sich zwei Nebenthemen. Das frühe Interesse an der Gestalt des Jeremia und die Bedeutung, die er ihm beimaß,[280] führte zu intensiver Beschäftigung mit dem Buch Jeremia, deren Frucht der Jeremiakommentar von 1862 war. Dieses Werk, das wegen Grafs schwerer Erkrankung von 1858/59 unter einem besonders ungünstigen Stern stand und nur mit großer Mühe und mit vielen Unterbrechungen fertiggestellt werden konnte, stellte sich nahezu gleichwertig neben sein Hauptwerk über die geschichtlichen Bücher vom Jahre 1866. Weiterhin führte ihn die Spätdatierung der priesterlichen Gesetze des Pentateuch und die damit verbundene Entwertung der Chronik als Quelle für die vorexilische Zeit zu einer anderen Schau der Frühgeschichte Israels überhaupt und damit zu eigenen Untersuchungen über die Geschichte der einzelnen israelitischen Stämme. So entstanden die Arbeiten über die im Segen Moses enthaltenen Stammessprüche[281] sowie über die Stämme Simeon[282] und vor allem Levi, bezüglich dessen sich die Ergebnisse der Pentateuchkritik besonders nachhaltig auswirken mußten.[283] Es schwebte ihm sogar ein zusammenfassendes Werk über die Stämme vor,[284] doch erwies sich die Durchführung wohl als zu schwierig, so daß er sich zunächst einzelnen Stämmen zuwandte. Zu einer Gesamtdarstellung, wenn er sie überhaupt noch vorhatte, war er dann aus gesundheitlichen Gründen nicht mehr in der Lage. So hat sich dieses Nebenthema nicht in der Weise verselbständigt, wie es bei der Beschäftigung mit Jeremia der Fall war.

---

279 Briefwechsel, 453, 458, 590, 599.
280 Er sah in ihm den Schöpfer des Deuteronomiums und der deuteronomistischen Bearbeitung der Prophetae priores. Ursprünglich schrieb er ihm sogar noch größere Teile der Prophetae priores zu. Dazu s. u. S. 77, 131, 172f.
281 Der Segen Mose's, 1857.
282 Der Stamm Simeon, in: Jahresbericht der Schule von 1866, 1–37.
283 Zur Geschichte des Stammes Levi, in: Archiv für die wissenschaftliche Erforschung des Alten Testaments, hg. v. A. Merx, 1, 1869, 68–106, 208–236.
284 Briefwechsel, 502.

Reine Nebenprodukte oder Arbeiten, die gar nicht in die genannten Themen fallen, finden sich nur sehr wenig. Es sind das seine Lexikonartikel in Schenkels Bibellexikon[285] sowie eine historisch-geographische Untersuchung über die Lage der mittelpalästinischen Heiligtümer, in der er sich mit einem Aufsatz von Thenius auseinandersetzt und für die Annahme eines mittelpalästinischen Gilgal eintritt,[286] und eine, allerdings unbedeutende, Miszelle über die Säulen am Salomonischen Tempel, für deren Namen er eine neue Erklärung zu geben versucht.[287] Völlig aus dem Rahmen fällt schließlich seine Schrift über Afrika, die er zudem noch anonym herausgab.[288] Im übrigen aber ist das alttestamentliche Schrifttum der Meißener Zeit ein erstaunlich geschlossenes Ganzes, bei dem die einzelnen Veröffentlichungen aufeinander aufbauen bzw. sich ergänzen. Und auch wenn der Ausbau im einzelnen zu wünschen übrig läßt und so manches Ergebnis unbefriedigend bleibt, wie im drittel Kapitel genauer zu zeigen sein wird, so ist ihm doch hier eine Abrundung gelungen, wie sie auf keinem anderen Gebiet zu beobachten ist. So wird auch von hier aus gesehen deutlich, daß die Beschäftigung mit alttestamentlichen Fragen, und zwar mit dem genannten Themenkreis, sein *opus proprium* ist, demgegenüber alle anderen Veröffentlichungen vorläufig und zweitrangig bleiben.

Dieses sein *opus proprium* gewinnt noch besonderen Wert, wenn man bedenkt, bei welchen körperlichen Belastungen es entstanden ist und wie wenig er sich dabei geschont hat. Es wäre gewiß zu viel behauptet, wollte man seine Kränklichkeit und seinen frühen Tod damit in direkten Zusammenhang bringen. Daran dürften die anstrengende berufliche Arbeit und sein geringes Einkommen, die ihm regelmäßige Kuraufenthalte und andere Erleichterungen nicht erlaubten, hauptsächlich schuld sein. Aber ein „vernünftiger" Kranker war er freilich nicht. Er lebte in erster Linie um seiner wissenschaftlichen Arbeit, nicht seiner Gesundung willen. Wäre das nicht gewesen, so hätte er wohl nur ein Fragment hinterlassen, das wissenschaftlich keine besondere Bedeutung erlangt haben würde. Nur weil er die ihm außer akuter Krankheit und beruflichen Verpflichtungen verbleibende Zeit und Kraft so weit als möglich opferte und damit auch hohe Opfer von seiner Familie verlangte, war ihm eine Abrundung möglich. Dieser Einsatz war höher als bei vielen anderen und ist deshalb auch eigens zu würdigen.

---

285 S. die Bibliographie K. H. Graf, Nr. 35.
286 Ueber die Lage von Bethel, Rama und Gilgal, in: ThStKr 27 (1854), 851–902, Er setzt sich auseinander mit: O. Thenius, Zur Vertheidigung des Christenthums, in: J. E. R. Käuffer (Hg.), Biblische Studien, Bd. 2, 1843, 122–167.
287 Was bedeuten die Namen der beiden Säulen am salomonischen Tempel?, ThStKr 29 (1856), 655–657.
288 Afrika von Karl Elsässer, 2 Bde., 1855/56.

Er darf freilich auch nicht isoliert betrachtet werden. Graf war der Überzeugung, daß wissenschaftliche Arbeit am Alten Testament den eigentlichen Sinn seines Lebens bilde und seine besondere Bestimmung sei. Zu dieser Überzeugung, die er sich ja schon sehr frühzeitig zu eigen gemacht hatte,[289] gehörte aber auch, daß ihm nur die akademische Laufbahn an einer Theologischen Fakultät adäquat sein könne und der Lehrerberuf auf die Dauer eine Fessel sei, deren er sich entschlagen müsse. Sein wissenschaftliches Ethos ist also mit einem klar umrissenen Lebensziel, das er sich gesteckt hatte, untrennbar verbunden. Will man daher zu einer Gesamtbeurteilung seines Lebens und Werkes gelangen, dann muß auch diese Seite gebührend beachtet und insbesondere gefragt werden, ob er denn überhaupt Voraussetzungen bot, die einen Übergang aus dem schulischen Bereich in die akademische Tätigkeit hätten begünstigen können. Darauf ist im folgenden näher einzugehen.

2.3.2.3. Beziehungen nach außen

Seine Beziehungen nach außen waren während der gesamten Meißener Zeit gering. Wirkliche Freundschaft verband ihn nur mit Reuß. Kirchliche Interessen hatte er bei seiner Ablehnung des geistlichen Amtes keine. Wohl war er – wie aus dem Briefwechsel mit Reuß überall hervorgeht – über die kirchliche Lage in Sachsen bestens informiert und verfolgte insbesondere das Aufkommen des Konfessionalismus mit wachem Auge. Aber dies letztere war angesichts seiner kritischen Einstellung natürlich nur geeignet, ihn abzustoßen und in seiner ablehnenden Haltung gegenüber Kirche und Amt zu bestärken. Besonders hart verurteilte er begreiflicherweise die Konfessionalisten im eigenen Fach, wie Franz Delitzsch[290] und Carl Friedrich Keil,[291] die in Sachsen zunehmend an Einfluß gewannen.[292]

Es gab nur einen Bereich, zu dem er bleibende Beziehungen unterhielt. Das war die Deutsche Morgenländische Gesellschaft, der er ja bereits in seiner Leipziger Zeit beigetreten war.[293] Persönliche Kontakte ergaben sich hier vor allem durch die regelmäßig, meist gemeinsam mit den Philologen abgehaltenen Versammlungen, von denen Graf während seiner Meißner Zeit drei, nämlich an Tagungsorten, die von Meißen aus gut erreichbar waren, besucht hat. In Altenburg, wo die Versammlung am 25. – 28. September 1854 stattfand, spielte die Diskussion um den

---

289 S. o. S. 16.
290 Über ihn s. o. S. 30.
291 Über ihn s. RE 10 (³1901), 197f.; A. Siedlecki, Keil, 1999, 18f.
292 Vgl. nur Briefwechsel, 537.
293 S. o. S. 28.

sog. „Zweigehörnten" des Koran eine wesentliche Rolle,[294] und da Graf über dieses Thema unmittelbar vorher einen Aufsatz verfaßt hatte,[295] so ergab sich zwangsläufig, daß auch er in die Diskussion, und zwar als Opponent zum Hauptreferenten, eingriff. In Breslau, am 28. September – 1. Oktober 1857, wohin er zusammen mit seinem Schwiegervater gefahren war, konnte er die ersten „Aushängebogen" seiner Textedition von Sadis Bostan vorlegen.[296] In Meißen schließlich, am 29. September – 1. Oktober 1863, fungierte er als Vizepräsident und war quasi als Gastgeber überhaupt an der Vorbereitung und Durchführung aktiv beteiligt.[297] Die Tagung fand in der Fürstenschule statt und wurde, da die Einladung von seiten des Kultusministeriums erfolgt war, von diesem wirksam unterstützt.[298] Graf selbst hatte an einem Abend alle anwesenden Orientalisten bei sich zu Gast. Er hatte auch einen Vortrag vorbereitet, der jedoch nicht gehalten wurde.[299] Das Wesentliche bei diesen Versammlungen waren aber auch nicht die Vorträge, sondern die Geselligkeit und das zwanglose Gespräch in einem kleinen und überschaubaren Kreis, in dem sich alle mehr oder weniger gut kannten. Die Berichte, die Graf in seinen Briefen an Reuß gibt, legen davon ein beredtes Zeugnis ab.[300]

Weiter ergaben sich dadurch Verbindungen zu dieser Gesellschaft, daß Graf seine kleineren Übersetzungsproben persischer Dichter und auch anderes in deren Zeitschrift veröffentlichte und im Hinblick darauf mit dem Vorstand und den Herausgebern der Zeitschrift des öfteren korrespondierte.[301] Außerdem verdankte er seine Textedition von Sadis Bostan einer Empfehlung der Gesellschaft an die Hofdruckerei in Wi-

---

294 S. das Protokoll in ZDMG 9 (1855), 289f., sowie die im gleichen Band enthaltenen Aufsätze über dieses Thema. Vgl. auch Briefwechsel, 386ff.

295 Ueber den „Zweigehörnten" des Koran, ZDMG 8 (1854), 442–449.

296 S. das Protokoll in ZDMG 12 (1858), 193–197. Vgl. auch Briefwechsel, 416ff. Zur Textedition des Bostan s. auch u. S. 66.

297 Präsident war Flügel (dazu s. nächste Anm.). S. auch das Protokoll in ZDMG 18 (1864), 383–387, sowie Briefwechsel, 516ff.

298 Es wurde eine Verlegung der Sommerferien auf den Herbst und Verlängerung um eine Woche genehmigt sowie ein Zuschuß von 200 Talern gewährt (Schreiben des Kultusministeriums vom 16. Jan. 1863, FM Nr. 1979, Bl. 30f.). Die Einladung erfolgte durch den Kirchen- und Schulrat Dr. Gilbert, der auch für Flügels Präsidentschaft plädiert hatte (das geht aus einem Schreiben Flügels an den Vorstand der Deutschen Morgenländischen Gesellschaft vom 27. Okt. 1862, das in den Akten der Gesellschaft in Halle / Saale erhalten ist, hervor). Die Versammlung wurde gemeinsam mit den Philologen abgehalten.

299 Er erschien unter dem Titel: Was bedeutet der Ausdruck: vor Gott erscheinen, in den Gesetzen des Pentateuch, ZDMG 18 (1864), 309–314. Zur Begrüßung hatte er außerdem eine persische Kaside übersetzt und drucken lassen: Ḳaṣîde des Selmân aus Sâweh, o. J.

300 Es traf sich, daß Reuß bei keiner der von Graf besuchten Versammlungen anwesend war.

301 S. die Auszüge von Briefen bezüglich seiner letzten Veröffentlichung in der ZDMG, des Epos Wîs und Râmîn, ZDMG 22 (1868), 327–329, 417f.

en. Die österreichische Regierung hatte nämlich 1850 genehmigt, daß Werke, die die Gesellschaft herausgab, unterstützte oder auch nur empfahl, von der Hofdruckerei zum bloßen „Amtspreis", d. h. ohne eigenen Gewinn, hergestellt werden sollten. Dies ging allerdings im Falle Grafs, der das Manuskript 1855 fertiggestellt hatte, zunächst nicht glatt, da das österreichische Finanzministerium die Druckkosten inzwischen wieder erhöht hatte. Fleischer, der in Wien Erkundigungen eingezogen hatte, veranlaßte daher, daß Graf eine Bittschrift nach dorthin sandte. Auf diese hin kam schließlich die erneute Zusage, daß die Gesellschaft weiterhin die Vergünstigung eines Druckes zum bloßen „Amtspreis" in Anspruch nehmen dürfe und der Drucklegung von Grafs Werk mithin nichts mehr im Wege stünde.[302] Die Druckerei arbeitete zwar z. T. sehr langsam, so daß die Veröffentlichung erst 1858 erfolgte, doch hatte Graf den Ruhm, daß sein Werk als erstes in einer neuen, besonders schönen Schrifttype gedruckt wurde und schon deshalb viel Anerkennung fand.[303]

So ist er stets mit dieser Gesellschaft in Kontakt geblieben und hat von ihr manches Entgegenkommen und manche Anregung erhalten. Zu ihren führenden Köpfen hat er freilich nie gehört und daher auch keinen nennenswerten Einfluß auf ihre Geschicke ausgeübt. Hier zeigt sich wieder deutlich, wie zurückgezogen er lebte und wie einsam er trotz dieser Verbindung blieb. Man vergleiche dagegen nur Reuß, der z. T. sehr aktiv hervortrat und vor allem den Streit der Hallenser und Leipziger Vertreter um den Ort der Bibliothek zugunsten der ersteren schlichtete.[304]

Diese Zurückgezogenheit hat Graf selbst durch die ihm anhaftende Schüchternheit und Ungeschicklichkeit im öffentlichen Auftreten erklärt.[305] Daß er eine solche Veranlagung hatte und diese für ihn in vieler Hinsicht hinderlich war, ist nicht zu bezweifeln. Es fragt sich nur, ob sie der einzige oder auch nur hauptsächliche Grund für ein derartig zurückgezogenes und an Kontakten armes Leben gewesen ist. Denn Achtung und Liebe erfuhr er ja, und dies hätte ihn doch auch

---

302 Diesen Hergang der Angelegenheit schildert Fleischer in einem Brief an seinen Vater vom 2. Sept. 1856, in dem er auch berichtet: „Ich hatte viel Noth, sie dazu (sc. zu der Bittschrift; außer Graf war noch ein zweiter Bewerber betroffen) zu bewegen, endlich brachte ich es dahin" (aus seinem Nachlaß in der Universitätsbibliothek Leipzig, D–E XV, Nr. 356). Das Gesuch Grafs an den Vorstand der Gesellschaft um Empfehlung vom 26. Nov. 1855 sowie eine spätere Anfrage, nachdem sich noch immer nichts entschieden hatte, vom 7. Jan. 1856, sind in den Akten der Gesellschaft in Halle / Saale erhalten. Vgl. auch Briefwechsel, 401, 407f.

303 Briefwechsel, 414, 418, 444.

304 Abschlußbericht über die zwischen Halle und Leipzig obwaltende Streitsache betreffend Geschäftsleitung und Bibliothek, Sitzung vom 20. Oct. 1850 in Berlin (erhalten in den Akten der Gesellschaft in Halle / Saale). Vgl. auch Briefwechsel, 309f., 316, 318.

305 Briefwechsel, 537f., 605.

stärker aufschließen können. Darüber hinaus beweisen sowohl sein wissenschaftliches Lebenswerk als auch seine Tätigkeit als Lehrer, daß er eine Sache praktisch und nüchtern anzupacken wußte und die nötige Energie aufbrachte, um sie erfolgreich durchzuführen. Er verstand es also sehr wohl, äußere Hemmnisse zu überwinden und war durchaus nicht etwa ein durch innere Unsicherheit und Minderwertigkeitsgefühle gekennzeichneter Charakter.

Die eigentlichen Beweggründe für seine Zurückgezogenheit und Kontaktarmut wird man daher auf anderer Ebene suchen müssen. Als solche aber kommt auch hier nur die Überzeugung, eine besondere Bestimmung zu haben, in Betracht. Sinn seines Lebens war für ihn die wissenschaftliche Arbeit, insbesondere am Alten Testament, mit dem Ziel der akademischen Laufbahn an einer Theologischen Fakultät.[306] Alles andere hat er offensichtlich als nicht vollgültig und als Ablenkung von seiner Bestimmung empfunden. Mit anderen Worten, seine Zurückgezogenheit ist Ausdruck dessen, daß er kompromißlos an seiner Bestimmung festhielt und dadurch gehindert wurde, sich anderweitig stärker zu engagieren. Er hat sich also seinerseits verschlossen, weil er sich nur so treu bleiben zu können glaubte, und insofern muß die Einsamkeit, in der er zeitlebens verblieb, als eine letztlich selbstverschuldete betrachtet werden, auch wenn zuzugeben ist, daß seine charakterliche Veranlagung einer Distanzierung nach außen hin Vorschub leistete.

Dieses konsequente Festhalten an einer bereits in jungen Jahren gefaßten Überzeugung ist zweifellos bewunderungswürdig. Andererseits ist jedoch nicht zu übersehen, daß er sich über seine Möglichkeiten und die Lage, in der er sich befand, kaum richtig im klaren war. Sein Ziel blieb auch in der Meißener Zeit unverkennbar eine akademische Wirksamkeit nach dem Vorbild von Reuß, wiewohl er doch dessen Weite und Beweglichkeit nie erreichte und auch in seinen literarischen Arbeiten an Umfang und Gewicht weit hinter ihm zurückblieb. Man muß außerdem bedenken, daß erst sein 1862 erschienener Jeremiakommentar geeignet war, ihn in breiteren Kreisen bekannt zu machen, und sein Hauptwerk, das dann allerdings allgemeines Aufsehen erregte, noch später, nämlich kurz vor Ende seines Lebens, zur Veröffentlichung kam. Die viel spezielleren iranistischen Arbeiten, die zudem hauptsächlich aus Übersetzungen bestanden, waren schon gar nicht geeignet, ihn einer Theologischen Fakultät, nach der er ja strebte, besonders zu empfehlen. Er hätte sich eigentlich eingestehen müssen, daß die Voraussetzungen, wie er sie bot, seinem hochgesteckten Lebensziel nicht sehr günstig waren. Zweifel dieser Art kamen ihm auch tatsächlich,[307] und natürlich

306 S. besonders Briefwechsel, 509f.
307 Vgl. Briefwechsel, 509f.

war er sich eines erheblichen Abstandes zu Reuß bewußt.[308] Doch zog er keine Konsequenzen daraus, sondern klammerte sich, solange sein gesundheitlicher Zustand einen Wechsel des Tätigkeitsbereiches überhaupt noch als möglich erscheinen ließ, geradezu verzweifelt an die Hoffnung, aus seinem Lehrerberuf endlich einmal herauszukommen.

Diese Hoffnung hätte allenfalls noch eine Berechtigung gehabt, wenn einflußreiche Fürsprecher für ihn eingetreten wären. Aber da er sich so stark zurückgezogen hatte, kam nur Reuß ernsthaft in Betracht, und dessen Einfluß allein konnte an deutschen Universitäten nicht ausreichen. Im Hinblick auf die Besetzungspolitik an den Fakultäten war es darüber hinaus wenig günstig, daß sich Graf konsequent der historisch-kritischen Erforschung des Alten Testaments verschrieben hatte und dem geistlichen Amt ablehnend gegenüberstand.

So wurde er nur einmal in voller Form, und zwar *secundo loco*, aufgestellt. Das war im Frühjahr 1863, als durch Knobels Tod eine Professur in Gießen frei wurde und Reuß, der um einen Vorschlag gebeten worden war, Graf genannt hatte. Wiewohl die Fakultät selbst an ihm interessiert war, verhandelte die zuständige Regierung nur mit den beiden anderen Prätendenten, von denen der *primo loco* aufgestellte, August Dillmann, Ende des Jahres zusagte. Damit nahm die Angelegenheit nach einem monatelangen, für Graf sehr quälenden Warten einen negativen Ausgang und hinterließ bei ihm eine umso größere Niedergeschlagenheit und Unlust am Lehrerberuf.[309] Weitere reale Möglichkeiten eröffneten sich nicht. Reuß brachte ihn wohl noch im Frühjahr 1864 in Jena zum Vorschlag, und Fleischer hatte sich schon vorher in Kiel wegen einer Nachfolge A. Dillmanns, der von dort nach Gießen gekommen war, erkundigt.[310] Doch wurde er nirgends ernsthaft erwogen. Schließlich tauchte 1868 noch einmal das Gerücht einer Berufung nach Kiel auf. Doch erfuhr Graf offiziell überhaupt nichts, und außerdem hätte sein Gesundheitszustand eine Annahme ohnehin unmöglich gemacht.[311] Hätte er länger gelebt und wäre sein Hauptwerk nicht allzu kurz vor seinem Tod erschienen, dann hätte er vielleicht noch zum Ziel kommen können. Aber wie die Dinge in den fünfziger und sechziger Jahren lagen, waren die Chancen gering, so daß die Fehlschläge eigentlich nicht überraschen konnten.

---

308 Vgl. Briefwechsel, 603f.

309 S. zum Ganzen Briefwechsel, 508–529.

310 Auch in Jena hatte Fleischer Erkundigungen eingezogen, und der Leipziger Theologieprofessor L. Krehl hatte ihn dort befürwortet. S. dazu Briefwechsel, 529f., 534, 536f.

311 Briefwechsel, 600. In dem offiziellen Gesuch des Rektors Franke an das sächsische Kultusministerium um Pensionierung Grafs vom 16. Aug. 1868 wird behauptet, Graf sei „sicherem Vernehmen nach von der Universität Kiel primo loco zum professor orientalium höchsten Ortes vorgeschlagen worden" (SHStAD Nr. 20961, Bl. 142f.).

Die einzige Ehrung, die er von außen erfuhr, war die Verleihung
des theologischen Ehrendoktors von seiten der Gießener Fakultät im
Jahr 1864, die eine, wenn auch nur sehr geringe Entschädigung für die
ihm erteilte Absage darstellte. Er empfand sie immerhin als eine schöne
Überraschung,[312] und angesichts der schweren Enttäuschungen dieses
Jahres ist sie tatsächlich ein Zeichen von Anerkennung, das ihm wohltat.
Aber es war eben nur eine kleiner und keine Hoffnungen erweckender
Lichtblick, der an den tatsächlichen Verhältnissen nichts änderte.

So zeigt sich, wenn man Grafs Beziehungen nach außen hin betrachtet, besonders deutlich, daß er keine Persönlichkeit von überragendem
Format und großer Weite gewesen ist, sondern sich in engen Grenzen
bewegte und einseitig festlegte, ohne sich klar darüber Rechenschaft zu
geben. Das bedeutet nicht, daß er keine eigene Größe gehabt hätte. Hat
er doch seine Pflichten als Lehrer gewissenhaft erfüllt und dennoch ein
erstaunliches wissenschaftliches Lebenswerk geschaffen. Auch hat er die
Fehlschläge hinsichtlich der erhofften Berufungen und die zunehmende
Verbitterung, die er dabei empfand, in der Stille ertragen und ist nach außen nie als schwieriger Charakter hervorgetreten. Ebenso verkehrt wäre
es, den Schluß zu ziehen, daß er sich für die akademische Laufbahn gar
nicht geeignet hätte. Er hatte ja, wie im zweiten Teil dieser Arbeit noch
deutlicher werden wird, einen klaren Standpunkt und genügend Eigenes
zu sagen, so daß er sich, wäre er einmal dahin gelangt, sicherlich hätte
durchsetzen können. Darüber hinaus ist ihm darin zuzustimmen, daß
die Verhältnisse an der Fürstenschule für ausgedehnte wissenschaftliche
Arbeit nicht günstig waren. Von Stille und ungestörter Abgeschiedenheit,
wie das in völliger Verkennung der Tatsachen behauptet worden ist,[313]
konnte gar keine Rede sein. Festzuhalten bleibt aber, daß er hinsichtlich
seines Lebenszieles allzu viel Starre und Einseitigkeit an den Tag legte
und eine ganz klare und nüchterne Selbsteinschätzung vermissen ließ.

Insofern ist es nicht berechtigt, das Fehlschlagen aller Bemühungen
um die Erlangung einer Universitätsprofessur als solches schon als Tragik zu betrachten. Seine Eignung als Gymnasiallehrer war mindestens
ebenso gut, vielleicht sogar besser. Die Tragik seines Lebens besteht
vielmehr darin, daß er das nicht klar genug erkannt und keine Konsequenzen daraus gezogen hat, wobei immer noch offen bleiben muß, ob
sich eine solche Erkenntnis auf die Ausformung seines wissenschaftlichen Lebenswerkes gefährlich hemmend ausgewirkt bzw. es womöglich
ganz in Frage gestellt hätte. Manches wäre ihm unter Umständen auch
leichter gefallen, wenn er sich durch seinen Drang zur Universität nicht
ständig innerlich aufgerieben hätte. Nun beruht seine Bedeutung für die

---

312 Briefwechsel, 539.
313 S. o. S. 14.

Nachwelt natürlich in erster Linie auf seinem literarischen Werk, und das heißt genauer, auf seinen Arbeiten zum Alten Testament, die allerdings, wie schon festgestellt, ein erstaunlich geschlossenes Ganzen bilden und die im nächsten Teil als solches gewürdigt werden sollen. Man wird aber auch dort auf bestimmte Einseitigkeiten und Unklarheiten stoßen, die auffällig sind und die in seinem Charakter und seiner Einstellung begründet sein oder doch dadurch begünstigt worden sein könnten.

2.4. Anhang: Ärztliches Gutachten über Graf[314]

Herr Professor Carl Heinrich Graf in St. Afra, 53 Jahre alt, hat einen sehr gracilen Körperbau, äußerst schmale und flache Brust und erkrankte im Jahre 1858 an einer linksseitigen Rippenfellentzündung mit großem, flüssigen Exsudate. In Folge der langsam vor sich gehenden Resorption des Exsudates blieb die linke Lunge zum großen Theile zusammengedrückt und ist in Folge dessen die linke Thoraxhälfte bedeutend eingesunken und das Rückgrath stark verkrümmt. Schon durch diesen Defect im Lungengewebe erreichte der Atmungsprocess nie wieder seine frühere Freiheit, derselbe ist aber seitdem durch den bestehenden chronischen Catarrh von Jahr zu Jahr immer beschränkter geworden, so daß gegenwärtig nach der geringsten körperlichen Anstrengung wirkliche Athemnoth eintritt. Dazu haben mangelhafte Ernährung, häufige Appetitlosigkeit und langwierige Diarrhöen, Schlaflosigkeit, eine Entzündung der zweiten rechtsseitigen Rippe mit Abceßbildung und fortdauernder Eiterung die Kräfte in hohem Maße erschöpft. Wenn daher unter den angeführten Umständen das Leben des Obengenannten überhaupt nur durch vollständige Ruhe noch gefristet werden kann, so ist für ihn namentlich die Fortsetzung seiner Berufstätigkeit geradezu unmöglich geworden und eine Aussicht auf Heilung oder wesentliche Besserung nicht vorhanden.

Meißen d. 15. August 1868.   Dr. Franz Wilhelm Körner,
                                             Bezirks- und Landesschularzt.

---

314 SHStAD Bd. 7. Nr. 20961, Bl. 144.

3. Die wissenschaftliche Arbeit am Alten Testament

3.1. Die Ausgangsposition und erste eigene Vorstöße

Der Standort, den Graf im Rahmen der zeitgenössischen Forschung einnahm, ist bereits in seiner frühesten Schrift, der Dissertation zur Erlangung des Grades eines Bachelier en Théologie von 1836,[1] klar erkennbar. Gleich im ersten Paragraphen[2] bekennt er sich nachdrücklich zur kritischen Forschung und nennt als Kronzeugen dafür u. a. de Wette,[3] Vatke[4] und von Bohlen.[5] Die Durchführung in den folgenden Paragraphen läßt auch hinreichend deutlich werden, was mit diesem Bekenntnis gemeint ist. Graf geht es darum, die Entwicklung der messianischen Idee von Samuel an bis in die nachneutestamentliche Zeit, und da sowohl bei Juden wie Christen, zu verfolgen, wobei sich ein Abriß über die Wandlungen des Zukunftsbildes bzw. der Zukunftshoffnungen bei Israeliten, Juden und der frühen Christenheit überhaupt ergibt.

Dieser Abriß aber ist durch den scharfen Gegensatz zwischen der Prophetie, und d. h. wesentlich der vorexilischen, einerseits und dem nachexilischen Judentum andererseits bestimmt.[6] Die Prophetie wird von lebendigem Glauben getragen, ihr Ziel ist die Bekehrung des Sünders und die Bestärkung des Gerechten in seiner Tugend. Dem haben auch ihre Ankündigungen über zukünftiges Unheil bzw. Heil zu dienen. Im Judentum dagegen herrscht das geschriebene Gesetz, an das man sich strikt bindet und auf Grund dessen man sich als das Gottesvolk schlechthin, das zur Herrschaft über die anderen Völker bestimmt ist, versteht. Diese Gesetzlichkeit levitischer Prägung mit ihrer Affinität zu äußerlichem Kult ist bereits bei Ezechiel, besonders in den Kapiteln 43 und 44, zu spüren und durch den Pentateuch, dessen Gesetze zum größten Teil mit Esra und Nehemia in Verbindung zu bringen sind,[7] besiegelt worden. Sie findet ihren Ausdruck in einer theokratischen Ordnung mit dem

---

1 K. H. Graf, L'idée messianique dans son développement historique, Straßburg 1836.
2 L'idée, 1f.
3 W. M. L. de Wette, Kritik der mosaischen Geschichte, in: Ders., Beiträge 2, 1807.
4 W. Vatke, Religion, 1835.
5 P. von Bohlen, Genesis, 1835.
6 Vgl. hierzu und zum folgenden besonders die Paragraphen 17 und 18 (S. 25–30).
7 Die Zusammensetzung des Pentateuch wird folgendermaßen umschrieben: „... formé peut-être des lois qu'Esdras et Néhémie avaient données à la nouvelle colonie, ajoutées

Tempel als Ort der Gegenwart Gottes und dem Hohenpriester als dessen Repräsentanten, der nun praktisch die Stelle des vorexilischen Königs einnimmt, aber eben ganz anders als dieser regiert, nämlich durch den toten Buchstaben des Gesetzes, nicht durch den lebendigen Geist der Prophetie, der, wenn auch nicht alle Könige, so doch David, Hiskia und Josia fraglos geprägt hat. Es ist nur folgerichtig, wenn sich nun auch die Zukunftshoffnungen grundlegend wandeln. Deren Sinn ist nicht mehr die Ermahnung bzw. Bestärkung des jeweils gegenwärtigen Menschen, sondern die Anmeldung von Herrschaftsansprüchen. Das Zukunftsbild wird ein rein politisches. Der Abriß der Entwicklung, wie ihn Graf hier bietet, steht und fällt also mit der Überzeugung, daß das Gesetz als Grundlage der Lebensordnung des Volkes eine Größe der nachexilischen Zeit ist. Zwar erwähnt Graf auch Gesetze aus früheren Zeiten,[8] doch tragen sie für ihn offensichtlich so wenig Gewicht, daß er sie bei der Darstellung der vorexilischen Prophetie völlig unberücksichtigt läßt. Selbst Mose erscheint nur als der, der den Monotheismus eingeführt hat, und als Begründer der Prophetie.[9]

Dieser Standpunkt entspricht durchaus dem der kritischen Forschung der dreißiger Jahre, wobei vor allem die Parallelen zu Reuß' Artikel „Judenthum" in der Enzyklopädie von Ersch und Gruber auffallen,[10] aber auch ein Einfluß Vatkes, der mehrfach zitiert wird, zu spüren ist.[11] Graf trägt diesen Standpunkt zudem noch mit einer Sicherheit und Selbstverständlichkeit vor, die deutlich werden läßt, daß er ihm während des vorangegangenen Studiums, und d. h. von Reuß, vermittelt wurde. Gleich seine erste Schrift ist somit ein sicherer Beweis dafür, daß die Einordnung des Gesetzes, also der später priesterschriftlich genannten Gesetzesmaterialien des Pentateuch, in die nachexilische Zeit und die damit verbundene veränderte Gesamtanschauung der Geschichte Israels, von ihm fertig übernommen wurde und die Ausgangsposition für seine weitere Arbeit bildet. Zugleich ist damit von vornherein klar, daß bezüglich seiner Bedeutung für die Wissenschaftsgeschichte nur gefragt

---

à celles qui existaient déjà de temps antérieurs et qu'on attribuait toutes à Moise, et précédées des mythes et traditions populaires sur l'ancienne histoire des Israélites ..." (L'idée, 28).

8 S. die vorige Anm. An welche Gesetze im einzelnen gedacht ist, wird nicht gesagt. Natürlich versteht sich, daß das Deuteronomium dazu gehört.

9 L'idée, 1.

10 E. Reuß, Art. Judenthum, 1850, 324–347. Zu Mose vgl. 327ff., zur nachexilischen Gesetzlichkeit 336f.

11 Vgl. zu Mose W. Vatke, Religion, 1835, 225ff., zu Ezechiel ebd., 533ff. Allerdings kommt es Vatke mehr auf eine kontinuierliche Entwicklung, nicht auf einen alles überschattenden Gegensatz zwischen der vor- und der nachexilischen Zeit an. Zur Zeit Esras ist das Gesetz seiner Meinung nach deshalb noch kein toter Buchstabe, W. Vatke, Religion, 552ff., und vor allem L. Perlitt, Vatke, 1965.

werden kann, ob und inwiefern er diese übernommene Position eigenständig begründet bzw. ausgebaut und auf diese Weise zu ihrem Sieg beigetragen hat.

Diese Ausgangsposition ist freilich nicht das eigentliche Thema der Erstlingsschrift Grafs. Es darf daher nicht verwundern, wenn sie mehr vorausgesetzt als dargestellt, geschweige denn näher begründet wird. Es geht Graf ja eben um die Wandlungen des Zukunftsbildes und dessen Träger, wobei er vor allem zur Prophetie grundsätzlich Stellung nimmt. Auf dieses eigentliche Thema ist noch einmal gesondert, und zwar im Zusammenhang mit dem Jeremiakommentar, zurückzukommen.[12] Auf der anderen Seite ist aber nicht zu leugnen, daß die geschilderte Ausgangsposition dem Werk das eigentliche Gepräge gibt und deshalb als Maßstab für dessen Beurteilung in erster Linie zu gelten hat. Diese Ausgangsposition ist auch für das gesamte weitere Lebenswerk Grafs ausschlaggebend, während das spezielle Thema, das er hier abhandelt, lediglich im Jeremiakommentar noch einmal anklingt, als ganzes aber nicht wieder aufgegriffen wird.

Von einer selbständigen Auseinandersetzung und eigenem methodischen Vorgehen kann in der Erstlingsschrift noch nicht gesprochen werden. Auffällig ist jedoch, daß Graf die vor- und die nachexilische Zeit ausschließlich in hartem Kontrast zueinander darstellt und die letztere dabei stark abwertet, ohne daß er versuchte, im einzelnen zu differenzieren. Hier hat er wohl seinerseits die Problematik stark vereinfacht und vergröbert, denn sowohl Vatke als auch Reuß gehen wesentlich behutsamer zu Werke.[13] Allerdings fällt der obengenannte Artikel von Reuß, in dem dieser sich erstmals zusammenfassend literarisch äußert, erst in das Jahr 1850. Doch dürfte kein Zweifel sein, daß er die Dinge schon zu Grafs Studienzeit differenzierter vorgetragen hat, Graf ihm also nicht bis in die Feinheiten hinein gefolgt ist. Sicherlich spricht das für Unfertigkeit und Unausgereiftheit des letzteren, der sich erst einmal auf eine Grundentscheidung der kritischen Forschung, daß eben ein fundamentaler Gegensatz zwischen der vor- und der nachexilischen Zeit bestehe, konzentriert. Es ist nur die Frage, ob die Einseitigkeit und Schärfe, mit der er diesen Gegensatz herausarbeitet, nicht schon eine prinzipielle Schwäche ist, die sich dann auch in seinem weiteren Lebenswerk bemerkbar macht und nicht allein auf schülerhaftes Unvermögen zurückzuführen ist. Man gewinnt nämlich den Eindruck, daß hier ein sehr energisches Bestreben, eindeutige Festlegungen zu treffen und klare Fronten zu schaffen, auf-

---

12 S. u. S. 157ff.

13 So stellt Reuß beispielsweise bei den Propheten eine zwiespältige Haltung in politischen Fragen fest, schätzt sie also kritischer als Graf ein (Judenthum, 334), bewertet aber andererseits das Gesetz als Neuanfang nach dem Exil nicht nur negativ (Judenthum, 337). Zu Vatke s. o Anm. 11.

scheint und dieses nun doch schon auf eine eigene Linie hindeutet. Die weitere Untersuchung muß zeigen, ob diese Annahme zu Recht besteht bzw. für eine Gesamtbeurteilung seines Lebenswerkes wichtig ist.

Schon seine zweite Arbeit zum Alten Testament, seine Licentiatendissertation von 1842,[14] ist in dieser Hinsicht wesentlich aufschlußreicher. Hier geht es um ein erheblich begrenzteres Problem, das nun aber methodisch konsequent, und zwar mit Hilfe der Literarkritik, zu lösen versucht wird. Dabei ist, was die Stoffauswahl und die Ergebnisse betrifft, ein durchaus originelles Werk, für das auch von Reuß' Seite keine direkten Anregungen vorlagen, entstanden. In einem Brief, in dem der Empfang der ersten Fassung des Manuskripts bestätigt wird, kann dieser nur feststellen: „Eine nähere Bekanntschaft mit den Büchern Samuels besaß ich noch nicht, da ich sie noch nie zu kritischen Zwecken gelesen hatte."[15] Auch von anderer Seite sind keine unmittelbaren Anregungen nachzuweisen. Graf hat nach seinen eigenen Aussagen nur ganz wenige Hilfsmittel benutzt[16] und konnte sich darüber hinaus nicht einmal mit der wichtigsten deutschen Einleitungsliteratur auseinandersetzen, da sie für ihn in Paris nicht erreichbar war. Die Arbeit ist also ein erster Versuch, die in der deutschen Wissenschaft entwickelten und ihm von Reuß vermittelten Methoden der historisch-kritischen Analyse selbständig auf bestimmte alttestamentliche Bücher anzuwenden und deren historische Entwicklung aufzuhellen.

Daß bei diesen Voraussetzungen keine ganz befriedigenden Resultate erzielt worden sind, ist leicht verständlich. Das gilt vor allem für das Gesamtergebnis. Graf unterscheidet in allen vier Büchern, die er unter Hinweis auf die Überschriften der Septuaginta als ein einheitliches Werk ansieht,[17] lediglich zwei Kategorien der Darstellung. Auf der einen Seite steht eine alte, historisch glaubhafte Geschichte Davids, die etwa am Ende des ersten oder am Anfang des zweiten Jahrhunderts nach Davids Tod entstanden ist und noch vor der Abfassung des Richterbuches angesetzt

---

14 K. H. Graf, De librorum Samuelis et Regum compositione, scriptoribus, fide historica, imprimis de rerum a Samuele gestarum auctoritate, Straßburg 1842.
15 Briefwechsel, 104.
16 Im Briefwechsel (102) und im Werk selbst (25) nennt er G. B. Winers Biblisches Realwörterbuch (2 Bde., 1820, [3]1847). Außerdem fällt der Name de Wette (Briefwechsel, 102). Vgl. auch Briefwechsel, 82f., 89f.
17 De librorum, 2. Als inneren Beweis für die Zusammengehörigkeit der Bücher kann er lediglich die enge Verwandtschaft der ersten beiden Kapitel des 1. Königsbuches mit den Davidgeschichten der Samuelisbücher nennen (De librorum, 54). Diese Verwandtschaft hatte kurz vorher auch J. J. Stähelin betont, ohne jedoch deshalb die Samuelisbücher zusammen mit den Königsbüchern als Einheit zu betrachten (LACTh 1838, 525f.).

werden kann,[18] auf der anderen Seite eine Reihe von weit später entstandenen „Additamenta", die allenfalls eine dunkle historische Erinnerung bewahren, aufs ganze gesehen jedoch als mythisch zu bezeichnen sind.[19] Aus diesen „Additamenta" setzen sich – abgesehen von weiten Teilen der Samuelisbücher – die Königsbücher nahezu vollständig zusammen.[20] Eine weitere Aufgliederung erfolgt nicht, vielmehr wird ausdrücklich betont, daß nicht nur die „res gestae Davidis" eine literarische Einheit bilden, sondern auch die übrigen Teile trotz mancher Unterschiede in der Ausdrucksweise und im Stoff so eng miteinander verwandt sind, daß keinerlei Nötigung besteht, sie verschiedenen Verfassern zuzuschreiben,[21] und somit für alle vier Bücher nicht mehr als zwei Quellen zu postulieren sind. Eine dritte Quelle, die in den Königsbüchern ständig genannten Annalen der Könige von Juda und Israel, ist ohne Bedeutung, da Graf der Überzeugung ist, daß der Verfasser der „Additamenta" nur auf sie hinweist, ihr allenfalls Namen und Jahreszahlen entnimmt, sie jedoch nicht exzerpiert, vielmehr in Darstellungsweise und Stil völlig andere Wege geht.[22]

Zu einem ähnlich unkomplizierten Resultat wie bei der Quellenfrage gelangt Graf auch hinsichtlich der redaktionellen Vorgänge. Der Verfasser der „Additamenta" ist mit dem Redaktor des Gesamtwerkes identisch, dem ja ohnehin nur die Aufgabe zufiel, die „res gestae Davidis" als einzige alte Quelle mit der späteren Darstellung zu verbinden. Da nun in 2. Reg 25 auch von Ereignissen in Juda nach der Exilierung des Jahres 586 berichtet wird, vor allem von dem Zug nach Ägypten, über dessen Hintergründe im Jeremiabuche mehr zu erfahren ist, und die Darstellungsweise ohnehin auf einen Propheten deute,[23] so wird die These

---

18 De librorum, 62. Zu dieser Geschichte gehören, von wenigen späteren Zutaten abgesehen, die folgenden Stücke: 1. Sam 13,16–14,52; 17,1–19,17; 20,1–28,2; 29f.; 2. Sam 1,1–5,16; 8–11; 12,26–31; 13–21; 23,8–39; 1. Reg 1; 2,10–46.

19 So urteilt er beispielsweise über 1. Sam 1–12: „... hanc (narrationem) vero nihil esse fabulam vel quem dicimus mythum, posterioribus ex opinionibus exortum ac formatum, passim fortasse historico quodam et minime perspicuo fundamento superstructum agnoscamus necesse est" (De librorum, 38).

20 D. h. alle bei der Davidgeschichte (s. o. Anm. 18) nicht genannten Stücke sowie folgende Einzelverse: 1. Sam 14,3.18; 17,12.15.54; 20,1; 22,18f.; 25,1; 2. Sam 1,1.18; 11,27; 15,24; 1. Reg 2,27 (in einigen Fällen werden nur Teile dieser Verse zu den „Additamenta" gerechnet).

21 De librorum, 51, 58. Die Verwandtschaft besteht in dem theokratischen Pragmatismus, der folgendermaßen umschrieben wird: „... neque ullum est vestigium ex aliis fontibus scriptorem hausisse quam ex rerum sacrarum memoria oribus tradita, ex sententiis et opinionibus quas dicimus theocraticis, ex scriptoris et prophetarum sacerdotumque vetustiorum cogitatione sententias mythicam in formam redigente" (58).

22 De librorum, 56, 58. Ähnliche Auffassungen, allerdings nicht in so radikaler Form, finden sich auch in der zeitgenössischen Literatur. S. nur W. M. L. de Wette, Lehrbuch, ⁶1845, 259.

23 De librorum, 60.

aufgestellt, daß Jeremia selbst der Endverfasser dieser Bücher ist. Unterstützt wird die These durch den Hinweis auf die zu Grafs Zeiten ohnehin oft beobachtete Verwandtschaft Jeremias mit dem Deuteronomium, von dem die deuteronomistischen Stücke der Samuelis- und Königsbücher nicht zu trennen sind.[24]

Das Gesamtergebnis der Untersuchungen Grafs ist somit ein sehr einfaches und radikales. Und da dies nicht nur für unsere Zeit, sondern ebenso im Hinblick auf die damalige Forschungslage zu gelten hat,[25] so wäre eine gründliche Untermauerung des gesamten Systems erforderlich gewesen. Dafür aber genügen die auf wenige Seiten zusammengedrängten Einzelbeobachtungen und kurzen Beweisführungen keineswegs. Nur zu schnell münden sie bei den „Additamenta" in das Verdikt aus, daß es sich um mythische, also völlig unhistorische Erzählungen handele,[26] so daß es nicht verwunderlich ist, wenn bereits die zeitgenössische Kritik viele Anhaltspunkte fand[27] und das Ergebnis auch von der kritisch ausgerichteten Forschung nicht übernommen werden konnte.

Gleichwohl fehlt es nicht an Teilergebnissen, die beachtenswert sind und Graf schon jetzt als einen echten Vertreter der streng kritischen Forschung erkennen lassen. Dies gilt vor allem für die These einer späten Abfassung der Kapitel über die Gestalt Samuels, die ja den „Additamenta" zugerechnet werden. Von ihnen nimmt beispielsweise auch Thenius an, daß sie auf Grund mündlicher Überlieferung später entstanden sind.[28] Er betont jedoch, daß sie „allen Anspruch auf historische Glaubwürdigkeit" haben und mit allen übrigen Stücken der Samuelisbücher gemeinsam die alte vorexilische Form des Kultus widerspiegeln. Graf ist hier mit Recht kritischer.[29] Er erkennt, daß von dem aus 1. Sam 1–3 zu erschließenden Priestertum Samuels in Silo in den Kapiteln 4–6 nichts wieder verlautet, obwohl doch mindestens bei den in 7,1 geschilderten

---

24 De librorum, 63ff. Zu den zeitgenössischen Ansichten über eine – freilich nur teilweise oder mittelbare – Verfasserschaft Jeremias bei den in Frage stehenden Büchern s. W. M. L. de Wette, Lehrbuch, [6]1845, 262. – 2. Reg 25,27–30 ist Graf zufolge ein späterer Nachtrag, da sonst niemals etwas über die Israeliten außerhalb Palästinas berichtet werde (De librorum, 65).

25 Zu vergleichen ist beispielsweise der im gleichen Jahr (1842) in erster Auflage erschienene Kommentar zu den Samuelisbüchern von O. Thenius, in dem bei Quellenfragen besonders stark differenziert wird. Das gilt vor allem auch für die zahlreichen Dubletten im ersten Buch, auf die Graf fast gar nicht eingeht.

26 In den Königsbüchern werden – im Unterschied zu den Samuelisbüchern – die Geschichten nicht einmal einzeln vorgenommen. In ihnen wird überhaupt nur pauschal geurteilt.

27 Zu vergleichen ist vor allem die Rezension von E. Reuß in der Neue Jenaische Allgemeinen Literatur-Zeitung 2 (1843), 449–459. Kürzere Auseinandersetzungen mit Graf finden sich auch bei W. M. L. de Wette, Lehrbuch, [6]1845, 253f., und C. von Lengerke, Kenáan, 1844, XXXVIIIf., XLIII.

28 O. Thenius, Bücher Samuels, 1842, XXIf.

29 De librorum, 22ff.

Vorgängen Samuel hätte auftreten müssen. So liegt die Vermutung auf der Hand, daß die Darstellung in den Kapiteln 1–3 unhistorisch ist, und da auch die Schilderung eines vollausgebildeten Kultbetriebes mit Tempelbau für diese frühe Zeit singulär ist, so wird der Schluß gezogen, daß alles, was hier berichtet wird, die Verhältnisse einer späteren Zeit nach dem Tempelbau widerspiegelt, in der das ursprüngliche levitische Priestertum in der Gestalt des Eli durch eines von anderer Herkunft verdrängt worden war.[30] Samuel ist Exponent dieses neuen Priestertums, besser gesagt, Symbol, denn ein Schluß von seiner Abstammung auf eine genealogische Zugehörigkeit zu diesem und überhaupt auf dessen stammesmäßige Zusammensetzung wird nicht gezogen. Damit ist es Graf gelungen, wesentliche Veränderungen des Kultes schon im Verlauf der frühen Königszeit zu konstatieren und für literarkritische Fragestellungen fruchtbar zu machen. Eine Ergänzung zu diesen Ausführungen bildet die Charakterisierung der kultischen Zustände in den „res gestae Davidis", die derart geordnete Zustände wie in 1. Sam 1–3 vermissen lassen und deshalb in frühere Zeit zu setzen sind.[31]

Was die weiteren Kapitel über die Person Samuels betrifft, so ist vor allem die Feststellung wesentlich, daß 1. Sam 7 den Stellen 1. Sam 13,19 und 14,21 widerspricht und Samuel offensichtlich als Richter im Sinne des Richterbuches verstanden werden soll, ohne doch ein wirklicher Heerführer und Kämpfer zu sein.[32] Diese und weitere Beobachtungen von geringerem Gewicht[33] führen zu dem Ergebnis, daß die Gestalt des Samuel dem Bereich des Mythos angehört und dazu dient, für viel spätere Zeiten das Musterbeispiel eines Richters und Propheten im Sinne des theokratischen Pragmatismus, wie ihn die Schriftprophetie vertrat, zu verkörpern.[34] Natürlich haften auch diesem Teilergebnis die Schwächen des ganzen Werkes an, da die Verschiedenartigkeit der zugrundeliegenden Quellen nicht erkannt ist und mit der Möglichkeit, daß ernstzunehmende historische Überlieferungen auch aus vorköniglicher Zeit in mehr oder weniger stark gebrochener Form vorliegen könnten, im Grunde gar nicht gerechnet wird. So sind die Urteile noch zu oberflächlich und vorschnell; dennoch kann nicht bestritten werden, daß hier entscheidende Erkenntnisse gemacht worden sind, die zwangsläufig zu einer Auflösung des traditionellen Bildes von Samuel und seiner Zeit führen mußten.

---

30 An dieser Stelle wird auch auf Gen 49,5ff. verwiesen, das in davidisch-salomonischer Zeit angesetzt wird.

31 De librorum, 18ff.

32 De librorum, 32.

33 So weist Graf auf die deuteronomistische Ausdrucksweise von 1. Sam 12 sowie auf die zahlreichen Widersprüche der Darstellung hin. Doch geben sie ihm merkwürdigerweise keinen Anlaß zu Quellenscheidungshypothesen.

34 De librorum, 38.

Graf ist auf die hier erzielten Ergebnisse später nur teilweise wieder zu sprechen gekommen und hat die meisten von ihnen nicht weiter ausgebaut. Gleichwohl lassen sich schon hier bestimmte Grundzüge seines methodischen Vorgehens, die sich auch später noch bemerkbar machen, beobachten, und zwar sowohl in positiver als auch in negativer Hinsicht. Positiv ist vor allem hervorzuheben, daß er das Bild von den kultischen Zuständen, wie es die von ihm angenommenen Quellen vermitteln, kritisch betrachtet und im einzelnen differenziert. Ein negativer Zug dagegen ist es, daß er bei der Scheidung von Quellen allzu sehr vereinfacht und der Frage nach weiteren Untergliederungen und Vorstufen überhaupt nicht nachgeht. So kritisch er auf der einen Seite urteilt, so vorschnell kombiniert er also auf der anderen. Hier macht sich eine Diskrepanz bemerkbar, die schon bei seiner Erstlingsarbeit auffiel. Dort war zu beobachten, daß er sich einerseits den Standpunkt der kritischen Forschung, insbesondere den von Reuß, zu eigen machte, andererseits aber die Problematik unkritisch vereinfachte und vergröberte. Diese Diskrepanz hat in der vorliegenden Arbeit zu besonders radikalen Ergebnissen geführt, so daß sie hier ungleich stärker ins Auge fällt und dem Ganzen einen unausgeglichenen und zwiespältigen Charakter verleiht. Dies aber läßt nun begründet darauf schließen, daß es sich nicht nur um eine Unfertigkeit des jungen Graf handelt, sondern um einen für diesen charakteristischen Zug, auf den bei späteren Arbeiten immer wieder zurückzukommen sein wird. Tritt daher in der Erstlingsschrift vor allem die Ausgangsposition und nur andeutungsweise eine eigene Linie Grafs hervor, so ist bei seiner zweiten Arbeit zum Alten Testament eher das Umgekehrte der Fall. Für eine Beurteilung der speziellen Leistung Grafs erhält diese deshalb zwangsläufig das größere Gewicht.

3.2. Pentateuchkritik und Geschichte des Kultes in Israel

3.2.1. Die grundlegende Vorarbeit

Mit seiner ersten Arbeit zum Problem der Entwicklung des Kultes und der Kultzentralisation setzt Graf treffsicher bei einem Punkt ein, an dem die Position der zeitgenössischen Forschung, insbesondere bei Vertretern einer zwischen Kritik und konservativem Standpunkt vermittelnden Haltung offenkundig am schwächsten war, nämlich bei der Tatsache der Vielfalt der Kultstätten in den Berichten der Bücher der Richter und Samuelis.[35] Denn wenn man auch einmütig an der grundsätzlichen Einheit des Kultes von Anfang an festhielt, so kam man doch an diesem Punk-

---

35 K. H. Graf, De templo Silonensi commentatio ad illustrandam locum Iud. XVIII, 30 sq., Meißen 1855.

te ohne spitzfindige Erklärungen und Zugeständnisse nicht aus. Dabei erwiesen sich schon die ersteren rasch als unhaltbar, wie dies die auch von Graf zitierte These des katholischen Theologen Franz Carl Movers über die Bedeutung des Ausdruckes לפני יהוה zeigt. Ihr zufolge handelt es sich nicht nur bei allen in diesen Büchern ausdrücklich erwähnten Heiligtümern, sondern auch stets dann, wenn der Ausdruck לפני יהוה gebraucht wird, um das eine Zentralheiligtum, die Stiftshütte,[36] das dann, wie Graf mit Recht betont, eine geradezu unglaubliche Beweglichkeit entfaltet haben muß.[37] In seinem Aufsatz über die Wanderungen des Zentralheiligtums wird diese These schon von J. J. Stähelin dahingehend modifiziert, daß לפני יהוה nur dann „vor dem heiligen Zelt" – und das heißt vor der Stiftshütte bedeute, wenn auch andere Überlegungen dafür sprechen, sonst aber nur abgeblaßt als „feierlich" zu verstehen sei.[38]

Gleichwohl hält Stähelin in dem genannten Aufsatz an der grundsätzlichen Richtigkeit der Thesen von Wanderungen der Stiftshütte fest und vertritt damit eine Anschauung, die allgemein verbreitet war. Das heilige Zelt, d. h. die Stiftshütte ohne die Lade, sei nach der Zerstörung Silos nach Nob und von dort über Gibeon[39] nach Jerusalem gekommen. Dort erst sei die Lade wieder ordnungsgemäß mit ihm vereinigt worden.[40] Ausdrücklich als heiliges Zelt wird es freilich nur einmal, im Zusammenhang mit Gibeon (2. Chr 1,3), genannt, doch kann man sich für Jerusalem immerhin auf die Erwähnung eines von David aufgeschlagenen Zeltes (2. Sam 6,7) und für Nob auf eine umfangreiche Priesterschaft, die eine zentrale Bedeutung des dortigen Heiligtums erkennen läßt, berufen. Die Schilderung des Heiligtums in Silo als eines festen Tempelhauses schließlich erscheint als Anachronismus, der in der Zeit nach Salomos Tempelbau entstand.[41] Auf diese Weise konnte man im Einklang mit der als Grundschrift bekannten Quellenschicht des Pentateuch an der Idee eines Zentralheiligtums festhalten und dieses dennoch mit mehreren besonders wichtigen Heiligtümern der vorsalomonischen Zeit identifizieren.

Nun sind aber eben in den genannten Büchern noch wesentlich mehr Orte mit Altären, auf denen auch Opfer dargebracht wurden, bezeugt. Die nächstliegende Erklärung dafür war, hierin ein Nachlassen der kultischen und religiösen Strenge der Mosezeit, also eine Verfallserscheinung,

36 F. C. Movers, Untersuchungen, 1834, 290ff.
37 De templo Silonensi, 14f.
38 Ersteres ist beispielsweise bei 2. Sam 21 anzunehmen, wo berichtet wird, daß die Söhne Sauls „vor Jahwe" aufgehängt werden (J. J. Stähelin, Wanderungen, 1857, 142).
39 Auf Einzelheiten, z.B., daß Stähelin wegen 2. Sam 21 statt Gibeon lieber Gibea annehmen möchte (Wanderungen, 1857, 142), ist hier nicht näher einzugehen.
40 Vgl. dazu nur H. Ewald, Geschichte II, 1845, 424f.
41 S. O. Thenius, Bücher Samuels, 1842, zu 1. Sam 1,9.

zu sehen.[42] Man mußte jedoch zugeben, daß in den Geschichten selbst ganz unbefangen davon berichtet und keineswegs jeder Altar oder jedes Opfer außerhalb des postulierten Zentralheiligtums als Zeichen des Abfalls gewertet wurde. So war zu erwägen, ob die Heiligtümer nicht doch altes Erbe waren und dem Zentralheiligtum zunächst nur ein Primat zukam – wobei das Verhältnis zwischen beiden Teilen unklar bleiben mußte[43] –, oder man flüchtete sich zu der Annahme, daß die mosaischen Gesetze zwar bald nach Mose aufgezeichnet worden seien, aber vorerst nicht allgemein bekannt wurden.[44]

Diese offenbare Diskrepanz nimmt Graf nun zum Anlaß, um die Idee eines Zentralheiligtums nach Art der Stiftshütte für die vorsalomonische Zeit zu widerlegen. Er kann dafür vor allem zwei Argumente beibringen. Einerseits betont er, daß die Trennung von Zelt und Lade, wie sie für die Zeit nach der Zerstörung Silos als reine Vermutung ohne Quellengrundlage angenommen wurde,[45] nach Ex 25ff. gar nicht denkbar ist und daß mindestens erklärt werden müßte, wieso beide nicht sogleich nach der Rückkehr der Lade aus Philisterhand, sondern erst unter David wieder vereinigt worden seien.[46] Und dieses Argument ist deshalb so gewichtig, weil er andererseits nachweisen kann, daß in den Berichten über die vier für das Zentralheiligtum in Anspruch genommenen Orte das heilige Zelt, also die Stiftshütte, überhaupt nicht vorausgesetzt wird. Denn die Notiz über Gibeon 2. Chr 1,3 erweist sich im Vergleich mit 1. Reg 3,4 als chronistische Konstruktion,[47] und das 2. Sam 6,17 für Jerusalem genannte Zelt kann nur neu von David aufgestellt worden sein, da weder auf eine göttliche Offenbarung hingewiesen noch eine zur Stiftshütte unabdingbar gehörige Priesterschaft erwähnt wird.[48] Für Silo aber wird eindeutig ein festes Tempelhaus vorausgesetzt,[49] wie das auch für das Verständnis von Jer 7,12ff. notwendig ist.[50] Für Nob entfällt damit jedes Argument.

Ist so die Idee eines Zentralheiligtums für die Bücher der Richter und Samuelis zunichte gemacht, dann steht nichts im Wege, in dieser Epoche der Geschichte Israels eine Vielzahl von Kultstätten für Jahwe

---

42 J.J. Stähelin, Kritische Untersuchungen, 1843, 116f.
43 H. Ewald, Alterthümer, 1848, 133ff.
44 A. Knobel, Numeri, 1861, 594ff. Thenius wertet diese freie Kultausübung zwar positiv als eine Reaktion des Prophetentums gegen ein verderbtes Priestertum (Bücher Samuels, zu 1. Sam 7,5), sieht aber jedenfalls auch eine Diskrepanz zwischen einem ursprünglich zentralisierten Kult und einer späteren Veränderung.
45 Vgl. nur H. Ewald, Geschichte II, 1845, 424f.
46 De templo Silonensi, 11f.
47 De templo Silonensi, 15ff.
48 De templo Silonensi, 16ff. Das gleiche muß dann auch für das 1. Reg 2,28ff. genannte Zelt gelten.
49 De templo Silonensi, 6f.
50 De templo Silonensi, 34f. Die Erwähnung des heiligen Zeltes in 1. Sam 2,22b ist leicht als Zusatz zu erklären (7f.).

anzunehmen, ohne dies entgegen den Quellen als Abfall und Auflösungs-
erscheinung brandmarken zu müssen. Und besteht darüber Klarheit,
dann sind auch die für die Königszeit bezeugten Höhenheiligtümer keine
illegitimen Kulte, sondern Zeugnisse dafür, daß es eine Kultzentralisation
auch in dieser Zeit noch nicht gab, daß diese vielmehr erst mit Josias
Reform beginnt und der Verfasser der Königsbücher, der die Höhen
verurteilt, den Standpunkt einer späteren Zeit einnimmt.[51]

Bei dieser Argumentation Grafs ist freilich unübersehbar, daß es sich
nicht um neuartiges und originelles Gedankengut handelt. Das zeigt
sich bereits bei einem guten Teil der von ihm vorgebrachten Einzelar-
gumente, die ebenso von Vertretern der kritischen Forschung vor ihm
benutzt worden sind.[52] Vor allem aber ist nicht zu verkennen, daß Graf
das von dieser Seite entworfene Gesamtbild der kultischen Entwicklung
vor Augen hat und als Ausgangspunkt benutzt. Betrachtet er doch die
gewonnenen Ergebnisse als Belege dafür, daß es die Stiftshütte nach
der Schilderung Ex 25ff. überhaupt nicht gegeben hat, sie vielmehr eine
spätere Geschichtskonstruktion nach dem Vorbild des Salomonischen
Tempels ist und – zusammen mit gleichgearteten Stücken in den Büchern
Exodus bis Numeri – in zeitliche Nähe zu Ezechiels Verfassungsentwurf
gehört.[53] Das kann nicht der Ertrag, sondern nur die Voraussetzung
der vorliegenden Studie sein. Denn abgesehen von einzelnen Hinweisen
bezüglich der Abhängigkeit des Bildes der Stiftshütte vom Jerusalemer
Tempel wird ein ernsthafter Nachweis für die späte Abfassung von Ex
25ff. überhaupt nicht geführt. Graf hat also deutlich eine Gesamtperspek-
tive übernommen und erweist sich damit fürs erste als getreuer Schüler
der kritischen Forschung, der ihre Position hier auf einem Teilgebiet
energisch vertritt.

Angesichts der soeben gemachten Beobachtungen ist zu fragen, ob
Grafs Studie im Vergleich mit den Arbeiten seiner unmittelbaren Vorgänger ein eigenes Gewicht hat und als positiver Beitrag im Rahmen der
Forschungsgeschichte zu werten ist. Diese Frage ist zu bejahen, wenn
man sich seine besondere Arbeitsweise klarmacht. Man kann sie nämlich
mit einem Stichwort, und zwar Beschränkung, charakterisieren, wobei
zwei Gesichtspunkte als maßgeblich hervorzuheben sind.

Zunächst ist festzustellen, daß er, um seine These zu begründen,
hauptsächlich umfassendes Belegmaterial anführt und dieses sehr sorg-

---

51 De templo Silonensi, 25ff.
52 Vgl. nur, daß de Wette die Existenz des heiligen Zeltes in Silo für unbeweisbar hält
   (Beiträge 1, 1806, 254f.) und C. P. W. Gramberg das von David aufgespannte Zelt nicht
   mit dem heiligen Zelt identifiziert (Geschichte 1, 1829, 28f.).
53 De templo Silonensi, 20ff. Es ist demnach unrichtig, wenn behauptet wird, Graf habe
   sich erst mit seinem Jeremiakommentar literarisch zu diesen Problemen geäußert (so
   E. Oßwald, Mose, 1962, 17).

fältig exegesiert, so daß die Quellen auch mit ihren Einzelaussagen ernstgenommen werden und die ausschließliche Basis für seine Beweisführung bilden. Es geht ihm also ganz offensichtlich nicht darum, die ihm von seiten der kritischen Forschung vorgegebene Gesamtschau durch interessante Perspektiven und originelle Postulate zu bereichern, sondern darum, sie zunächst für ein begrenztes Gebiet exakt zu begründen, vor einseitigen und unbesehen übernommenen Thesen zu schützen[54] und nur das gelten zu lassen, was sich ohne Vergewaltigung und Umdeutung der Quellen aussagen läßt. In dieser Beschränkung, die die Begründung in den Vordergrund, die großen Perspektiven aber in den Hintergrund treten läßt, liegt der eigene Charakter und das eigene Gewicht der Studie. Sie ist gewiß nicht brillant und anregend geschrieben, sondern eher trocken und infolge der Fülle der Belegstellen ein wenig mühsam zu lesen.[55] Aber gerade in dieser Art hat sie bleibende Ergebnisse erzielt, die vom Wechsel der Forschungsrichtungen bemerkenswert unabhängig waren, so daß sie auch heute noch weniger zeitgebunden erscheint als alle größeren Aufrisse, die die Denkweise und Begriffswelt ihrer Zeit notgedrungen stärker zum Ausdruck bringen.[56]

Als zweiter Gesichtspunkt ist hervorzuheben, welche geringe Rolle die sonst so eifrig ventilierten Fragen der Quellenscheidung in der vorliegenden Studie spielen. Nicht, daß Graf sie ganz negiert, im Gegenteil, er äußert sogar selbst eine literarkritische These.[57] Aber für den Gesamtcharakter der Arbeit sind derartige Erörterungen jedenfalls nicht bestimmend. Auch das ist eine durchaus folgerichtige Beschränkung, die ganz in der Linie der bereits geschilderten Merkmale von Grafs Arbeitsweise liegen. Als strenger Historiker ist er sich bewußt, daß er für die Rekonstruktion eines eng umgrenzten und doch stark umstrittenen geschichtlichen Tatbestandes auf die den Ereignissen nächststehenden Berichte, und d.h. auf die Einzelstücke mit ihren Einzelaussagen, zurückgehen muß. Das ist ein sehr bemerkenswerter Standpunkt angesichts der zu seiner Zeit weitverbreiteten Harmonisierungsversuche, nämlich aus dem Gesamtzusammenhang einer großen Quellenschicht zu argumentieren, ohne dabei klar zwischen altem Überlieferungsgut und viel späterer

---

54 Hier sei nur darauf hingewiesen, daß auch Gramberg überzeugt ist, in Silo könne nur ein Zelt, wenn auch nicht das heilige Zelt, gestanden haben, und die Aussagen über ein festes Tempelhaus dürften nicht wörtlich genommen werden (Geschichte 1, 1829, 28f., ebenso W. Vatke, Religion, 1835, 318f.).

55 Allerdings hat sich Graf hier als Professor und Lateinlehrer der Landesschule um ein gehobenes Latein bemüht und an seinem Stil gefeilt (Briefwechsel, 390).

56 Vgl. nur, wie auch Grafs nicht schulegebundener Lehrer Reuß mit den für die damalige geistige Situation so typischen Begriffen wie „Bildung" und „Zusammenhang" operiert und damit von vornherein eine größere Distanz zum heutigen Leser aufkommen läßt (E. Reuß, Art. Judenthum, 1850, 329).

57 Dazu s. u. Anm. 64.

Kompilation zu unterscheiden. Bei der Annahme sehr ausgedehnter Quellenschriften mußte das zwangsläufig zu weitgehend unhistorischen Ergebnissen führen.[58] Graf macht stattdessen durch sein Vorgehen grundsätzlich deutlich, daß bei der Lösung bestimmter historischer Probleme die einschlägigen Belegstellen gesondert zu prüfen sind und die Fragen nach dem inneren Zusammenhang und der Abgrenzung der erst später konzipierten durchlaufenden Quellen zurücktreten müssen, also eine unmittelbare Verquickung mit Quellenscheidungshypothesen nicht tunlich ist.

So zeigt sich auch bei diesem Gesichtspunkt, wie streng sich Graf auf eine bestimmte Fragestellung konzentriert und damit der Gefahr einer unsachgemäßen Kombination mit anderen Problemkreisen entgeht. Er gelangt damit zu vielen gesicherten Ergebnissen, die ihrerseits für seine eigene Weiterarbeit sowie überhaupt für den Fortgang der kritischen Forschung eine gute Grundlage abgeben. Insofern hat Grafs Arbeit durchaus ihr besonderes Gewicht und stellt einen eigenen, um nicht zu sagen notwendigen, Beitrag im Rahmen dieser Forschungsrichtung dar. Es wird noch genauer zu zeigen sein, daß deren Vertreter gerade solcher entsagungsvollen „Grundlagenforschung", wie Graf sie hier betreibt, nicht die ausreichende Sorgfalt angedeihen ließen und darin eine ihrer wesentlichen Schwächen zu sehen ist.[59] Demgegenüber schafft Graf hier vorerst auf einem Teilgebiet einen sinnvollen Ausgleich, der allerdings noch keine größere Beachtung finden konnte, da er als wissenschaftliche Beilage eines Schulprogramms an zu entlegener Stelle veröffentlicht wurde.

Natürlich hat die geschilderte Arbeitsweise Grafs auch ihre Grenzen. Das zeigt sich in der vorliegenden Studie ausgerechnet bei dem speziellen Ergebnis, um dessentwillen Graf sie überhaupt geschrieben hat und auf das nun noch einmal eigens eingegangen werden muß. Es ging ihm nämlich nicht nur allgemein um den Nachweis, daß es in vordeuteronomischer Zeit eine Vielzahl legitimer Kultstätten gegeben hat, sondern im besonderen darum, daß der Text von Jdc 18,30f. völlig in Ordnung ist und beide Verse untrennbar zusammengehören. Das heißt aber, daß – auf Grund der Parallelität, in der sie aufgebaut sind – die jeweils am Ende stehenden Zeitangaben identisch sind und mithin das Heiligtum in Silo endgültig nicht durch die Philister, sondern erst

---

58 Ein Musterbeispiel dafür ist J. J. Stähelin, der den Jehovisten bis 1. Sam 30 nachzuweisen sucht, von ihm das ganze Deuteronomium sowie im Richterbuch Rahmen samt Erzählungen selbständig verfaßt sein läßt und der natürlich dem Priestertum und dem Kult für die ganze Quelle einen viel größeren Raum zumessen muß, als das die Einzelerzählungen, wenn sie für sich betrachtet würden, erlauben (Kritische Untersuchungen, 1843, 72ff., zusammenfassend 119ff.).

59 S. u. S. 104ff.

durch die Assyrer zerstört worden ist. Es sei also bis zum Ende des
Nordreiches unverändert ein bedeutendes kultisches Zentrum geblieben.
Alle Versuche, diese Korrelation der beiden Verse durch literarkritische
Operationen aufzulösen oder sie in irgendeiner Weise umzudeuten, um
ein erst in der Assyrerzeit erfolgendes definitives Ende des Heiligtums
abweisen zu können, hält er für unzulässig.[60] Außerdem bezeuge die
Art und Weise, wie Jeremia in seiner Tempelrede von der Zerstörung
Silos spreche, daß dieses Ereignis erst verhältnismäßig kurze Zeit zu-
rückliegen müsse und es doch wohl nicht zufällig sein könne, wenn
im gleichen Atemzug von der Exilierung des Nordreiches gesprochen
werde.[61] Der Nachweis einer Vielzahl von legitimen Jahwekultstätten
bis in die spätere Königszeit hinein, den Graf so gründlich führt, daß
er das eigentliche Corpus der Studie bildet und ihre wissenschaftliche
Bedeutung ausmacht, soll eigentlich nur bestätigen, daß diese Annahme
auch auf Grund einer beachtlichen Menge ähnlicher Belege naheliegt
und nichts Grundsätzliches dagegen einzuwenden ist.

Man muß Graf bescheinigen, daß er umsichtig und scharfsinnig
vorgegangen ist. Gleichwohl ist das Ergebnis nicht ganz befriedigend.
Denn damit war die Auffassung, daß nur V. 31 ursprünglich ist und
bereits die Philister das Heiligtum in Silo zerstört haben, dagegen V.
30 einen Zusatz darstellt, der sich nur auf das Priestergeschlecht in
Dan, das bis zur Assyrerzeit dort amtierte, bezieht, noch nicht schlüssig
widerlegt,[62] da ja auch die Aussage Jer 7,12.14f. für den Zeitpunkt der
Zerstörung des Heiligtums von Silo nicht eindeutig ist und als einziger
zusätzlicher Beleg eine zu schmale Basis abgibt.

Durch diese Feststellung wird der Wert der Arbeit als ganzer keineswegs geschmälert. Es muß vielmehr anerkannt werden, daß Graf
hier einen höchst eigenen und originellen Vorstoß unternimmt, indem er
die Verse Jdc 18,30f., die im Gegensatz zu anderen, weiter unten zu besprechenden, durchaus nicht im Brennpunkt von Auseinandersetzungen

---

60 De templo Silonensi, 1f. Meist wurde V. 30 als späterer Einschub bezeichnet, so
beispielsweise von J. J. Stähelin (Kritische Untersuchungen, 147), H. Ewald (Geschichte
II, 1845, 344, Anm. 1) und G. L. Studer (Richter, 1835, z. St.). Eine kühne Umdeutung
vertritt H. A. C. Hävernick, der die Zeitangabe am Schluß von V. 30 auf den Raub
der Bundeslade durch die Philister deutet (Handbuch, 2. Teil, 1. Abt., 1839, 109f.).
Vgl. auch E. Bertheau, der das Bild Michas bis zu den kultischen Maßnahmen des
Jerobeam bestehen lassen will, was ganz im groben der Zeit Davids entspreche, in der
seiner Meinung nach das heilige Zelt über Gibeon nach Jerusalem gebracht worden ist
(Richter, 1845, z. St., ebenso in ²1883).

61 Jer 7,12.14f., De templo Silonensi, 33ff. An dieser Meinung hat er auch in seinem
Jeremiakommentar von 1862 (siehe z. St.) festgehalten. Vgl. dagegen die Umdeutung
von F. Hitzig, der diese Stelle nur auf die Stadt Silo, nicht auf die seiner Meinung nach
längst von den Philistern zerstörte Heiligtum beziehen will (Jeremia, 1841, z. St.).

62 Vgl. J. Wellhausen, Composition, ²1889, 232f. Reuß schloß sich jedoch auch später noch
Grafs Auffassung an (Geschichte, ²1890, 145).

standen, herausgreift und in ein neues Licht stellt. Außerdem zeigt gerade das nicht recht gelungene Ergebnis, wie er den Mut und die Fähigkeit besitzt, Konsequenzen zu ziehen, auch wenn dies im Widerspruch zu einer allgemein verbreiteten Anschauung steht. Daneben ist aber evident, daß er im Falle von Jdc 18,30f. der Gefahr, einen literarischen Sachverhalt zu vereinfachen, nicht entging und er dann eben doch die feinen Unterschiede zwischen den dazugehörigen Einzelaussagen übersah bzw. deren Beweiskraft überschätzte. Es ist natürlich unverkennbar, daß er mit dieser Art der Vereinfachung die grobschlächtigen Lösungsversuche seiner Licentiatendissertation von 1842[63] weit hinter sich gelassen hat. Doch wird später bei seinem Hauptwerk wieder deutlicher zu beobachten sein, daß er da auch bei größeren literarischen Zusammenhängen noch geneigt ist, zu vereinfachen und feinere Differenzen zu übersehen. Berücksichtigt man das, dann ist das unbefriedigende Hauptergebnis der vorliegenden Studie wohl ebenfalls aus dieser Schwäche zu erklären. Sie ist nicht mehr die des Anfängers und fällt hier nicht so stark ins Gewicht, ist aber doch vorhanden und läßt eine bleibende Unausgeglichenheit in Grafs Gesamtwerk schon jetzt ahnen.[64]

3.2.2. Kleinere Einzeluntersuchungen

Bei der im Vorangehenden besprochenen Arbeit bestand der Hauptertrag zweifellos darin, daß Graf hier die Vielfalt der Kultstätten in vordeuteronomischer Zeit überzeugend dargelegt und insofern bereits einen größeren Beitrag zur Frage der Entwicklung des alttestamentlichen Kultes beigesteuert hat. Das Ganze sollte aber grundsätzlich nur dazu dienen, den beiden Versen Jdc 18,30f. eine neue und gesicherte Deutung zu geben und sie für die Position der kritischen Forschung fruchtbar zu machen. In der Folgezeit hat Graf noch drei weitere Belegstellen herausgegriffen, um an ihnen die Richtigkeit und Überlegenheit des von ihm übernommenen Gesamtbildes zu erweisen. Diese Tatsache ist wichtig, denn sie macht deutlich, daß Graf immer wieder auf die Einzelexegese zurückgreift, sei-

---

63 S. o. S. 76ff.
64 Dieser Eindruck wird noch dadurch verstärkt, daß Graf auch an einer anderen, für das Gesamtergebnis allerdings nicht wichtigen Stelle in der vorliegenden Studie eine Vereinfachung literarischer Zusammenhänge vornimmt. Er ist der Ansicht, daß Jdc 17–21 + 1. Sam 1,1–7,2a eine eigene, einheitliche Quelle ist, da hier der theokratische Pragmatismus der vorhergehenden und nachfolgenden Kapitel nicht bekannt sei und sich außerdem besonders genaue Ortsangaben fänden (De templo Silonensi, 2ff.; in Einzelheiten bezüglich Jdc 17–21 ist er von E. Bertheau, Richter, 1845, 192ff., abhängig). Auch hier überschätzt er die Gemeinsamkeiten der letzten Kapitel des Richterbuches mit denen der ersten des ersten Samuelisbuches und trägt den tiefgreifenden Unterschieden zu wenig Rechnung. Er hält an dieser These noch in seinem Hauptwerk (Die geschichtlichen Bücher, 98) fest und wird darin auch von E. Schrader unterstützt (vgl. W. M. L. de Wette, Lehrbuch, [8]1869, 340).

ne Bemühungen also auch weiterhin darauf konzentriert sind, das neue Gesamtbild von „unten" her abzusichern und auszubauen. Das geschah auch noch nach der Abfassung seines Hauptwerkes, denn die dritte der diesbezüglichen Äußerungen, die Miszelle zu Am 5,26, ist erst kurz vor seinem Tode entstanden und als eine seiner letzten Veröffentlichungen postum erschienen.[65] Sie soll gleichwohl im vorliegenden Zusammenhang mit besprochen werden, da sie den beiden anderen aufs engste verwandt ist und insofern den hauptsächlichen Beweggrund, der Graf zur Ausarbeitung seines Hauptwerkes führte, zu ihrem Teil erkennen läßt.[66] Wichtig ist auch, daß in allen drei Fällen Verse behandelt werden, die der herkömmlichen Exegese im Verhältnis zu Jdc 18,30f. ungleich größere Schwierigkeiten bereiteten und deshalb auch für die kritische Forschung eine zentrale Bedeutung bekommen mußten. Schon von daher ist Grafs Stellungnahme für seine Gesamtbeurteilung von Interesse, wenngleich es sich nur um kurze Ausführungen handelt, bei denen die im Mittelpunkt stehenden Verse für sich betrachtet und ohne größere Umschweife analysiert werden.

Am allgemeinsten und zugleich am wenigsten selbständig ist seine Stellung zu Jer 7,22f., die sich in Form einer exkursartigen Ausführung in seinem Jeremiakommentar von 1862 findet[67]. Dieser Beleg, der schon für de Wette die Existenz wenigstens des Leviticus in der älteren Zeit unmöglich erscheinen ließ,[68] brachte auch Gegner der streng kritischen Forschung in Verlegenheit,[69] wenngleich man im allgemeinen bemüht war, ihn umzudeuten[70] oder nur auf private Opfer, die im Pentateuch

---

65 Siehe die Vorbemerkung dazu (Archiv für wissenschaftliche Erforschung des AT, hg. v. A. Merx, Bd. 2, H. 1, 1871, 93).

66 Auch die zweite der hier zu behandelnden Äußerungen, die Miszelle zu Ex 21,6, kann nicht im engeren Sinne als Vorarbeit zu seinem Hauptwerk verstanden werden. Einer Anmerkung am Anfang zufolge (ZDMG 18 [1864], 309, Anm.) war sie „zum Vortrage in der Versammlung der Orientalisten in Meißen bestimmt", was jedoch offenbar nicht geschehen ist, da das Protokoll dieser Versammlung nichts darüber berichtet (ebd., 383–387). Sie fällt also in die gleiche Zeit wie die Ausarbeitung seines Hauptwerkes, das bereits Ende 1863 im Manuskript vorlag (Briefwechsel, 526) und – einer Mitteilung A. Kuenens zufolge (ThT 4 [1870], 407, deutsch zitiert bei F. Bleek – J. Wellhausen, Einleitung, ⁵1886, 615) – schon Ende 1865 im Druck erschien. Derartige Untersuchungen liefen also neben dem Hauptwerk her und bilden im weiteren Sinne den Ausgangspunkt, ohne daß bei ihnen eine Entwicklung im einzelnen festzustellen wäre.

67 K. Graf, Der Prophet Jeremia erklärt, Leipzig 1862, 121–124.

68 W. M. L. de Wette, Beiträge 1, 184f.

69 So gibt Hitzig zu, daß er gegen den mosaischen Ursprung der kultischen Gesetzgebung spreche, ohne freilich weitere Konsequenzen daraus zu ziehen (F. Hitzig, Jeremia, 1841, z. St., ebenso in ²1866, z. St.).

70 So J. J. Stähelin, der Jeremia nur den Mißbrauch der Opfer anprangern läßt (LACTh 1838, 523).

nicht befohlen seien, zu beziehen.[71] Demgegenüber betont Graf, daß
Jeremia von der Existenz mosaischer Opfergesetze nichts wisse. Die Kultgesetzgebung der mittleren Bücher des Pentateuch, die allein ausdrückli-
che Anweisungen dafür gebe, könne also erst nach ihm entstanden sein,
und alles spreche dafür, daß sie Neh 8f. zufolge von keinem Früheren
als Esra verpflichtend eingeführt wurde. Das entspricht vollkommen
der Auffassung seines Lehrers Reuß, der sich zu diesem Punkte bereits
frühzeitig geäußert hatte und im Gegensatz zu anderen Vertretern der
kritischen Richtung die Aussagen der Verse wörtlich genau nahm.[72] Grafs
Ausführungen zeigen hier also besonders deutlich, wie stark er sich dessen Grundgedanken zu eigen gemacht hat und sie auch weiterhin mit
aller Entschiedenheit vertritt.

Im Unterschied dazu ist die zeitlich darauffolgende Äußerung, eine
Miszelle über Ex 21,6 und 22,7f.,[73] ein Beispiel dafür, wie selbständig
Graf arbeitet und bisher unbefriedigend erklärte Stellen mit seiner Ge-
samtschau in Einklang bringt und ihr dienstbar zu machen weiß.

Die in den soeben genannten Versen vorkommende Aufforderung,
bestimmte Rechtssachen „vor Gott" zu bringen, mußte der konservativen
Exegese Schwierigkeiten machen. Denn wenn man sie – wie es ja naheliegt – als Aufforderung, Gott im Heiligtum aufzusuchen, deutete, so
kam nur das Zentralheiligtum in Frage. Das war aber im Kulturland, für
das diese Gesetze ja nach allgemeiner Auffassung bestimmt waren, nicht
für jeden Israeliten so rasch und leicht erreichbar, wie es die genannten
Verse doch offenbar voraussetzen. Hier kam es sehr gelegen, daß die
Septuaginta diesen Passus mit πρὸς τὸ κριτήριον τοῦ θεοῦ wiedergibt,
denn das schien den Schluß zu erlauben, der Ausdruck „vor Gott" meine
in Wirklichkeit „vor den Richter", der hier im Namen Gottes fungiere.
Von einem Aufsuchen des Heiligtums sei demnach nicht die Rede.[74]

Zur Stützung dieser These berief man sich auf weitere Stellen wie
Dtn 1,17; 2. Chr 19,6 und Dtn 19,17, an denen deutlich von dem vor oder
für Gott handelnden Richter gesprochen wird. Vor allem aber glaubte
man, daß Ps 82,1 nur unter einer derartigen Voraussetzung richtig zu
deuten sei. Denn das dort vorkommende Wort *elohim* im polytheistischen

---

71 Graf zitiert ausdrücklich J. D. Michaelis, Deutsche Uebersetzung, 9. Teil, 1778, 28 der
    Anmerkungen, und H. Ewald, Propheten 2, 1841, 54. Vgl. auch C. von Lengerke,
    Kenáan, 1844, 555f.
72 Allgemeine Literatur-Zeitung, 1839, 175; Art. Josia, 1844, 186f. Vgl. dagegen W. Vatke,
    der die ältesten Gesetze Israels überhaupt erst zu Josias Zeit entstehen läßt und diese
    Verse noch davor ansetzt, so daß sie die allgemeine Gesetzlosigkeit vor der Josianischen
    Reform zum Ausdruck bringen müssen (Religion, 1835, 502ff.). Auch C. P. W. Gramberg
    will diesen Tatbestand nicht ganz wörtlich nehmen (Geschichte 1, 1829, 140).
73 Was bedeutet der Ausdruck: vor Gott erscheinen, in den Gesetzen des Pentateuch Ex
    21,6. 22,7.8, ZDMG 18 (1864), 309–314.
74 Vgl. zum Ganzen A. Knobel, Exodus, 1857, zu Ex 21,6.

Sinn mit „Götter" wiederzugeben, verbot sich von vornherein, und da im übrigen ohnehin von einer Gerichtsversammlung die Rede ist, so meinte man auf Grund von Ex 21,6 annehmen zu können, daß mit diesem Wort Richter oder zu diesem Amt beauftragte Obrigkeiten gemeint seien.[75] Hier schien also tatsächlich ein Beleg dafür gefunden zu sein, daß die Gottesbezeichnung unter Umständen mit „Richter" zu übersetzen ist, und dies wiederum betrachtete man als Beweis für die Richtigkeit der entsprechenden Interpretation von Ex 21,6.[76]

Graf geht bei seiner Untersuchung so vor, daß er zunächst die zur Stützung von Ex 21,6 herbeigezogenen Belegstellen entkräftet. Bei Dtn 19,17 kann er zeigen, daß hier ein Sonderfall vorliegt, der für die Gleichsetzung von Gottesbezeichnung und menschlichem Richter gar nichts besagt.[77] Auch bei Dtn 1,17 ist beides streng auseinanderzuhalten, da im Vergleich mit 2. Chr 19,6 deutlich wird, daß der Richter für Gott richtet und nicht im entferntesten an seine Stelle tritt. Zur Exegese von Ps 82,1 nimmt er zwar nicht ausdrücklich Stellung, konstatiert aber mit Nachdruck, daß es ein Unding ist, diesen Vers einerseits von Ex 21,6 her auszulegen und ihn andererseits als Beweis für die Richtigkeit der dort vorgenommenen Deutung zu benutzen, so daß man sich in einem trügerischen Zirkel bewegt.[78] Auch dieser Beleg fällt damit weg.

Statt dessen kann Graf nun positiv zeigen, daß sich die Ausdrucksweise in Ex 21,6 am besten und zwanglosesten mit einem Gang zum Heiligtum erklären läßt, nur eben nicht zum Zentralheiligtum, sondern zu einem der vielen Heiligtümer, die im Lande sonst noch bestanden und leicht zugänglich waren. Das heißt, er interpretiert auch diese Verse von seiner Gesamtanschauung her und kommt damit zu einer wesentlich einfacheren und klareren Lösung, die einer so gekünstelten Beweisführung wie der oben geschilderten nicht bedarf. Untermauert wird das Ganze durch eine große Zahl von Belegen über die Vielfalt von Heiligtümern

---

75 So schon J. D. Michaelis, Deutsche Uebersetzung, 6. Teil, 1782, 196 der Anmerkungen. Auf Könige gedeutet von W. M. L. de Wette, Psalmen, [2]1823, z. St.; F. Delitzsch, Psalmen, 1867, z. St. (hierbei wird Grafs These abgelehnt). Reuß versteht den Vers als Bildrede, die jedoch in Wirklichkeit den irdischen Richter meine (Das Alte Testament übersetzt, Bd. 5, 1893, 191). Eine andere Meinung vertritt F. Bleek, der an Schutzmächte von Völkern im Sinne von Dan 10,13.20 denkt (Einige aphoristische Beiträge, 1822, 80ff.).

76 In Auseinandersetzung mit Graf wurde auch 1. Sam 2,25 als Beweisstelle beigebracht. J. Werner meint, daß hier das Nebeneinander von Elohim und Jahwe dazu zwinge, zwei verschiedene Personen anzunehmen, und sich daher für das erstere die Übersetzung „Richter" empfehle (Sprachliche Notizen, 1865, 306f.). Hinweise auf ältere Vertreter dieser Meinung, darunter auch Luther, gibt O. Thenius, ohne sie selbst anzuerkennen (Bücher Samuels, 1842, z. St.).

77 Es handelt sich um das Obergericht am Tempel in Jerusalem, bei dem allerdings ein „vor die Richter"-Treten mit einem „vor Jahwe"-Treten identisch ist.

78 Er läßt gleichwohl erkennen, daß er die Übersetzung mit „Richter" auch hier nicht billigt, doch ist er sich über eine bessere Deutung offensichtlich nicht im klaren.

in vordeuteronomischer Zeit, wobei er auf das in der Abhandlung über Jdc 18,30f. gesammelte Material zurückgreifen kann. Selbst Einzelheiten treten auf diese Weise in ein neues Licht und lassen den Vorteil und die Überlegenheit seiner Konzeption erkennen.[79]

So ist diese kleine Untersuchung ein hervorragendes Beispiel dafür, wie es ihm gelingt, einzelne Verse, die die herkömmliche Exegese zu umständlichen und komplizierten Deutungsversuchen veranlaßten, herauszugreifen und fugenlos in sein Gesamtbild einzubauen, so daß sie dessen Richtigkeit schlagartig deutlich machen. Vor allem läßt sich erkennen, wie sicher er die Belege im einzelnen differenziert und damit die Fehler aller derer vermeidet, die vorschnell kombinieren und die feinen Unterschiede übersehen oder nicht ernst nehmen. Gerade die Kürze der Arbeit und ihre Konzentration auf eine ganz begrenzte Fragestellung, bei der zudem rein literarkritische Probleme wie im Falle von Jdc 18,30f. ganz aus dem Spiele bleiben, lassen diese seine Eigenart und besondere Stärke nur um so deutlicher hervortreten.

In der soeben besprochenen Arbeit bewährte sich Grafs selbständiges Vorgehen im Rahmen der kritischen Forschung hauptsächlich darin, daß er Fehler ihrer Gegner aufgriff und korrigierte. Die dritte der hier zu besprechenden kleinen Untersuchungen, eine Miszelle zu Am 5,25f.[80] läßt nun umgekehrt bemerken, daß er sich auch einmal den Standpunkt eines der letzteren weitgehend zu eigen machen konnte und dann zu den eigenen Gesinnungsgenossen im Gegensatz stand.

Gegenstand der Untersuchung ist wie im Falle von Jer 7,22f. ein Passus, der auf die Kultausübung in mosaischer Zeit Bezug nimmt und deshalb besonders umstritten war. Auch hier, nämlich in V. 25, wird durch eine rhetorische Frage klar zum Ausdruck gebracht, daß Jahwe in der frühesten Zeit, nämlich der der Wüstenwanderung, keine Opfer dargebracht wurden. Da nun aber unmittelbar folgend in V. 26 von Götzendienst der Israeliten gesprochen wird, so nahm man allgemein an, daß sich auch dieser Vers auf die Wüstenzeit beziehe und somit den Rückschluß erlaube, die Israeliten hätten damals zwar nicht Jahwe, wohl aber anderen Göttern Opfer dargebracht. Infolgedessen müsse

---

79 So deutet er die Erwähnung von Tür und Türpfosten in Ex 21,6 auf ein festes Tempelhaus, wie das auch für Silo bezeugt ist (dazu s. o. S. 82). Wenn dagegen bei der Parallelstelle im Deuteronomium (15,17) auf Grund des Kontextes nur die Tür im Hause des Herrn gemeint sein kann, so erklärt dies Graf folgerichtig als eine Korrektur im Zuge der Kultzentralisation, die wie bei der Schlachtung auch hier eine Profanierung der Handlung notwendig macht. Er macht darüber hinaus aufmerksam, daß es sich bei Ex 21,6 schon deshalb nicht um die Tür zu einem profanen Gerichtsort handeln kann, weil dann vom Tor der Stadt als dem dafür üblichen Ort gesprochen werden müßte.

80 K. H. Graf, Ueber Amos 5,26, in: Archiv für wissenschaftliche Erforschung des AT, hg. v. A. Merx, Bd. 2, H. 1, 1871, 93–96.

der Hauptton in V. 25 auf dem Wörtchen „mir" (לִי) liegen. In dieser Grundentscheidung waren sich die meisten Vertreter sowohl der konservativen als auch der streng kritischen Richtung einig. Der Unterschied bestand nur darin, daß die ersteren dies als Untreue des Volkes deuten mußten,[81] während die letzteren hierin einen Beleg sahen, daß in der Wüstenzeit von einem Monotheismus noch nicht die Rede sein kann und dies ein durchaus natürlicher Vorgang ist.[82]

Diesem Konsensus, daß sich beide Verse auf das gleiche Milieu bezögen, stimmt Graf nicht zu, und das vor allem deshalb nicht, weil er V. 25 im Vergleich mit den vorangehenden Versen nur so verstehen kann, daß Amos für die Wüstenzeit gar keine Opfer kenne und sie deshalb auch für seine Zeit nicht als notwendig erachten könne. Dazu kommt, daß sonst weder bei Amos selbst noch überhaupt im Alten Testament etwas auf einen solchen während der Wüstenwanderung verbreiteten und anhaltenden Götzendienst deute, wie das nach der allgemein vertretenen Interpretation aus V. 26 hervorgehen müsse. So schließt er sich bereitwillig an Ewald an, der diesen letzteren Vers hauptsächlich aus grammatikalischen Gründen als Drohung für die Zukunft auffaßt und darin nur eine Brandmarkung des zu Amos' Zeiten sich vollziehenden Götzendienstes sehen kann.[83] Auch Ewald muß dann zugeben, daß Amos für die Wüstenzeit überhaupt keinen oder wenigstens keinen geordneten Opferdienst kannte.[84] Er entkräftet dieses Zeugnis jedoch mit dem Hinweis, daß die Wüstenverhältnisse einen normalen Opferkult nicht erlaubten und Amos nun seinerseits den Schluß daraus ziehe, es käme auf Opfer nicht an. Graf dagegen sieht hier folgerichtig einen Beweis dafür, daß Amos die Opferanweisung der Kultgesetzgebung im Pentateuch nicht voraussetze, die letztere also erst nach ihm entstanden sein könne. So baut er den Vers in das Gesamtbild der kritischen Forschung ein. Es

---

81 So bei Unterschieden in Einzelheiten beispielsweise F. Hitzig, Zwölf kleine Propheten, [3]1863, z. St., C. F. Keil, Zwölf kleine Propheten, [2]1873, z. St. (in Auseinandersetzung mit Graf). Vgl. auch die populäre Auslegung von O. v. Gerlach, Altes Testament, 4. Bd., 2. Abt., 1853, 190.

82 So noch der späte Reuß, der angedeutet wissen will, daß Jahwe damals noch nicht Nationalgott war (E. Reuß, Das Alte Testament übersetzt, 2. Bd., 1892, 77). Er deutet V. 25 allerdings genau wie Graf (dazu s. u.), nimmt also eine nicht ganz klare Mittelstellung ein. Weiter ist Mr. Vatke zu vergleichen, der hier bezeugt sieht, daß sich der Jahwekult aus einem ursprünglichen Gestirnkult entwickelt hat (Religion, 1835, 190ff.).

83 Er argumentiert damit, daß man nicht nur die erste Perfektform in V. 27, sondern auch die erste in V. 26 konsekutiv zu verstehen habe und beide in Parallele zueinander setzen müsse (Propheten 1, 1840, 104f. Weitere Belege für den Fall, daß auf eine Schilderung der Vergangenheit wie in V. 25 eine Zukunftsaussage mit Perf. cons. folgen kann, gibt er in seinem ausführlichen Lehrbuch der hebräischen Sprache, [7]1863, 828).

84 C. von Lengerke, der bezüglich V. 26 die gleiche Meinung wie Ewald vertritt, nimmt wie schon bei Jer 7,22f. an, daß es sich nur um Privatopfer handle, die nie geboten waren, zu Amos' Zeiten aber überhandgenommen hätten (Kenáan, 1844, 555f.).

ist ihm mit seiner kurzen Miszelle freilich nicht gelungen, die Diskussion zu dieser Stelle entscheidend zu beeinflussen,[85] auf der anderen Seite muß aber positiv hervorgehoben werden, daß er sich selbständig mit der zeitgenössischen Literatur auseinandergesetzt hat. Auf Grund dessen konnte er einen von den meisten Vertretern der kritischen Forschung abweichenden Standpunkt einnehmen und das Ergebnis des im übrigen ganz anders denkenden Ewald für die letztere fruchtbar machen.

Faßt man abschließend das bei den drei Untersuchungen Beobachtete zusammen, so ist festzustellen, daß sie Grafs Stellung im Rahmen der zeitgenössischen Forschung und den Schwerpunkt seiner Arbeit beispielhaft aufleuchten lassen. Vor allem die beiden letztbehandelten lassen seine nüchtern abwägende unpolemische Art sowie die Fähigkeit, sich auf einzelne, für die kritische Forschung besonders wichtige Belege und deren exakte Interpretation zu beschränken, sehr klar hervortreten. So erhält man schon eine präzise Vorstellung von seiner Selbständigkeit, die es ihm ungeachtet der fundamentalen Abhängigkeit von seinen Vorgängen erlaubt, auch in Einzelheiten genau auf die Position der Gegner zu achten und bei ihnen unter Umständen in die Lehre zu gehen. Damit werden die positiven Ergebnisse der Studien über Jdc 18,30f. bestätigt und ergänzt, so daß auch bei dem nun zu besprechenden Hauptwerk die eigentliche Bedeutung in dieser Richtung zu suchen ist. Die sich im Blick darauf erhebende Frage ist hauptsächlich die, wie sich Grafs Arbeitsweise auch bei einer solchen großangelegten und mehrschichtigen Untersuchung bewährt bzw. inwiefern er auf anders zu bewältigende Probleme stößt und in welchem Maße es ihm gelingt, auch da und im ganzen überhaupt zu einem eigenen und abgerundeten Ergebnis zu kommen.

3.2.3. Das Hauptwerk

Grafs Hauptwerk im engeren Sinne, nämlich die erste der beiden unter dem Titel „Die geschichtlichen Bücher des Alten Testaments" zusammengefaßten Untersuchungen[86], ist sachlich in vier größere Komplexe mit verschiedener Thematik aufzugliedern. Zwar sind sie äußerlich nicht als solche markiert und auch vom systematischen Standpunkt aus nicht immer sauber voneinander geschieden, bei näherer Betrachtung heben sie sich aber deutlich voneinander ab, so daß sie die gegebene Grundlage

---

85 Siehe die Literaturangaben für die darauffolgende Zeit bei E. Reuß, Geschichte, [2]1890, 278.
86 Die Bestandtheile der geschichtlichen Bücher von Gen. 1 bis 2. Reg. 25 (Pentateuch und Prophetae priores), 1–113.

für eine detaillierte Untersuchung bilden. Daher sollen sie im folgenden zunächst einzeln behandelt werden.[87]

3.2.3.1. Ausgangsbasis (1. Komplex)

Im ersten Komplex[88] geht es um die Ausgangsbasis. Als solche bietet sich das Deuteronomium an, dessen Zusammenhang mit der Josianischen Reform seit den Vorstößen de Wettes[89] nach und nach von immer breiteren Kreisen anerkannt worden war. Schon George hatte hier mit seiner Untersuchung über die jüdischen Feste eingesetzt[90] und von diesem festen Punkt aus den Ort der übrigen Gesetze bestimmt. Wahrscheinlich ist er es auch, der Graf zu dem gleichen Schritt veranlaßt hat, denn noch an anderer Stelle in der vorliegenden Arbeit ist ein Einfluß von seiner Seite naheliegend.[91] Er konnte sich freilich – abgesehen von de Wette – nur auf Bleek[92] und auf sprachliche Hinweise von Gesenius[93] berufen. Zu Grafs Zeiten dagegen waren de Wettes Gedanken vor allem durch Riehms Monographie über das Deuteronomium[94] Allgemeingut auch auf seiten derer geworden, die eine vermittelnde Stellung einnahmen, wobei es für die weitere Untersuchung gleichgültig war, ob man die Entstehung dieses Gesamtwerkes mit Riehm[95] und Ewald[96] in die Zeit Manasses setzte oder Abfassung und Bekanntwerden ganz nahe zusammenrückte und beide in der Regierungszeit Josia geschehen ließ.[97] Graf konnte sich daher neben seinen unmittelbaren Vorgängern vor allem auf die Vertreter dieser Richtung stützen und hatte infolgedessen eine erheblich größere Rückendeckung.

Auf ebendieser Seite war auch noch in anderer Richtung eine bemerkenswerte Entwicklung festzustellen. Man beobachtete nämlich, daß das Deuteronomium deutlich an die in Ex 20–23 zusammengefaßten Gesetze,

---

87 Da – wie gesagt – die Komplexe nicht ganz streng voneinander getrennt sind, werden einzelne Punkte nicht in dem Zusammenhang, in dem sie bei Graf stehen, behandelt, sondern in einem anderen, in dem die entsprechende Problematik im Vordergrund steht.

88 Bestandtheile, 1–32.

89 Dissertatio critico-exegetica qua Deuteronomium a prioribus Pentateuchi libris diversum, alius cuiusdam recentioris auctoris opus esse monstratur, 1805; Beiträge 1, 1806, 133ff.

90 Feste, 1835, im ersten Teil: Kritik der Quellen (5–181), passim.

91 S. u. S. 99ff.

92 F. Bleek, Einige aphoristische Beiträge, 1822, 14ff.

93 W. Gesenius, Geschichte der hebräischen Sprache, 1815, 32.

94 E. Riehm, Gesetzgebung Mosis, 1854.

95 E. Riehm, Gesetzgebung Mosis, 1854, 98ff.

96 H. Ewald, Geschichte III/1, 1847, 381ff.

97 W. M. L. de Wette, Lehrbuch, [6]1845, 220f.; C. von Lengerke, Kenáan, 1844, CXXIX; A. Knobel, Numeri, 1861, 591; E. Reuß, Art. Josia, 1844, 187. Dem schließt sich auch Graf an (Bestandtheile, 4ff.).

d. h. an den Dekalog und das – noch nicht so genannte – Bundesbuch, sowie an Ex 34 anknüpft, zwischen beiden Teilen also enge Beziehungen bestehen. Als Beispiele seien nur angeführt, daß beiden der Dekalog gemeinsam ist und die Freilassung des Sklaven im 7. Jahr erfolgen soll. Das Jobeljahr wird nicht erwähnt, und auch sonst wird an die übrige Gesetzgebung des Pentateuch nirgends ausdrücklich angeknüpft. Daß die genannten Gesetze aus dem Exodus dem Deuteronomium gegenüber älter sind und nicht – wie Stähelin will – vom gleichen Verfasser stammen,[98] zeigt außer der Verschiedenheit der Diktion vor allem die Kultzentralisation im Deuteronomium, die die Gesetze im Exodus jedenfalls in dieser Form nicht kennen.[99]

Was die genauere Datierung betrifft, so lagen unabhängig von der Frage ihrer Beziehung zum Deuteronomium zwei verschiedene Ansichten vor. Die Vertreter der Ergänzungshypothese gingen davon aus, daß die genannten Gesetze im Exodus von der als älteste Quelle betrachteten Grundschrift abweichen und deshalb jünger sein müssen. Sie wurden daher mit dem Jehovisten verbunden, und die Entstehungszeit dieser Schicht gab zumindest den *terminus ad quem* für ihre Entstehung ab.[100] Doch wurden auch Stimmen laut, die diese Gesetze zu den ältesten Israels rechneten und sie daher vor die übrige Gesetzgebung des Pentateuch stellten,[101] wie dies für den Dekalog ohnehin allgemein angenom-

---

98 Nach Stähelin ist es der Jehovist, der in der Zeit Sauls gelebt haben soll. Er lehnt damit die Spätdatierung des Deuteronomiums ab (Kritische Untersuchungen, 1843, 72ff., 119ff., vorher schon in Beiträge, 1835, 473f.). Zu George, der umgekehrt das Bundesbuch vom Deuteronomium abhängig sein läßt, s. u. S. 97.

99 Vgl. zu dem ganzen Komplex und besonders zu dem letztgenannten Punkt W. M. L. de Wette, ThStKr 10 (1837), 955f.; A. Knobel, Exodus, 1857, z. St., zusammenfassend Numeri, 1861, 582ff.; E. Riehm, Gesetzgebung Mosis, 1854, vgl. nur 74f. Während aber de Wette und Knobel den Ausdruck כל־המקום Ex 20,24 kollektivisch deuten und die z. B. von Stähelin vertretene singularische Deutung (Beiträge, 1835, 461ff.) ablehnen, sieht Riehm den Unterschied zwischen dieser Stelle und dem Deuteronomium darin, daß im letzteren der durch den Tempel ein für allemal festgelegte im Gegensatz zu dem durch die Wanderungen der Stiftshütte wechselnde, jedoch stets einzige Ort gemeint sei.

100 Nach von Lengerke ist es die 1. Hälfte des 8. Jahrhunderts (Kenáan, 1844, Cff.), nach Stähelin, der allerdings die Spätdatierung des Deuteronomiums nicht anerkennt, die Zeit Sauls (Kritische Untersuchungen, 1843, 119ff., vgl. auch o. Anm. 98). Zu Knobel s. die nächste Anm.

101 So besonders H. Ewald, der sie als altes Gut im Buch der Bündnisse, das dem Buch der Ursprünge (= Grundschrift) zeitlich vorangeht, betrachtet (Geschichte I, ²1851, 97), und dies vor allem deshalb, weil sie z. T. ganz deutlich in Dekalogen geordnet sind (Geschichte II, 1845, 156ff.). H. Hupfeld bezeichnet sie geradezu als den ältesten Gesetzeskodex (Commentatio III, 1858, 9). Desgleichen scheint Riehm diese Gesetzgebung gegenüber der übrigen im Pentateuch für die ältere zu halten (E. Riehm, Gesetzgebung Mosis, 1854, 74f.). Auch Knobel nimmt an, daß sie bereits der älteren Quelle des Jahwisten, dem von ihm so bezeichneten Rechtsbuch aus der Zeit Salomos angehören, so daß sie nur wenig jünger als die Grundschrift, die seiner Meinung nach aus der

men wurde. Das bedeutete jedoch nicht, daß man sie direkt für mosaisch erklärte, wie dies noch Bertheau wenigstens für den größeren Teil von ihnen wollte,[102] sondern selbst für den Dekalog nahm man durchweg spätere Überarbeitung an, so daß die Abfassung des ganzen Komplexes nicht vor der völligen Konsolidierung der Stämme in Kanaan, die überall vorausgesetzt ist, zu denken war.[103] So war die Zeitspanne, innerhalb deren sich die Datierungsversuche bewegten, beträchtlich groß. Aber wichtiger ist, daß sich schon auf breiterer Basis eine Entwicklungslinie abzeichnete, durch die zwei Komplexe des pentateuchischen Gesetzesmaterials in engere Beziehungen zueinander gebracht wurden. Um so dringlicher stellte sich nun die Frage, wie es denn mit dem übrigen Material steht, da dieses offenbar in keine so klare Entwicklungslinie einzuordnen und außerdem schon zu beobachten war, daß es sich mit den älteren Geschichtsbüchern nur in ganz gezwungener Weise in Einklang bringen läßt.[104]

Die Forschungslage war also auch in diesem Punkte gegenüber der Zeit um 1830, als die einschlägigen Werke Grambergs, Vatkes und Georges erschienen, deutlich verändert, und damit hatte die Problematik um die Gesetze des Pentateuch inzwischen überhaupt größere Kreise gezogen, so daß Grafs Ausgangsbasis ungleich breiter und sicherer war. Auch er vergleicht noch einmal gründlich das Deuteronomium mit der Gesetzgebung von Dekalog und Bundesbuch sowie Ex 34[105] mit dem Ergebnis, daß das erstere die letzteren vor sich gehabt, aus ihnen aber ausgewählt und sie geändert und erweitert, manches auch von sich aus hinzugefügt und damit für seine Zeit zugeschnitten hat. In vielen Punkten berührt er sich mit Knobel, und dies ist ein deutliches Zeichen dafür, daß er hier keine eigene These, auch nicht die einer profilierten Gruppe vertritt, sondern nur bisherige Vorarbeiten aufnimmt und die Ergebnisse für seine Zwecke klar herausstellt. Besonders betont wird natürlich die Tatsache, daß das Bundesbuch keine Kultzentralisation kennt, alle Versuche, dies umzudeuten, abwegig sind und die Geschichtsbücher die Mehrzahl der Kultstätten voraussetzen. Am Ende dieses Komplexes in der vorliegenden Arbeit wird das noch einmal durch eine längere,

---

Zeit Sauls stammt, sind (Exodus, 1857, z. St., zusammenfassend über das Rechtsbuch Numeri, 1861, 532ff.).

102 E. Bertheau, Sieben Gruppen, 1840, IXf., 282ff.

103 Die Argumente finden sich bereits bei W. M. L. de Wette, Beiträge 2, 1807, 251ff.

104 Vgl. die Ausführungen im Zusammenhang mit Grafs Schrift über den Tempel in Silo, o. S. 81ff.

105 Bestandtheile, 19–24. Er vergleicht in diesem Zusammenhang auch die erzählenden Teile des Deuteronomiums mit den übrigen Teilen des Pentateuch. Darauf soll erst später eingegangen werden, s. u. S. 128ff.

exkursartige Ausführung, die an die Untersuchung über den Tempel in Silo anknüpft, unterstrichen.[106]

Durch die Annahme einer Entwicklungslinie von den Gesetzen in Ex 20–23 zum Deuteronomium und dessen Verknüpfung mit der Reform Josias war schließlich auch ein Anstoß, der von seiten der „Linken" ausgegangen war, aus dem Weg geräumt. Die von dem jungen de Wette herausgestellte[107] und auch von Reuß stark betonte[108] Tatsache, daß unter Josia erstmals ein Gesetzbuch bezeugt ist, ältere Quellen des Alten Testaments dagegen nichts derartiges erkennen lassen, hatten Vatke und George dazu geführt, jegliche schriftliche Gesetze aus früherer Zeit zu leugnen. Vatke hielt an der Priorität der Gesetze im Exodus fest und ließ die „Substanz" davon unter Josia bekannt werden, das Deuteronomium aber erst in nachjosianischer Zeit nach und nach entstehen.[109] George dagegen blieb bei der von de Wette vorgenommenen Ansetzung des Deuteronomiums, suchte aber nachzuweisen, daß das Bundesbuch vom Deuteronomium abhängig, also später als dieses ist. Da das Altargesetz Ex 20,24ff. jedoch nicht zur Kultzentralisation paßt, erklärte er es ebenso wie den Dekalog als ein vereinzeltes altes Fragment, dem er für die weitere Gesetzgebung offenbar keinerlei Bedeutung zuerkennen wollte.[110]

Es ist klar, daß beide Darstellungen auf einem Postulat beruhen, das von vornherein unglaubwürdig war. Selbst den Intentionen Reuß' dürfte das nicht entsprechen, wiewohl auch er hier keine ganz klare Stellung einnahm.[111] Zu Grafs Zeiten ließ sich eine solche Auffassung vollends nicht mehr halten. So betont denn Graf geradezu, daß das

---

106 Bestandteile, 30–32. Als Vertreter der Ergänzungshypothese (Genaueres dazu s. u. S. 122ff.) sieht Graf Dekalog, Bundesbuch und Ex 34 als Teile des jehovistischen Werkes an. Doch sind sie für ihn drei ursprünglich selbständige Gesetzeskorpora, die erst später in dieses Werk aufgenommen wurden, weitere Einzelheiten über die Entstehung des Bundesbuches, auf die er näher eingeht (28f.), können hier übergangen werden.

107 W. M. L. de Wette, Beiträge 1, 1806, besonders 136ff.

108 E. Reuß, Allgemeine Literatur-Zeitung, 1839, 174f. Vgl. auch These 9 in L'histoire 1, 1879, 23f., Anm. 1.

109 W. Vatke, Religion, 1835, 505f. (Anm. 2).

110 J. F. L. George, Feste, 1835, 26, 39f.

111 In seinem Lexikonartikel „Judenthum" läßt er einige Gesetze vor dem Deuteronomium von Samuel und einigen Königen erlassen sein und betont nur, daß es vorher keine dem Deuteronomium entsprechende Gesetzessammlung in systematischer Vollständigkeit gegeben haben könne (E. Reuß, Judenthum, 1850, 334). In seinem Lexikonartikel „Josia" führt er genauer aus, daß, wenn schon in den Königsbüchern von Gesetzesproklamationen vor Josia gesprochen werde, es doch nur mündliche gewesen sein könnten, also keine umfassende Gesetzesurkunde zugrunde gelegen habe (E. Reuß, Josia, 1844, 187). Das eigentliche Interesse Reuß' liegt gleichwohl auf dem Neuanfang durch das Deuteronomium. Auf die älteren Gesetze kommt er nur am Rande zu sprechen, und ein älteres Corpus iuris, das dem Deuteronomium auch nur im Ansatz vergleichbar wäre, ist für ihn schwer annehmbar (vgl. Briefwechsel, 554). Bestimmter drückt er sich erst später aus, dies aber sicher nicht ohne Einfluß Grafs (L'histoire 1, 1879, 267).

Deuteronomium „nichts an und für sich Neues" lehrte, d. h. inhaltlich durchaus auf die Forderungen der Propheten aufbaute.[112] Mit dieser Formulierung geht er zweifellos über den frühen Reuß hinaus, aber nicht allein in der Formulierung. Er nimmt nämlich für die vordeuteronomische Zeit nicht nur die bisher genannten Gesetze aus dem Exodus in Anspruch, sondern sieht auch in den der eigentlich deuteronomischen Diktion entbehrenden Kapiteln Dtn 21–25 eine alte Gesetzessammlung, die vom Deuteronomiker fast unverändert übernommen wurde.[113] Damit ruht das Deuteronomium auf einer verhältnismäßig breiten Basis, die keinen so luftleeren Raum wie bei George oder Reuß entstehen läßt.[114] Im Entscheidenden jedoch ist sich Graf mit dem letzteren einig. Auch für ihn besteht das eigentlich Neue darin, daß diese Gesetzessammlung durch königliche Promulgation verpflichtendes Gesetz für das ganze Volk wurde und dadurch eine Bedeutung bekam, wie sie die vorher abgefaßten, die jeweils nur eine ganz fragmentarische Fixierung aus mündlicher Tradition darstellten, niemals haben konnten.[115] So war das Deuteronomium weiterhin als Wendepunkt anerkannt, ohne daß doch ältere Gesetze geleugnet werden mußten, und damit herrschte nun auch in diesem Punkt zwischen der „Linken" und der „gemäßigten Rechten" Einigkeit.

Damit ist die Ausgangsbasis Grafs im Rahmen der zeitgenössischen Forschungslage klar umrissen. Dank der Tatsache, daß sich de Wettes Position in der Ansetzung des Deuteronomiums in den Kreisen, die einer Kritik zugänglich waren, durchgesetzt hatte, konnte er sich auf eine verhältnismäßig große Zahl von Äußerungen und Untersuchungen stützen. Sie zeigen, wie stark ihm bereits vorgearbeitet worden war. Auf der anderen Seite ist aber auch deutlich, wie gründlich er sich selbst in die Literatur um die Gesetze eingearbeitet und wie klar er Problematik und Tendenz erfaßt hatte. So konnte er mit großer Sicherheit in den Vorfragen für seine Untersuchung Stellung beziehen und entging der Gefahr, gewagte Alleingänge zu unternehmen. Es ist klar, daß sich diese Haltung auch auf die Kernstücke der Arbeit auswirken mußte.

---

112 Bestandtheile, 25.
113 Bestandtheile, 24f. Ansätze für diese These finden sich bei Knobel, der Teile von Dtn 22–24 dem vom Jehovisten übernommenen Rechtsbuch zuschreibt (Numeri, 1861, vgl. nur die Tabelle S. 605, weiter ausgebaut und unter Berufung auf Graf bei A. Dillmann in der von diesem bearbeiteten zweiten Auflage dieses Kommentars, 1886, vgl. 340. Zu Knobels These vom Rechtsbuch s. o. Anm. 101).
114 Die Abweichung von Reuß kommt auch in einem Brief Grafs an ihn zum Ausdruck. Er spricht da von Detailfragen, in denen er von Reuß abweiche und erwähnt in diesem Zusammenhang, offensichtlich als ein Beispiel dafür, den eben gekannten Gesichtspunkt (Briefwechsel, 564).
115 Bestandtheile, 25ff.

3.2.3.2. Spätdatierung der priesterlichen Gesetze (2. Komplex)

Im zweiten Komplex[116] wird der Nachweis der nachexilischen Abfassung der priesterlichen Gesetze im Pentateuch im einzelnen geführt. Dabei kommen hauptsächlich drei Hauptthemen zur Sprache: die großen Feste, die Priester und ihre Einkünfte und die Stiftshütte. Am Schluß behandelt Graf noch einige Einzelprobleme, die nicht unmittelbar mit den genannten Themen zu verbinden sind,[117] sowie Zeugnisse außerhalb des Pentateuch, die die späte Entstehung der priesterlichen Gesetze erkennen lassen.[118]

a) Direkte und indirekte Vorarbeiten von anderer Seite

Im vorliegenden Komplex überwiegt natürlich der Einfluß des Flügels der kritischen Forschung, der sich bereits klar für die nachexilische Entstehung der priesterlichen Gesetzgebung und die Priorität des Deuteronomiums ausgesprochen hatte, so vor allem der von George.[119] Wie stark gerade der des letzteren ist, dürfte sich schon daran zeigen, daß als erstes die Feste behandelt werden,[120] während man nach Grafs eigenen Vorarbeiten eher an die Stiftshütte oder die Priester denken möchte. In den Fragen der Literarkritik[121] sowie in vielen Einzelpunkten schließt er sich denn auch ausdrücklich an George an.[122] Vor allem aber herrscht über die Hauptunterschiede zwischen dem Deuteronomium und der

---

116 Bestandtheile, 32–75.
117 So über Lev 11 (und Dtn 14); 13f.; 17; Num 35.
118 Am 5,25; Jer 7,22; Esr 9,11f.
119 Nicht unmittelbar in diesen Zusammenhang gehört Gramberg. Er steht zwar Reuß, Vatke und George insofern nahe, als er die Gesetzgebung von Leviticus und Numeri (aber nicht von Ex 25ff.) im Exil ansetzt, also auch eine Spätdatierung vertritt. Auf der anderen Seite aber hält er mit de Wette daran fest, daß das Deuteronomium die letzte und abschließende Gesetzgebung ist, die dann freilich frühestens am Ende des Exils erfolgen konnte (C. P. W. Gramberg, Geschichte 1, 1829, XXVff., vgl. dazu das Urteil J. F. L. Georges, Feste, 1835, 9). So nimmt er eine Zwischenstellung zwischen den soeben genannten Vertretern der kritischen Forschung und den noch zu behandelnden der gemäßigt-konservativen Richtung wie Knobel und Bleek ein. D. h. aber, er bleibt auf halbem Wege stehen und ist daher für Graf trotz vielfacher fruchtbarer Kritik im einzelnen bei der hier vorzunehmenden grundsätzlichen Entscheidung als Ausgangspunkt nicht geeignet.
120 Bestandtheile, 32–42.
121 Da diese Fragen für die Gesamtbeurteilung des zweiten Komplexes von untergeordneter Bedeutung sind, dagegen im dritten Komplex grundsätzlich aufgerollt werden, sollen sie dort im Zusammenhang behandelt werden, s. u. S. 116.
122 So etwa, wenn er das Fest Jerobeams (1. Reg 12,32f.) mit dem Laubhüttenfest gleichsetzt und die Zeitdifferenz zur Festzeit in Juda mit dem späteren Abschluß der Ernte im Nordreich erklärt (Bestandtheile, 39, Anm. 1; J. F. L. George, Feste, 1835, 159ff.) oder wenn er betont, daß 1. Reg 8,66 ein siebentägiges, in 2. Chr. 7,9f. dagegen ein achttägiges Fest vorausgesetzt wird (Bestandtheile, 39; J. F. L. George, Feste, 154ff.). Auch die Annahme, daß sich die Bestimmungen über die Darbringung der Erstgeburten

priesterlichen Gesetzgebung und die daraus zu ziehenden Schlüsse Einigkeit, d. h. darüber, daß die längere Dauer der Feste und die genaue zeitliche Fixierung in der letzteren, womit auch die Chronik übereinstimmt, der späteren Praxis entspricht, die sich erst unter dem zweiten Tempel in der nachexilischen Zeit herausgebildet hat. Der Versöhnungstag ist überhaupt erst in nachexilischer Zeit entstanden, da er vorher nirgends bezeugt ist und schwerlich übergangen werden konnte.[123] Ezechiel nimmt eine Zwischenstellung zwischen beiden Gesetzgebungen ein, da er schon genauere Termine nennt, aber beispielsweise den großen Versöhnungstag noch nicht als Fest, sondern nur einen später bei diesem Fest vollzogenen Entsündigungsritus bezeugt.[124]

Hier ist deutlich zu sehen, wie stark die kritische Forschung, die das Fazit aus den Werken des jungen de Wette gezogen hatte, Graf im einzelnen vorgearbeitet hat. Auch zu den weiteren Punkten, die in diesem Komplex behandelt werden, weist George die meisten Parallelen auf. Das ist kein Zufall, denn er hat ja auf den ersten 75 Seiten seines Werkes grundsätzlich zur Datierung der Gesetze Stellung genommen und den Stoff dabei z. T. in die gleichen Sachgruppen wie Graf aufgeteilt.[125] Er ist für Graf zweifellos auf weite Strecken hin Vorbild gewesen. Der Einfluß von Reuß liegt demgegenüber in Einzelheiten nicht so klar auf der Hand, doch dürfte die durchweg haargenaue Übereinstimmung Grafs mit den wenigen einschlägigen literarischen Äußerungen Reuß' aus den Jahren 1839–1850 hinlänglich beweisen, daß dessen Autorität entscheidend ist und Graf an ihm seine eigentliche Stütze hat. Daneben ist natürlich auch Vatke nicht ohne Einfluß.

Zur Veranschaulichung seien nur die wichtigsten Belege genannt. Zu Grafs Ausführungen bezüglich der Stellung von Priestern und Leviten[126] ist George zu vergleichen, der mit aller Deutlichkeit darauf hingewiesen hatte, daß in der gesamten vorexilischen Zeit – und nicht erst im Deuteronomium – zwischen beiden kein grundsätzlicher Unterschied besteht, vielmehr erst Ezechiel ihn fordert (44,9ff.), er die Priester aber noch als Söhne Sadoqs bezeichnet und keinen Hohenpriester kennt. Die priesterliche Gesetzgebung kann daher nur als nachexilische Fortsetzung einer seit Ezechiel angebahnten Entwicklung erklärt werden, wie sie

---

(Dtn 15,19ff.) auf das unmittelbar darauffolgend behandelte Passa beziehen müsse (Bestandtheile, 33), dürfte von George übernommen sein (J. F. L. George, Feste, 84f.).

123 Bestandtheile, 41f.

124 Ez 45,18ff.

125 Vgl. nur die Teilüberschriften „Einheit des Heiligtums – Stiftshütte" (Bestandtheile, 38) und „Levitikus – Priesterthum" (Bestandtheile, 45).

126 Bestandtheile, 42–47.

denn auch unter den geschichtlichen Büchern ausschließlich von der späten Chronik bezeugt wird.[127]

Analog steht es mit den Einkünften der Priester und Leviten sowie den Opferanteilen der Priester,[128] bei denen ebenfalls schon George betont hat, daß man die Angaben des Deuteronomiums und der priesterlichen Gesetzgebung nicht kombinieren darf, da das erstere für die Leviten keine festen Einkünfte kennt und auch für die Priester nur verhältnismäßig bescheidene Anteile an den Opfern, dagegen in der letzteren sich die inzwischen gehobene Stellung der Hierarchie auch in festumrissenen und wesentlich vergrößerten Einkünften, wie dem gesamten Zehnten, den Erstlingen und Erstgeburten sowie den großen Opferanteilen, kundtut.[129]

Bezüglich der Stiftshütte[130] kann Graf auf seine eigene Vorarbeit zurückgreifen.[131] Dort hatte er, wie wir sahen, einen abschließenden Beweis geführt, daß die älteren Geschichtsbücher ein solches Heiligtum nicht kennen. Er hatte da auch schon Hinweise dafür gegeben, daß die Vorstellung von der Stiftshütte überhaupt unhistorisch ist und in nachexilische Zeit gehört, und gerade diese Hinweise bezeugten die Abhängigkeit von der kritischen Forschung. Auch in der vorliegenden Arbeit sind die Hauptargumente die gleichen, wiewohl alles stärker ausgeführt wird und in einem größeren Rahmen erscheint. Graf ist demnach hier ebensowenig originell wie bei den anderen Punkten. Was schließlich die Zeugnisse für die Spätdatierung der priesterlichen Gesetze außerhalb des Pentateuch betrifft,[132] so hatten wir schon bei Jer 7,22f. gesehen, wie stark Graf da speziell von Reuß abhängig ist.[133] Dasselbe gilt für die Verse Esr 9,11f., bezüglich derer ebenfalls schon Reuß betont hatte, es liege hier noch die richtige Erinnerung vor, daß ein mosaisches Gesetz zunächst nicht bekannt war, sondern ein solches erst Neh 8 eingeführt und von da ab vorausgesetzt wird.[134] Nicht anders steht es mit dem vieldiskutierten Vers Am 5,25, dem vor allem von Vatke für seine Rekonstruktion der Religion der Wüstenzeit entscheidendes Gewicht gegeben worden war.[135]

Die im Vorangegangenen genannten Belege bestätigen die schon bei früheren Arbeiten Grafs gemachte Beobachtung, daß man von ihm keine grundlegenden Neuerungen erwarten darf, sondern er die Gesamtschau der Entwicklung der alttestamentlichen Gesetzgebung sowie alle wich-

---

127 J. F. L. George, Feste, 1835, 45ff., ebenso W. Vatke, vgl. nur Religion, 1835, 346ff., 533ff.
128 Bestandtheile, 47–51.
129 J. F. L. George, Feste, 1835, 45ff.
130 Bestandtheile, 51–66.
131 S. o. S. 80ff.
132 Bestandtheile, 69–75.
133 S. o. S. 88.
134 E. Reuß, Allgemeine Literatur-Zeitung, 1839, 175.
135 Zu diesem Vers s. o. S. 91ff.

tigen Argumente dafür bereits vorfand und übernahm. Graf ist jedoch nicht nur von seinen unmittelbaren Vorgängern abhängig. Für den ersten Komplex der Arbeit konnten wir bereits auf einen deutlichen Einfluß auch von seiten solcher Fachvertreter hinweisen, die an der herkömmlichen Ansetzung der Pentateuchquellen festhielten. Dieser Einfluß ist auch bei dem vorliegenden Komplex indirekt wirksam.

Man konnte sich nämlich auf die Dauer nicht der Tatsache verschließen, daß die priesterliche Gesetzgebung den älteren Geschichtsbüchern fremd ist. So flüchtete man sich zu der Erklärung, daß sich der Hauptteil der Sinaigesetze zunächst nicht habe durchsetzen können, vielmehr im großen und ganzen unbekannt oder doch jedenfalls unverbindlich blieb und erst später – ganz deutlich erkennbar in nachexilischer Zeit – in Geltung gesetzt wurde. Dies wird namentlich von A. Knobel in seinen Kommentaren zum Pentateuch[136] und von F. Bleek[137] vertreten.[138] Ja, nach P. de Lagardes Aussage hat auch E. W. Hengstenberg die enge Beziehung zwischen dem Pentateuch und späteren Schriften des Alten Testaments, so besonders Haggai und Maleachi, in seinen Vorlesungen intensiv herausgearbeitet, um damit deutlich zu machen, daß der erstere eben in dieser Zeit frisch zur Geltung gekommen und eifrig nachgeahmt worden sei.[139] Hengstenberg glaubte gleichwohl, noch frühere Zeugnisse für das Vorhandensein des gesamten Pentateuch, so bei Amos und Hosea, zu finden.[140] Dies wird von Bleek klar abgelehnt,[141] so daß bei ihm wie auch bei Knobel für die nachmosaisch-vordeuteronomische Zeit das gleiche Bild der dezentralisierten und von den priesterlichen Gesetzen stark abweichenden Kultausübung, wie es die kritische Forschung nach den Anregungen des jungen de Wette vorgezeichnet hatte, erscheint. Bleek hatte in einer früheren Arbeit sogar die These geäußert, daß das Gesetz Lev 17, das die Schlachtung von Tieren nur vor dem Zentralheiligtum erlaubt, zur deuteronomischen Rezension gehören müsse, da die Darstellung in Gen bis Num sonst keine Kultzentralisation kenne.[142] Dieses Herausreißen eines einzelnen Kapitels aus seinem Zusammenhang war natürlich unhaltbar, so daß Bleek seine These bald ausdrücklich widerrufen mußte.[143] Daß sie aber überhaupt geäußert wurde, ist ein deutliches Zeichen dafür, daß die Ungeklärtheit der Problematik schon seit geraumer Zeit empfunden wurde.

---

136 Vgl. nur Exodus, 1857, 418ff.
137 F. Bleek, Einleitung, 1860, 331f.
138 Vgl. auch die Rezension von Grafs Werk in: Literarisches Centralblatt, 1866, 666.
139 P. de Lagarde, Symmicta I, 1877, 116f.
140 E. W. Hengstenberg, Authentie I, 1836, 48–125.
141 F. Bleek, Einleitung, 1860, 339, vgl. auch E. Reuß, Allgemeine Literatur-Zeitung, 1839, 173f.
142 F. Bleek, Einige aphoristische Beiträge, 1822, 54f.
143 F. Bleek, Beiträge, 1831, 488ff.

Die gleiche Empfindung mußte sich aber vor allem deshalb aufdrängen, weil aus den Gesetzen selbst keine konkreten Gründe für ihr hohes Alter zu entnehmen waren. Man berief sich immer wieder auf die Altertümlichkeit der Sprache und die Einfachheit und Nüchternheit der Formulierung, die eine frühere Ansetzung als die der anderen Pentateuchquellen fordere.[144] Aber wenn es darum ging, dies im Einzelfall nachzuweisen, konnte man nur gewisse, scheinbar beweiskräftige Anhaltspunkte nennen[145] und begnügte sich im übrigen weitgehend damit, die Unterschiede zwischen dieser Gesetzgebung und dem Deuteronomium aufzulösen oder zu bagatellisieren.[146] So konnte man an der traditionellen Meinung, daß das letztere die späteste Gesetzgebung sei, festhalten und glaubte dann auch, eine ganze Reihe von Anhaltspunkten zu finden, daß die erstere dabei vorausgesetzt werde.

Ein Musterbeispiel hierfür ist Riehm in seiner Rezension des Grafschen Werkes, der einzelne methodisch durchaus verschiedenartige Argumente herausgreift, um – nun in Auseinandersetzung mit Graf – seine Position zu halten.[147] Teils argumentiert er mit dem deuteronomischen Stil, der ja jünger sein müsse,[148] teils nimmt er stillschweigende Auseinandersetzung des Deuteronomikers mit dem Leviticus an[149] oder sieht in der Übereinstimmung beider Seiten in einzelnen Ausdrücken einen Beweis für die Abhängigkeit des letzteren.[150] Überhaupt setzt er bei allen Gemeinsamkeiten grundsätzlich die Priorität der priesterlichen Gesetze voraus und findet dann natürlich Gründe, die Posteriorität des Deuteronomiums zu erschließen.[151] Einen kritischen Kopf konnten derartige

---

144 Vgl. nur die Zusammenfassung der Argumente bei Riehm in Auseinandersetzung mit Graf, wobei natürlich die Erzählungen mit einbegriffen sind (Grundschrift, 1872, 287f., 292ff.).

145 So meint A. Knobel beispielsweise, das Feiern des Passa in den Familien nach Ex 12 sei ein älterer Brauch gegenüber dem in der übrigen Gesetzgebung geforderten des Wallfahrens (Exodus, 1857, 540f.). Vgl. auch F. Bleek, der die Tatsache, daß in vielen Gesetzen das „Lager" vorausgesetzt ist, als Beweis dafür ansieht, daß diese den von Mose selbst stammenden Grundstock bilden (Beiträge, 1831, 492ff.; ebenso J. J. Stähelin, LACTh 1838, 514). Daß sich gerade daraus ein anderer Schluß ziehen läßt, zeigt E. Reuß (Art. Judenthum, 1850, 337), dem sich Graf anschließt (73, Anm. 1).

146 So hält Knobel den in Lev 23,36 bezeugten achten Festtag beim Laubhüttenfest für einen Festtag von geringerer Bedeutung, um glaubhaft zu machen, daß er auch im Deuteronomium, das ihn nicht nennt, vorausgesetzt werden könne (Exodus, 1857, z. St.).

147 E. Riehm, ThStKr 41 (1868), zur vorliegenden Arbeit Grafs 350–376. Vgl. O. Kaiser, Reaktion, 2005, 225–231.

148 E. Riehm, ThStKr 41 (1868), 361f.

149 Beispielsweise wolle der Deuteronomiker mit seiner Erlaubnis der profanen Schlachtung die Anordnung von Lev 17 aufheben, E. Riehm, ThStKr 41 (1868), 361.

150 So bei dem Ausdruck בחפזון in Ex 12,11, vgl. E. Riehm, ThStKr 41 (1868), 363.

151 Am einleuchtendsten ist das noch bei Lev 11 im Vergleich mit Dtn 14, wo ja auch Graf eine ältere gemeinsame Quelle annimmt (dazu s. u. S. 117). Riehm folgert daraus

Argumente auf die Dauer keinesfalls überzeugen, so daß die Frühdatierung der priesterlichen Gesetze zu Grafs Zeiten mehr und mehr als unbeweisbares Postulat erscheinen mußte. Auf die Herleitung der Gesetze von Mose selbst verzichtete man ohnehin.[152] Das Gleiche wie für das eben Ausgeführte gilt auch für das Argument, daß die Chronik speziell mit dem Deuteronomium zusammentreffe, weil auch in ihr die Leviten ein großes Ansehen hätten und sogar gegebenenfalls opfern könnten, so daß die strenge Trennung zwischen Priestern und Leviten in vordeuteronomische Zeit fallen müsse.[153]

Diese Hinweise dürften genügen, um deutlich zu machen, daß Graf nicht einfach den Standpunkt einer isolierten Gruppe vertrat, sondern die Entwicklung nahezu zwangsläufig auf die von ihm vertretenen Thesen zulief und sie mehr oder weniger in der Luft lagen. Das Zeugnis de Lagardes, der angibt, daß er gerade auf Grund der oben genannten Vorlesung Hengstenbergs bereits 1845 auf ähnliche Gedanken wie Graf gekommen sei und sie seit 1864 öffentlich vorgetragen habe, ist von da aus durchaus glaubwürdig.[154] Um so dringlicher stellt sich nun die Frage, worin denn das besondere Verdienst Grafs bei der Durchsetzung dieser Hypothese besteht, so daß sie zum Ärger de Lagardes nach ihm benannt wurde und seine Vorgänger ihm gegenüber in den Hintergrund traten.

b) Grafs eigener Beitrag

Um die Frage nach Grafs ureigenem Beitrag angesichts der vielfältigen Vorarbeiten exakt beantworten zu können, müssen die Unterschiede zwischen ihm und seinen Vorgängern herausgearbeitet werden. Gehen wir zunächst auf George ein. Die augenfälligste Abweichung von ihm liegt natürlich darin, daß Graf auf Grund der im Zusammenhang mit dem ersten Komplex behandelten Vorentscheidungen[155] dessen Spätdatierung von Bundesbuch und Ex 34 nicht übernimmt. Seine Darstellung gewinnt daher rein äußerlich schon mehr Klarheit und Konsequenz. So nimmt er – um nur ein markantes Beispiel zu geben – an, daß das Mazzothfest ursprünglich allein bestanden habe, da in Ex 23,15 nichts von der Opferung der Erstgeburt gesagt wird. Die letztere sei zunächst gar nicht an ein Fest gebunden gewesen, sondern zu ganz verschiedener Zeit dargebracht worden. Erst später habe man sie mit dem Mazzothfest verknüpft, doch spiegele sich die ursprüngliche Eigenständigkeit beider darin wider,

---

jedoch, daß auch die folgenden Kapitel, Lev 12–15, älter sein müßten, vgl. ThStKr 41 (1868), 360f.

152 Genaueres dazu s. u. S. 108ff.
153 Dazu siehe J. F. L. George, Feste, 1835, 45ff.
154 P. de Lagarde, Symmicta I, 1877, 116f.
155 S. o. S. 94ff.

daß zwischen den Bestimmungen für sie oft gar kein Zusammenhang besteht.[156] George nimmt im wesentlichen die gleiche Entwicklung an, aber da er Ex 23,15 für jünger als das Deuteronomium hält, muß er auch für diese Bestimmung die Verbindung von Mazzothfest und Erstgeburtsopfer annehmen und erschließt dies aus der Formulierung in V. 15b.[157] Auf diese Weise harmonisiert er die Texte und gewinnt für seine These über die Frühgeschichte des Festes gar keine Quellengrundlage. Hier erscheint Vatke, der ja ebenfalls eine späte Entstehung des Bundesbuches vertritt,[158] auf den ersten Blick konsequenter, wenn er die Feste sich erst spät entwickeln läßt. Seiner Meinung nach hat sich das Passa erst mit dem 8.Jh. herausgebildet und schließlich unter Josia seine endgültige Form erhalten. Aber auch er kann die Frühgeschichte nicht leer stehen lassen und nimmt daher an, daß dieses Fest seinen Charakter grundlegend gewandelt hat und ursprünglich im Rahmen des Sonnenkultes die Frühlingsnachtgleiche markierte.[159]

Sieht man, wie hier Geschichte z. T. frei konstruiert wird, dann ist deutlich genug, daß es sich bei der Fehldatierung des Bundesbuches nicht nur um ein gewissermaßen „lokales" Versehen handelt, sondern überhaupt auf die erforderliche Quellengrundlage nicht genügend achtgegeben wurde. Grafs unmittelbare Vorgänger in der kritischen Forschung haben trotz vieler scharfsinniger Beobachtungen und auch längerer Ausführungen die Quellenfragen im Grunde nur präliminarisch erörtert[160] bzw. von vornherein mit bestimmten Gesichtspunkten oder Prämissen verquickt. Graf gibt demgegenüber schon durch den Titel seiner Arbeit zu verstehen, daß die Frage nach der Zusammensetzung der geschichtlichen Bücher – und d. h. primär die nach der zeitlichen Einordnung der Bestandteile des Pentateuch – keineswegs schon befriedigend geklärt ist, sondern im Gegenteil einer gesonderten Untersuchung bedarf, wenn eine sichere Grundlage für die auf ihr aufbauende Forschung geschaffen werden soll.

Damit aber hat Grafs Arbeit eine prinzipiell andere Ausrichtung als die Vatkes oder Georges. Es geht ihm nicht um eine genetische Darstellung der alttestamentlichen Religion oder einzelner kultischer Institutionen. Er hat sich eine bescheidenere Aufgabe gestellt, nämlich das für die neue Sicht der Entwicklung erforderliche Quellenmaterial exakt zu erfassen und die unmittelbar daraus sich ergebenden Konsequenzen

---

156 Bestandtheile, 33f.
157 J. F. L. George, Feste, 1835, 110f., so später auch A. Knobel, Exodus, 1857, z. St.
158 S. o. S. 76.
159 W. Vatke, Religion, 1835, 486ff.
160 Bei Gramberg, der freilich nur teilweise in diesen Zusammenhang gehört (dazu s. o. Anm. 119) und der nur ein Schema über die Entstehung der alttestamentlichen Bücher aufstellt, kann man nicht einmal davon sprechen.

zu zeigen. Mit anderen Worten, es geht ihm darum, die Quellen selbst sprechen zu lassen und ihre Tragfähigkeit zu erweisen. Diese Kleinarbeit an den Quellen aber erwies sich uns schon bei seinen vorangegangenen Veröffentlichungen als deren besonderes Charakteristikum im Rahmen der einschlägigen Literatur. Die vorliegende Arbeit ist daher ganz deutlich die geradlinige Fortsetzung und Krönung der über ein Jahrzehnt zuvor begonnenen Studien auf diesem Gebiet, und umgekehrt macht der Vergleich mit den früheren Veröffentlichungen nur um so deutlicher, daß wir in dieser Beschränkung auf „Grundlagenforschung" tatsächlich einen seiner wesentlichsten Beiträge zur Wissenschaftsgeschichte zu suchen haben.

Auch methodisch bewegt sich Graf in diesem Komplex ganz auf der Linie der früheren Arbeiten. So muß wieder die Fülle der Stellenangaben auffallen, als Zeichen dafür, wie sorgfältig er das in Frage kommende Belegmaterial gesammelt hat, Belege nicht nur aus dem Pentateuch, sondern ebenso aus den Geschichtsbüchern und Propheten bis hin zu Josephus und dem Neuen Testament. Ebenso besteht die eigentliche Beweisführung wieder in einem genauen Vergleich der einzelnen Belege, die in ihren Aussagen streng für sich betrachtet werden, so daß unsachliche Harmonisierung ausgeschlossen ist. Diese Art der Beweisführung ist es im besonderen, die Graf eine selbständige Stellung gegenüber seinen direkten Vorgängern ermöglicht. Denn damit entgeht er beispielsweise dem oben gezeigten Fehler Georges, Aussagen des Bundesbuches im Lichte des Deuteronomiums zu erklären.[161] Auf diese Weise aber kann er vor allem den vielen Versuchen der konservativen Richtung, die Schichten des Pentateuch in engere Verbindung miteinander zu bringen und differierende Aussagen zu kombinieren, wirksam begegnen. Das heißt genauer, daß er die Schwäche derer aufdeckt, die wohl die späte Bezeugung der priesterlichen Gesetze in der alttestamentlichen Literatur außerhalb des Pentateuch feststellen, ihre frühe Entstehung aber hauptsächlich dadurch glaubhaft machen wollen, daß sie die Unterschiede zur übrigen Gesetzesliteratur, besonders zum Deuteronomium, durch Überlegungen verschiedener Art leugnen oder ausgleichen.[162] Angesichts dieser verwirrenden Fülle teils scheinbar überzeugender, teils von vornherein fragwürdiger Gesichtspunkte und Postulate ist Grafs Methode, nüchtern und unbeirrt die einzelnen Belege gegeneinander abzuwägen und nur die daraus sich ergebenden Schlußfolgerungen gelten zu lassen, tatsächlich die einzige Möglichkeit, um die entgegenstehenden Argumente zu entkräften und reinen Tisch zu schaffen.

---

161 S. o. S. 104f.
162 Dazu s. o. S. 102f.

Grafs besondere Leistung liegt damit wieder ganz eindeutig in einer bemerkenswerten Beschränkung sowohl in sachlicher als auch in methodischer Hinsicht. Es wäre falsch, von ihm originelle und umwälzende Neuansätze zu erwarten und ihn danach beurteilen zu wollen. Seine Arbeit im Rahmen dieses Komplexes ist vielmehr Ausdruck eines „Nachholbedarfs", indem er der kritischen Forschung eine klare, sichere und umfassende Begründung gibt, wie sie ihr bislang noch fehlte, und dies mit einer Methode, die ob ihrer Objektivität allgemeine Anerkennung beanspruchen kann. So entsteht ein Grundgerüst in der Entwicklung der alttestamentlichen Kultgesetzgebung, bei dem sich drei bzw. vier Stufen deutlich herausheben: als älteste Gesetzgebung die von Ex 20–23 und 34, die gleichwohl schon die volle Seßhaftigkeit der Stämme in Palästina voraussetzt, also am besten in die frühe Königszeit zu datieren ist,[163] sodann das Deuteronomium aus der Zeit Josias und schließlich die priesterliche Gesetzgebung aus nachexilischer Zeit, die – mit dem Gesamtpentateuch verbunden – von Esra verpflichtend eingeführt wird und von der Chronik als in Geltung stehend bezeugt wird.[164] Eine Zwischenstufe bildet Ezechiel, der der priesterlichen Gesetzgebung nahesteht, sie aber noch nicht voraussetzt. Dieses Grundgerüst im Zusammenhang herausgearbeitet und damit über die Angelpunkte für das Gesamtbild der kritischen Forschung endgültig Klarheit geschaffen zu haben, ist das spezielle Verdienst Grafs, das seinem Werke Gewicht verleiht und seine Durchschlagskraft erklärt.

3.2.3.3. Aufbau und Wachstum des priesterlichen Gesetzesmaterials (3. Komplex)

Grafs Arbeit ist in dem oben skizzierten zweiten Komplex seines Werkes im wesentlichen der Aufarbeitung und Korrektur der bisherigen Forschungsergebnisse gewidmet, und da dieser den bekanntesten Teil des ganzen Werkes darstellt, so ist man geneigt, hierin überhaupt den eigentlichen Ertrag zu sehen. Es wäre aber falsch, ihn ausschließlich von da aus beurteilen zu wollen, denn für den nun zu behandelnden dritten Komplex[165] liegen direkte Vorarbeiten von seiten der kritischen Forschung nur auf Teilgebieten vor, so daß Graf hier selbständiger vorgehen muß und tatsächlich auch eigene und neue Lösungen anbietet. Um dies genügend deutlich zu machen, wird es nötig sein, verschiedentlich etwas weiter auszuholen.

Die bisherigen Ausführungen lassen ja bereits deutlich genug erkennen, daß er die priesterlichen Gesetze ab Ex 12 als eine eigene Quelle, die

---

163 Bestandtheile, 29.
164 Bestandtheile, 71ff.
165 Bestandtheile, 75–94.

als letzte zu den übrigen Pentateuchquellen hinzugekommen sein muß, betrachtet und der Zweck seiner Beweisführung vorerst darin bestand, die Annahme einer so späten Abfassungszeit für alle wichtigen Teile als die einzig richtige erscheinen zu lassen. Dabei war aber noch eine Frage offen geblieben, nämlich die, ob es sich um eine ganz geschlossene und nach einheitlichem Plan aufgebaute Quelle handelt oder ob es Anzeichen dafür gibt, daß sie verschiedenartiges Material in sich vereint, also zusammengesetzt ist und ein längeres Wachstum hinter sich hat. Der Beantwortung dieser Frage dient der dritte Komplex, der damit zu den eigentlichen Quellenproblemen, auf die bei der Behandlung des vierten Komplexes näher einzugehen ist, überleitet.

a) Bereits vorliegende Versuche einer Differenzierung des Materials

Das hier angeschnittene Problem als solches ist natürlich keineswegs neu. Es mußte sich zwangsläufig bereits allen denen stellen, die die mosaische Gesetzgebung als innerlich geordnet und planvoll aufgebaut verstehen wollten und die doch über Unebenheiten nicht unkritisch hinweggehen konnten. Das nicht zuletzt auch für solche, die grundsätzlich an der mosaischen Herkunft der Gesetzgebung festzuhalten suchten, wofür Bertheau ein instruktives Beispiel ist.[166] Er glaubte, als Ordnungsprinzip sieben Gruppen von Gesetzen, die ihrerseits wieder aus sieben Reihen zu je zehn Geboten bestehen, erkennen zu können. Diese sieben Gruppen sah er als mosaisch an.[167] Doch war damit nicht das ganze Gesetzesmaterial des Pentateuch zu erfassen. Bertheau schied daher umfangreiche Teile als Zusätze aus, teils mit der Begründung, sie seien bloße Wiederholungen, teils, daß bei ihnen das erzählerische Element dominiere oder es sich um Gesetze handle, die durch eine einmalige, besondere Gelegenheit bedingt seien und keine grundsätzliche Geltung beanspruchen könnten. Demnach sind sowohl Teile des Bundesbuches[168] und – abgesehen vom Dekalog – die gesamte übrige außerpriesterliche Gesetzgebung als auch Teile des Heiligkeitsgesetzes[169] sowie vor allem die meisten Gesetze aus dem Numeribuch[170] Mose abzusprechen und in späterer Zeit anzusetzen.[171] Natürlich kann auch der Bericht über die

---

166 E. Bertheau, Sieben Gruppen, 1840.
167 E. Bertheau, Sieben Gruppen, 1840, IXf., 282ff.
168 Ex 20,22–26, weil nur eine vorläufige, bis zur Errichtung der Stiftshütte geltende Anordnung, und Ex 23,9–13, weil Gesetze, die noch einmal in geschlossenerem Zusammenhang vorkommen.
169 Lev 24,1–23; 27
170 Als mosaisch wird hier nur 15,1–17; 19; 28f.; 30,2–17; 35 anerkannt.
171 Da im Deuteronomium keine Siebenergruppen nachzuweisen sind, gehört es insgesamt nicht zum mosaischen Grundbestand.

Herstellung der Stiftshütte in Ex 35ff., der ja die Ausführung göttlicher Anordnungen schildert, nicht zum ursprünglichen Bestand gehören.

Bertheaus Arbeit ist damit insofern der Beachtung wert, als in ihr die Frage nach Plan, Aufbau und späterem Wachstum der gesamten Gesetzgebung mit Bestimmtheit gestellt und auch nicht schlechthin unkritisch beantwortet wird. Seine Lösungen konnten allerdings nicht überzeugen, da er einerseits auf die Quellenzugehörigkeit der Stücke keine Rücksicht nahm und andererseits Gesetze und Erzählungen in unsachgemäßer Weise auseinanderriß. Im Zuge der bald weitverbreiteten Ergänzungshypothese wurden statt dessen die jehovistischen Bestandteile ausgeschieden, so daß die Grundschrift als eine untrennbare Einheit von Gesetzen und Erzählungen übrigblieb und die Ordnung der ersteren nicht mehr ohne Bezugnahme auf die letzteren zu bestimmen war. Dies war vor allem für die Gesetze aus dem Numeribuch wichtig, da man ihre Stellung dort tatsächlich am besten aus dem erzählerischen Rahmen erklären konnte, wie das die streng konservative Forschung ohnehin tat.[172]

Erledigt war Bertheaus Fragestellung durch diese veränderte Forschungslage aber keineswegs, denn die Unterscheidung zwischen Grundgesetzen und „temporären" Anweisungen sowie Stücken, in denen hauptsächlich die Ausführung der ersteren berichtet wird, nahm man auch im Rahmen der Ergänzungshypothese bei der Grundschrift als der die Masse des Materials enthaltenden Quelle weiterhin vor. Zwar behauptete noch Stähelin, dieses Material sei in sprachlicher und sachlicher Hinsicht völlig einheitlich und damit mosaisch.[173] Aber bereits Bleek ließ im Gegensatz zu ihm nur einen begrenzten Teil als mosaischen Grundstock gelten,[174] während er bei anderen Stücken ausdrücklich erklärte, daß sie erst später hinzugekommen sein könnten.[175] Bei manchen hielt er es

---

172 Vgl. A. Knobel, der die Tatsache, daß die in Num 15,1–16 enthaltenen Opferanweisungen erst hier, weit nach den Opfergesetzen von Lev 1–7, eingefügt sind, damit erklärt, daß sie Güter aus dem Kulturland behandelten und Israel dem jetzt näher sei als zur Zeit der Sinaigesetzgebung (Numeri, 1861, 74). Zur Darstellung von extrem konservativer Seite vgl. nur M. Baumgarten, Pentateuch 2, 1844, zum gleichen Kapitel (316ff.) und passim.

173 J. J. Stähelin, Beiträge, 1835, 465f.; allenfalls der Passus Lev 14,33–57 könne Bekanntschaft mit seßhaftem Wohnen im Kulturland widerspiegeln, also Zusatz sein.

174 Ex 25–31; Lev 1–7; 13f.; 16f.; Num 19, auch Num 10,1–8 (F. Bleek, Beiträge, 1831, 488ff., 505ff., später Einleitung, 1960, 183ff.). Ganz früh, und damit längst vor Aufkommen der Ergänzungshypothese, hatte er nicht einmal Lev 17 zum Grundbestand gerechnet, dazu s. o. S. 102.

175 So vor allem Ex 35–40, denn nach 40,2.17 ist die Stiftshütte erst nach der Wüstenzeit eingeweiht worden, während die Anweisung dazu in Ex 25ff. von Mose selbst stammen müsse. Auch Num 3 sei ein Zusatz aus späterer Zeit (F. Bleek, Beiträge, 1831, 508, Anm. b).

freilich auch umgekehrt für möglich, daß sie älter als Mose sind und von ihm übernommen wurden.[176]

Eine derartige Differenzierung des in der Grundschrift enthaltenen Gesetzesmaterials hat dann A. Knobel in seinen Kommentaren mit großer Gründlichkeit durchgeführt, allerdings mit einer nun grundlegenden Abweichung von Bertheau und den übrigen bisher Genannten. Denn ganz offensichtlich in der Nachfolge de Wettes, der auch in seinen späteren Jahren daran festhielt, daß Mose nicht der unmittelbare Verfasser der Gesetze sein könne,[177] vertrat er die Meinung, daß kein Stück mit Sicherheit auf Mose zurückzuführen sei, ja dieser außer dem Dekalog wahrscheinlich gar nichts aufgeschrieben, sondern es wie Christus seinen Nachfolgern überlassen habe, das Gesetz „auszubilden und schriftlich zu machen"[178]. Da nun die Grundschrift durchaus als ein Werk aus einem Guß erscheint,[179] so ist der Schluß unausweichlich, daß der Verfasser die Gesetze „aus den bestehenden Einrichtungen und der herrschenden Praxis" entnommen hat,[180] d. h. aber, daß sie die Verhältnisse der Abfassungszeit dieser Quelle, nach Knobel der frühen Königszeit, widerspiegeln und von Mose um Jahrhunderte getrennt sind. Die mosaische Zeit selbst wird damit unerreichbar.

Diese Nivellierung schließt dennoch eine Differenzierung nicht aus. Knobel sieht in dem Ex 12,1 beginnenden und mit der Unterschrift Lev 27,34 abgeschlossenen Komplex den Grundstock, der noch von echt mosaischem Geist durchdrungen ist. Was darauf folge, sind Gesetze und Nachträge zu bereits am Sinai erlassenen Gesetzen, die nur zeitweilige Gültigkeit besitzen[181] bzw. die Grundgesetze im Blick auf das Kulturland stärker präzisieren.[182] Sie gehören jedenfalls nicht zum Grundbestand und sind vom Verfasser der Grundschrift im allgemeinen an passenden Stellen in die Erzählung eingefügt worden, so daß sich ein geordnetes Ganzes ergibt. Nur bei einigen wenigen ist nicht recht ersichtlich, weshalb sie ihren jetzigen Platz bekommen haben,[183] doch fallen sie nicht weiter in Gewicht. Daneben gibt es noch eine Reihe von Stücken, die später als die Grundschrift anzusetzen sind. Für sie nimmt Knobel eine eigene jüngere Quelle, die er als Kriegsbuch bezeichnet und die später der Jehovist mit eingearbeitet hat, in Anspruch. Es sind dies vor allem

176 So ganz allgemein die Reinheitsgebote des Leviticus (F. Bleek, Beiträge, 1831, 497ff.).
177 Vgl. nur W.M.L. de Wette, Lehrbuch, ⁶1845, 194, wo er Bleeks Gründe für die Mosaizität bestimmter Gesetze als nicht stichhaltig betrachtet.
178 A. Knobel, Numeri, 1861, 592.
179 A. Knobel, Numeri, 1861, 524.
180 A. Knobel, Numeri, 1861, 524.
181 So ist beispielsweise Num 5,1–4 ein Nachtrag zu Lev 11–15, der aber nur für die Dauer der Wüstenwanderung gegolten haben könne (A. Knobel, Numeri, 1861, z. St.).
182 S. o. Anm. 172 zu Num 15,1–16.
183 Z. B. Num 5,11–31; 6,1–21.

Stücke, die zur Grundschrift sachlich in Widerspruch stehen, wiewohl sie ihr sprachlich verwandt sind. Hierzu gehören Teile des später sogenannten Heiligkeitsgesetzes[184] und einzelne Passagen im Numeribuch.[185] Sie gehören etwa in die Zeit des jüdischen Königs Josaphat.

Bei dieser Position, die Knobel einnimmt, ergeben sich nun einige wesentliche Berührungspunkte mit der streng kritischen Forschung, so daß kein völlig unüberbrückbarer Gegensatz mehr besteht. Denn wenn man von der absoluten Chronologie einmal absieht, dann besteht darin Einigkeit, daß kein Stück der Gesetzgebung in der Grundschrift mosaische Authentie beanspruchen kann, sie vielmehr insgesamt den Stempel einer erheblich späteren Zeit trägt, zugleich aber auch unter dieser Voraussetzung keine völlig geschlossene Einheit bildet, da Grundgesetze und Nachträge sowie Zusätze von späterer Hand zu unterscheiden sind. Nachträge waren auch z. T. von seiten der kritischen Forschung herausgearbeitet worden. Nur hatte man sich da auf sehr diffizile Kleinarbeit an bestimmten Punkten beschränkt, wie z.B. George bei den Festgesetzen[186] oder – erst kurz vor Graf – Popper in seiner Untersuchung über das Verhältnis von Ex 25ff. zu Ex 35ff.[187] Ein Gesamtbild, wie es Knobel für die vermittelnde Richtung entworfen hatte, fehlte noch. Dieser Aufgabe sah sich nun Graf gegenübergestellt, und es dürfte sich nach den bisherigen Ausführungen von selbst verstehen, daß Knobel für ihn in vielem der gegebene Ausgangspunkt war, um zu einem der eigenen Position entsprechenden Aufriß zu kommen. Am deutlichsten zeigt sich der Einfluß des letzteren bei der Beurteilung der gesetzlichen Teile des Numeribuches. Graf ist ja – wie schon angedeutet – der Ansicht, daß die priesterlichen Gesetze hier überhaupt erst als spätestes Element in die bereits vorliegende Erzählung eingefügt wurden. Das kann aber nicht ohne Rücksicht auf diese geschehen sein, und damit sind die gleichen Gründe für ihre jetzige Stellung maßgeblich, wie sie Knobel von seiner anderen Gesamtschau aus gefunden hatte. Graf bezieht sich denn in diesem Zusammenhang auch mehrfach ausdrücklich auf ihn.[188]

Freilich zeigten sich gerade bei dieser halben Annäherung Knobels an die kritische Forschung erhebliche Schwächen. So ist schon das Verhältnis der Grundgesetze bis Lev 27,34 zu den dann im Numeribuch folgenden und noch zur Grundschrift gehörigen Gesetzen nicht recht klar. Bertheau beispielsweise ließ die ersteren eben mosaisch sein, die letzteren dagegen vorwiegend nachmosaische Zusätze. Knobel dage-

---

184 Lev 17–20; 26 und Teile von 23–25.
185 Z. B. Num 15,17–21.31–41, Aufzählung der übrigen Stücke: A. Knobel, Numeri, 548 und in der Tabelle 603f., zum Charakter dieser Quelle überhaupt 547ff.
186 Zu Ex 12 J. F. L. George, Feste, 1835, 85ff., zu Lev 23 120ff.
187 J. Popper, Bericht, 1862.
188 Bestandtheile, 86, 88f.

gen, der annimmt, daß das gesamte Material durch den Verfasser der Grundschrift und seine Zeit geprägt ist, kann nur eine rein sachliche Unterscheidung zwischen den am Sinai offenbarten prinzipiellen und den danach verordneten „temporären" Gesetzen vornehmen, wobei weiterhin offenbleibt, ob die letzteren etwa auch noch – wenigstens in ihrem Kern – in die Zeit Moses zurückzuführen sind oder Nachträge bzw. Zusätze späteren Datums darstellen. Mit anderen Worten, die Entstehung und Ordnung der gesetzlichen Partien in der Grundschrift bleiben trotz vieler Hinweise im einzelnen unklar.[189] Aber auch die von Knobel eindeutig in spätere Zeit datierten Gesetze in den Büchern Leviticus und Numeri sind methodisch nicht überzeugend von den übrigen abgehoben. Dies zeigt sich wieder am deutlichsten im Numeribuch, wo er eben die Stücke, die sich nicht widerspruchsfrei in die Grundschrift einfügen lassen wollen, herausnimmt und doch nur ganz vage sprachliche Indizien für eine derartige Scheidung anführen kann.[190] Aus dem gleichen Grund werden umgekehrt nur Teile des Heiligkeitsgesetzes als spätere Zutat erklärt, weil sich Knobel darauf beschränkt, das mit der Grundschrift nach seiner Sicht der Dinge nicht zu Vereinbarende auszuscheiden, und das sind hier hauptsächlich die Gesetze für das sittliche Leben, die keinen eigentlich „theokratischen" Charakter haben.[191] Alles übrige bleibt für ihn Grundschrift.

Diese Unklarheiten, die hier bestehen, sind aber in einem viel tiefer liegenden Widerspruch in der Position Knobels begründet, und darin dürfte sich überhaupt die Unausgeglichenheit der alttestamentlichen Forschung in Grafs Zeit widerspiegeln. Knobel rechnet zwar mit einer späteren Ausgestaltung der mosaischen Gesetze. Er bleibt aber dabei, daß der Grundstock, und d.h. zugleich die Hauptmasse, vom Gesetz Moses völlig durchdrungen ist, so daß an eine Entwicklung des Gesetzesmaterials im strengen Sinne nicht zu denken ist. Selbst die Nachträge innerhalb der Grundschrift entfernen sich nicht so weit, daß man sie glatt ausscheiden könnte. Übrig bleiben dann eben nur wenige Stücke,

---

189 Nur selten wird wirklich Stellung genommen, so z. B. bezüglich der Musterungen in Num 1–4, wo gesagt wird, daß die dort angegebenen Zahlen aus nachmosaischer Zeit stammen müssen und es sich um Volkszählungslisten für Kriegszwecke handele (A. Knobel, Numeri, 1861, 3f.), oder umgekehrt bezüglich Num 7, wo zwar spätere Ausgestaltung, aber Anknüpfung an alte Überlieferung konstatiert wird (A. Knobel, Numeri, 1861, z. St.).
190 Vgl. nur das zu Num 15,17–21.31–41 Ausgeführte (A. Knobel, Numeri, 1861, 75).
191 A. Knobel, Exodus, 1857, 500. Lev 17 wird u. a. deshalb zu diesen Stücken hinzugerechnet, weil es an unpassender Stelle stehe und z. T. bereits gegebene Anordnungen wiederhole (Exodus, 495). Zu einem weiteren Grund für die Zerstückelung des Heiligkeitsgesetzes s. u. Anm. 206. Auf Knobels Quellenhypothesen, in diesem Zusammenhang auf die von einem „Kriegsbuch", kann hier nicht grundsätzlich eingegangen werden.

die einer anderen Hand, und selbstverständlich nur aus einer Zeit nach der Grundschrift zuzuweisen sind. Also im Grunde noch der alte statische Standpunkt, der sich jedoch den Einwürfen der Kritik gegenüber nicht mehr in seiner ursprünglichen Form halten konnte und nun zu einer solchen Zwitterbildung führen mußte. Hierin ist der eigentliche Unterschied zu Grafs Auffassung zu sehen. Zugleich aber muß auch an diesem Punkt wieder deutlich werden, wie stark die zeitgenössische vermittelnde Forschung gerade durch ihre Unausgeglichenheit zwischen Kritik und konservativer Haltung Graf vorgearbeitet hat.

Knobels Auffassung ist infolge der Gründlichkeit und Umsicht, mit der sie erarbeitet wurde, zweifellos die wichtigste und einflußreichste auf seiten der vermittelnden Forschung gewesen. Es darf aber nicht übersehen werden, daß schon vor ihm Ewald einen anderen Weg eingeschlagen und dabei den Versuch unternommen hatte, den alten statischen Standpunkt wenigstens teilweise zu überwinden. Darauf ist abschließend noch einzugehen.

Ewald hatte zwar im Unterschied zu den bisher erwähnten Gelehrten keine Trennung zwischen Grundgesetzen bis Lev 27 und Nachträgen im Numeribuch vorgenommen, sondern durch Umstellung von Gesetzen Einheit und Ordnung in dem von ihm so benannten Buch der Ursprünge, das etwa der Grundschrift im Rahmen der Ergänzungshypothese entsprach, hergestellt.[192] Er war aber umgekehrt der Meinung, daß es ältere, dem Buch der Ursprünge zeitlich vorangehende Gesetzeswerke gegeben hat. Er wies dabei vor allem auf das Bundesbuch hin.[193] Da nun die Kapitel Lev 18–20 teils vieles mit den übrigen priesterlichen Gesetzen gemein haben, teils aber auch an den Dekalog und das Bundesbuch erinnern, erklärte er diese Kapitel als ältere Quellen, die der Verfasser des Buches der Ursprünge aufgenommen und seinem Werke angeglichen habe.[194] Das ganze blieb freilich eine Notlösung, da er andererseits das Stück Lev 26,3–45, das deutlich eine Exilierung voraussetzt, als einen späteren Zusatz ansehen mußte und einem Verfasser, von dem sonst nicht mehr erhalten sei, zuwies.[195] Hier konnte nun wieder Knobel darauf hinweisen, daß Lev 26 sprachlich und sachlich mit Lev 17–20 verwandt ist und sich als Abschluß für diese Kapitel, ähnlich wie es bei Ex 23,20ff.und Dtn 28–30 der Fall ist, gut eignet,[196] so daß dann eben doch nicht nur Kap. 26,

---

192 H. Ewald, Geschichte I, [2]1851, 115ff.
193 Dazu s. o. Anm. 101.
194 H. Ewald, Geschichte I, [2]1851, 126
195 H. Ewald, Geschichte I, [2]1851, 154ff. Er meinte speziell, es handele sich um einen Verbannten des Nordreiches, da dieses Stück später im Deuteronomium sowie bei Jeremia und Ezechiel bereits benutzt werde.
196 A. Knobel, Exodus, 1857, 573, vgl. auch E. Schrader in: W. M. L. de Wette, Lehrbuch, [8]1869, 287.

sondern auch die Kapitel 17–20 erst nach der Grundschrift anzusetzen sind.[197] Auch diese Widersprüchlichkeit der Auffassungen dürfte Graf Anlaß gegeben haben, die Probleme neu zu durchdenken und zu lösen. Aber ebenso deutlich ist, daß Ewald einen klareren Blick als Knobel für die Entstehung der alttestamentlichen Gesetze hatte und Graf zumindest beim Heiligkeitsgesetz besser als dieser vorgearbeitet hat.

b) Grafs Bemühen um eine neue Gesamtschau

Im Hinblick auf die im Vorangegangenen geschilderte Forschungslage ist Grafs eigene Aufgabenstellung bereits klar umrissen. Es galt, die bisher erzielten Ergebnisse aufzunehmen und in das von ihm gezeichnete Gesamtbild einzubauen. Einige direkte Vorarbeiten lagen – wie wir noch sehen werden – auch von seiten der kritischen Forschung vor, aber aufs ganze gesehen hatte Graf die für diesen Komplex offenen Probleme in Auseinandersetzung mit den soeben dargestellten Auffassungen selbständig zu lösen. Es ist daher darauf zu achten, in welchem Umfang er die Ansätze und Ergebnisse von dieser Seite berücksichtigt, sie aufnimmt, kombiniert oder modifiziert bzw. welches neue Licht im Rahmen der von ihm vertretenen Gesamtanschauung auf sie fällt. Nur unter diesem Aspekt dürfte sein eigener Beitrag sicher zu beurteilen und abzugrenzen sein.

Am einfachsten lagen die Dinge bei den Gesetzen im Numeribuch.[198] Hier konnte Graf – wie schon gezeigt[199] – weithin auf Knobel zurückgreifen. Auch er bezeichnet sie wie letzterer als Nachträge zum eigentlichen Korpus der Gesetzgebung und geht seinerseits im einzelnen auf die Art und Weise, wie die Gesetze aneinandergereiht, zu Gruppen geordnet bzw. auch als weitere Zusätze und Nachträge in solche Gruppen eingefügt worden sind, ein. Selbst darin besteht Parallelität zu Knobel, daß er diese Nachträge zum überwiegenden Teil noch dem Sammler der ganzen Quelle, bei ihm Esra, zuschreibt[200] und nur verhältnismäßig wenige Stücke später hinzugekommen sein läßt.[201] Diese letzteren gehören nun freilich nicht einer anderen Quelle – wie bei Knobel dem Kriegsbuch und damit den Jehovisten – an, sondern sind einfache Zusätze von Nachahmern der Sammlung Esras und decken sich auch nicht völlig mit den Zusätzen Knobels.[202] Der grundlegende Unterschied zwischen beiden besteht

---

197 Knobel nahm jedoch nicht an, daß eine Exilierung bereits erfolgt sei.
198 Bestandtheile, 85–92.
199 S. o. S. 111f.
200 Es kann sich seiner Meinung nach z. T. auch um älteres Material handeln. Für die wohl militärischen Listen in Num 1f. betont er das ausdrücklich (Bestandtheile, 86).
201 Vgl. Briefwechsel, 558f.
202 So hält Graf im Gegensatz zu ihm Num 10,1–10 offenbar für besonders spät, weil die hier erwähnten Trompeten erst in der Chronik eine größere Rolle spielen (Bestandtheile,

aber darin, daß Knobel sachlich zwischen Grund- und „temporären"
Gesetzen trennt, um wenigstens bei der ersteren ein Ordnungsprinzip,
das ihre Verwurzelung in Mose selbst glaubhaft macht, zu eruieren.[203]
Für Graf dagegen, der diese Voraussetzung nicht teilt, sondern in der
gesamten priesterlichen Gesetzgebung eine späte, vielschichtige und erst
nach Vollendung der erzählerischen Teile entstandene Sammlung sieht,
ist eine solche Trennung nicht annehmbar. Er kann nur viel allgemeiner
zum Ausdruck bringen, daß diese Gesetze eben auch vom Sammler aufgenommen und an passender Stelle in die Erzählung eingefügt worden
sind.[204]

Diese Auffassung, daß der Sammler verschiedenartiges Material
zusammengetragen und nur notdürftig geordnet hat, wird nun aber
vor allem dadurch bekräftigt, daß auch der Grundstock in den Büchern
Exodus und Leviticus als eine zusammengesetzte Größe erscheint und
Materialien unterschiedlicher Herkunft und unterschiedlichen Alters in
sich vereint. Der Ansatzpunkt für Graf ist das Heiligkeitsgesetz, das er
wie Ewald als Vorstufe erkennt, aber nun aus seiner Gesamtanschauung
heraus anders abgrenzt und einordnet, so daß sich die bei dem letzteren
beobachteten Unstimmigkeiten auflösen. Die dabei erzielten Ergebnisse
sind zugleich die wichtigsten im Rahmen des vorliegenden Komplexes
überhaupt.

Was zunächst die Abgrenzung betrifft, so weist er wie Knobel auf die
engen sprachlichen Beziehungen zwischen Lev 26 und Lev 28ff. hin,[205]
betont aber darüber hinaus, daß die Kapitel 18–26 insgesamt durch
die Formel אני יהוה ausgezeichnet sind, also zusammengehören[206] und in
Kap. 26 ihren sinnvollen Anschluß finden. Bezüglich der chronologischen
Einordnung stimmt er Ewald zu, der in Kap. 26 eine bereits erfolgte Exilierung bezeugt findet. Das ist für ihn aber kein Anlaß, diese Kapitel als
Zusatz bzw. Sondereinheit zu betrachten, da selbst das babylonische Exil
weit früher liegt als die späte Gesetzgebung Esras.[207] Damit kann Graf
zwei bisher unvereinbare Tatsachen widerspruchslos verbinden, nämlich

88). Auch Num 31 sowie Num 7 scheinen für ihn allein schon ob ihrer Langatmigkeit
und ihres Schematismus Zeugnisse aus deutlich späterer Zeit zu sein (Bestandtheile,
91f., doch s. dazu auch u. Anm. 225, 226).

203 Ähnlich war ja schon Bertheau vorgegangen (s. o. S. 108).

204 Vgl. die schon erwähnte Stelle, Briefwechsel, 558f.

205 Bestandtheile, 76.

206 Bestandtheile, 75f. Vgl. dazu schon F. Bleek, der ganz allgemein von Ähnlichkeiten
zwischen den Kapiteln 19 und 23 und zwischen diesen und Kap. 21f. spricht (Einleitung, 1860, 281). Für Knobel wäre es natürlich unmöglich gewesen, etwa auch das Kap.
23 mit den Kapiteln 17–20; 26 zusammenzunehmen, denn dann wären ja auch die
Festgesetze ein späterer Nachtrag, und die Grundschrift hätte eine ganz entscheidende
Lücke, so daß die Opfergesetze Num 28f. in der Luft hingen.

207 Graf setzt dieses Kapitel denn auch im Unterschied zu Ewald (s. o. Anm. 195) in
das babylonische Exil und beruft sich allgemeiner als dieser auf eine Verwandtschaft

daß die Kapitel Lev 18–26 eine zusammengehörige und aus exilischer Zeit stammende Gruppe bilden zugleich auf Grund ihrer Verwandtschaft mit Dekalog, Bundesbuch und Deuteronomium einerseits sowie mit der priesterlichen Gesetzgebung andererseits eine Mittelstellung zwischen diesen beiden einnehmen. Erst so findet das Heiligkeitsgesetz den ihm gebührenden Platz in der Geschichte der alttestamentlichen Gesetze. Dieser Standpunkt Grafs war überzeugend genug, so daß er sich sehr bald allgemein durchsetzte.

Graf geht auch noch näher auf die Zusammensetzung dieser Sammlung ein. Er betont, daß sich in ihr wiederum selbständige Teilsammlungen finden, so daß Wiederholungen nicht überraschen dürfen.[208] Andererseits stellt er eine Menge von Zusätzen fest, von denen er einige dem abschließenden Sammler dieser Kapitel, der die ihm vorliegenden Teilsammlungen bearbeitete, zuzuweisen scheint,[209] die übrigen aber als sekundär erklärt.[210] Bei diesen Beobachtungen, vor allem was die Zusätze betrifft, kann er sich aber wieder weithin auf Vorgänger stützen, und zwar sowohl von vermittelnder wie von streng kritischer Seite.[211] Das gilt im besonderen noch für Kap. 17, das man im allgemeinen wegen der Erwähnung der Stiftshütte zur Grundschrift rechnete und das Graf offenbar aus dem gleichen Grund von den Kapiteln 18ff. abtrennt und bereits im zweiten Komplex seines Werkes behandelt.[212] Dagegen ist es eine eigene Konsequenz, wenn er Kap. 26 als Abschluß der Gesetzgebung von Ex 25ff. an und Kap. 27 bereits als Nachtrag im Sinne der Nachträge des Numeribuches betrachtet.[213] Solange man die Grundschrift für alt

---

der Verse 40–45 mit Gedanken Jeremias und Ezechiels, ohne auf die Frage nach der Abhängigkeit einer der beiden Seiten näher einzugehen.

208 Dies ist besonders deutlich bei den Kapiteln 18 und 20, bezüglich deren er die These A. Knobels (Exodus, 1857, z. St.) und anderer, Kap. 20 enthalte die Strafbestimmungen zu Kap. 18, ablehnt (Bestandteile, 76f.).

209 So ausdrücklich bei 23,3.27–32.39–44 (Bestandteile, 78f.).

210 Z. B. 23,9–22; 24,1–9.10–23; 25,18–22 (Bestandteile, 78f.)

211 Für die Tatsache ursprünglich selbständiger Teile in der Sammlung vgl. H. Ewald, Geschichte I, ²1851, 126, auch F. Bleek, Einleitung, 1860, 281. Was die Zusätze betrifft, so ist er hauptsächlich von A. Knobel (vgl. nur Exodus, 1857, zu Lev 25,18–22), den er auch oft zitiert, für die Festgesetze natürlich auch von J. F. L. George (Feste, 1835, 120ff.), abhängig. Vgl. außerdem H. Ewald, der Lev 24,1–9 an eine andere Stelle rückt, nämlich hinter Ex 27,20f., um diesem Stück einen sinnvollen Zusammenhang zu geben (Geschichte I, ²1851, 115, Anm. 1).

212 Bestandteile, 66. Auch Knobel, der dieses Kapitel dem gleichen Verfasser wie dem der Kapitel 18–20 zuschreibt, behandelt es doch getrennt von den anderen, so daß es als Sondereinheit erscheint (Exodus, 1857, z. St.). Vgl. auch E. Schrader in: W. M. L. de Wette, Lehrbuch, ⁸1869, 287. Anders liegen dann die Dinge bei A. Kuenen, der die Erwähnung der Stiftshütte in Kap. 17 als sekundär erklärt (Einleitung 1,1, 1887, 86). Im Grunde ist das nur ein Schritt über Graf hinaus, denn dieser hatte ja schon Lev 24,1–9, weil mit Ex 25ff. verwandt, und auch Lev 19,21f., wo ebenfalls die Stiftshütte genannt wird, als Zusätze bezeichnet (Bestandteile, 78f.).

213 Bestandteile, 85.

hielt und das erstere als späterer Einschub erscheinen mußte, machte das letztere notwendigerweise einen älteren und ursprünglicheren Eindruck und war der gegebene Abschluß gegenüber den so andersartigen Stücken in den ersten Kapiteln der Numeribuches. Hier ergibt sich bei Graf gewissermaßen von selbst die bessere Lösung, die allein erst diesen Kapiteln wie der ganzen Sammlung überhaupt gerecht wird.

In der gleichen Weise wie bei den Nachträgen im Numeribuch und beim Heiligkeitsgesetz geht Graf auch bei den anderen Teilen der priesterlichen Gesetzgebung vor. Es genügen daher einige Hinweise. Älteres Material sieht er in Ex 31,12–17[214] und weiter in Lev 11, das er als eine ergänzte Bearbeitung von Dtn 14 ansieht und bei dem er erwägt, ob es im Grundbestand vielleicht noch älter als das Deuteronomium ist.[215] Beide Stücke weist er der gleichen Hand wie Lev 18ff. zu. An anderen Stellen sieht er umfängliche Nachträge, hier vielfach in der Gefolgschaft kritischer Forscher. So schließt er sich bei den Festgesetzen eng an George[216] an und übernimmt von Popper – freilich nur in einer Anmerkung und offenbar erst nachträglich eingearbeitet – dessen These, daß Ex 35ff. von späterer Hand eingefügt wurde.[217] Schließlich sei als eine Einzelheit, die seine Arbeitsweise gut erkennen läßt, erwähnt, daß er Ex 30,11–16 für einen Zusatz aus besonders später Zeit hält, da der hier geforderte Halbschekel für die Tempelsteuer der Sitte zur Zeit des Neuen Testaments entspreche, während noch unter Nehemia nur ein Drittelschekel gefordert werde.[218]

Diese bisher gemachten Ausführungen zeigen, daß Graf sich nicht damit begnügt hat, die Position der kritischen Forschung zu sichern, sondern auch einen energischen Vorstoß unternommen hat, diese Position weiter auszubauen. Dabei ließ sich gut beobachten, wie er Unstimmigkeiten in den Ergebnissen der zeitgenössischen Forschung beheben konnte und unter Ausnützung vieler positiver Ansätze zur Kritik auch von seiten

---

214 Bestandtheile, 94. Vgl. dazu A. Knobel, der das Stück zwar der Grundschrift zuweist, aber spätere Überarbeitung im Rahmen des „Kriegsbuches" annimmt, es also mit den von ihm aus der Grundschrift ausgeschiedenen Teilen des Heiligkeitsgesetzes in Beziehung setzt (Exodus, 1857, z. St.).

215 Bestandtheile, 66f., 84. Vgl. dazu schon Bleek, der es für möglich hält, daß die Reinheitsgesetze bereits vormosaisch sind (s. o. Anm. 176).

216 So bei Ex 12 und Lev 23 (Bestandtheile, 34ff., 78f., s. dazu o. Anm. 186).

217 Bestandtheile, 86, Anm. 1. Die nachträgliche Einfügung ist daran kenntlich, daß Graf vorher Ex 25ff. und 35ff. nebeneinander erwähnt, ohne auf eine zeitliche Nachordnung einzugehen (Bestandtheile, 58f.). Vgl. aber schon Bleek, der Ex 35ff. im Gegensatz zu 25ff. nicht von Mose herleiten will, sondern für später hält (s. o. Anm. 175).

218 Neh 10,33 (S. 63f.). Auch J. Popper hält diese Verse für sehr spät (Bericht, 1862, 194ff.). Graf dürfte jedoch unabhängig von ihm zu diesem Ergebnis gekommen sein, da er Poppers Arbeit erst nach Abschluß seiner Untersuchungen kennengelernt hat (s. vorige Anm.). Knobel sieht dieses Problem nicht, auch in den einschlägigen Einleitungen wird nicht davon gesprochen.

der stärker konservativ Gesinnten ein Bild von der Zusammengesetztheit und Vielschichtigkeit dieser gesetzlichen Partien zu entwerfen wußte. Die Frage, die sich nun erhebt, ist die, ob er auf Grund der dargestellten Analyse auch zu einer klaren Vorstellung von der Geschichte des in dieser Gesetzgebung enthaltenen Materials gelangt ist oder ob hier Unklarheiten bleiben, m.a.W., ob die Analyse ausgereicht hat, um den Gang der literarischen Entwicklung durchsichtig zu machen. Erst wenn dieser Aspekt berücksichtigt wird, kann ein abschließendes Urteil über Grafs Leistungen im Rahmen des vorliegenden Komplexes gefällt werden.

Man wird hinsichtlich dessen allerdings feststellen müssen, daß die Arbeit nicht völlig ausgereift ist und Grafs Vorstoß damit etwas Vorläufiges an sich trägt. Das zeigt sich vor allem darin, daß er für die Entstehung der Gesetze wohl mehrere Schichten in Anspruch nimmt, diese Schichten aber nicht immer klar voneinander scheidet. Es sind hauptsächlich folgende zu nennen: die ältesten kleinen Sammlungen, wie Lev 18 oder 20, die Zusätze des Bearbeiters, der diese kleinen zu der größeren Sammlung Lev 18–26 zusammengefaßt hat[219] und dessen Hand auch an anderen Stellen spürbar ist,[220] die von Esra gesammelten und redigierten Teile, die die Hauptmasse – auch unter den Nachträgen im Numeribuch[221] – bilden, und schließlich die Zusätze aus der Zeit nach Esra.[222]

Unklarheiten in der Unterscheidung müssen schon deshalb auftreten, weil Graf nirgends einen genauen Aufriß gibt, sondern die diesbezüglichen Bemerkungen bei der Besprechung der einzelnen Stellen oft nur beiläufig einfügt. Der Leser muß sie sich mühsam zusammensuchen und verliert dabei nur zu leicht den Überblick. Dies hat bereits Reuß bemängelt[223] und beispielsweise bei Riehm in seiner Rezension des Werkes zu einer offenkundigen, von Späteren übernommenen Verwechslung geführt.[224] Schwerer wiegt aber, daß Graf die Beziehungen der einzelnen Stücke untereinander und damit ihren Platz im Gesamtgefüge oft überhaupt nicht eindeutig bestimmt, so daß in vielen Fällen eine Klarheit grundsätzlich nicht zu gewinnen ist und der Begriff „Nachtrag" im

---

219 S. o. S. 116 zu 23,3.27–32.39–44.
220 S. o. S. 117 zu Ex 31,12–17 und Lev 11.
221 S. o. S. 114f.
222 S. o. Anm. 202 und S. 117f. zu Lev 24,10–23; 25,18–22 sowie zu Ex 30,11–16.
223 Briefwechsel, 553f.
224 Er meint, Graf rechne Lev 24,10–23 zur Redaktion Esras (E. Riehm, ThStKr 41 [1868], 353). Ihm folgt G. Beer in seinem Lexikonartikel über Graf (G. Beer, RE 23, ³1913, 590). Dagegen ist bei Graf deutlich ausgesprochen, daß dieses Stück zu den spätesten Zusätzen gehört und damit zweifelsfrei jünger als Esra ist (Bestandtheile, 79). Statt dessen scheint Graf Lev 24,1–9 mit Ex 25ff., und d. h. mit Esras Redaktion, zu verbinden, wiewohl er es nicht ausdrücklich sagt (ebd.).

besonderen einen schillernden Charakter bekommt.[225] Zusammenfassungen von Grafs Ergebnissen, wie die in Riehms Rezension, sind daher auch aus diesem Grund nur mit Vorsicht zu benutzen.[226]

So dürfte deutlich sein, daß Graf mit den von ihm angeschnittenen Problemen nicht völlig fertig geworden ist. Er hat das bleibende Verdienst, die wichtigsten Etappen in der Entstehung der priesterlichen Gesetzgebung herausgearbeitet und damit ihrer Zusammensetzung aus verschiedenartigem Material Rechnung getragen zu haben. Es ist ihm aber nicht gelungen, die Fülle der Beziehungen, die er zwischen den einzelnen Stücken aufgezeigt hat, zu ordnen und gegeneinander abzuwägen, um jedem Stück einen festen Platz im Gesamtzusammenhang zuzuweisen. Der Gang der Entwicklung ist daher in vielen Einzelheiten nicht recht durchsichtig geworden. Was Graf hier geleistet hat, behält den Charakter einer Vorarbeit, die eines weiteren Ausbaus und einer Abrundung bedürftig ist.

Dieses Urteil wird auch dadurch nicht revidiert, daß Graf an einem speziellen Punkt, bei dem es wiederum um die Aufdeckung von sprachlichen und sachlichen Beziehungen geht, zu sehr bestimmten und weitreichenden Folgerungen für die chronologische und literarische Einordnung kommt. Es ist das zugleich bekannteste und von vornherein am stärksten angefochtene Teilergebnis im vorliegenden Komplex. Graf schließt nämlich aus einer Reihe von sprachlichen Eigenheiten, die die Sammlung Lev 18–26 mit Ezechiel gemeinsam hat, daß der letztere auch jene verfaßt habe.[227] Er habe damit zunächst seine deportierten Landsleute belehren wollen und diese Gesetze dann im Blick auf einen für die Zukunft wieder herzustellenden israelitischen Staat zusammengefaßt.

---

225 Das gilt beispielsweise für Lev 10 und 16. Kap. 10 wird als späterer Nachtrag bezeichnet und zu Lev 24,10–23 in Beziehung gesetzt. Wiederum setze Lev 16,1 die Darstellung von Lev 10 voraus. Wenn nun Lev 24,10–23 nachesranisch ist, dann wohl auch Lev 16. Graf gibt hierauf aber keine Antwort (Bestandtheile, 84f.). Ebenso muß man über die Stellung von Num 7 im Zweifel sein. Teils wird die Verwandtschaft mit Ex 25ff. betont, so daß man die Zugehörigkeit zur Redaktion Esras annehmen müßte (Bestandtheile, 86), teils wird auf die Ähnlichkeit mit besonders späten Stücken hingewiesen (Bestandtheile, 91). Es scheint so, als hielte Graf das Kapitel für jünger als Esra, aber sicher ist es nicht auszumachen.
226 So geht bei Graf (Bestandtheile, 85) nicht sicher hervor, daß er Lev 27 zu den spätesten Zusätzen innerhalb der gesamten priesterlichen Gesetzgebung rechnet, wie E. Riehm (ThStKr 41 [1868], 353) und G. Beer (RE 23, ³1913, 590) behaupten. Umgekehrt spricht nach Graf (Bestandtheile, 91) alles dafür, daß Num 31 zu den spätesten, d. h. nachesranischen Stücken gehört. Er gibt allerdings einen sehr mißverständlichen und nicht näher erläuterten Verweis auf Num 16f. Für dieses Stück nimmt er eine ältere Grundlage an, die er durch Ausscheiden der seiner Meinung nach nachexilischen Stücke gewinnt (Bestandtheile, 89). Riehm überträgt das nun offenbar auf Num 31 und behauptet, dieses Stück habe nach Graf eine ältere Grundlage wie Num 16f. und gehöre wie dieses zur esranischen Redaktion (ebd.).
227 Er beruft sich vor allem auf den Ausdruck אני יהוה (Bestandtheile, 81–83).

Sie seien wahrscheinlich in die früheste Zeit des Exils zu setzen, da Ez 46,17 zufolge bereits der Verfassungsentwurf Ezechiels das Jobeljahr voraussetze. Eine Bestätigung für diese These sieht Graf in der Notiz Esr 9,11, da diese sich auf Lev 18,24f. beziehe und damit insbesondere für diese Gesetzessammlung prophetischen Ursprung sichere.[228]

Diese These ist mit Recht bereits von Rezensenten des Werkes wie Ewald[229] und Riehm[230] kritisiert worden. Zwar ist auch für sie die enge Verwandtschaft Ezechiels mit dem Heiligkeitsgesetz unumstritten, wenngleich sie sie nicht so exklusiv auf das letztere beziehen, sondern ebenso Ähnlichkeiten mit anderen Teilen der priesterlichen Gesetzgebung hervorheben[231] und überhaupt deren Spätdatierung mit den Argumenten der vermittelnden Richtung ablehnen.[232] Aber sie betonen doch mit guten Gründen, auf die auch Graf von seiner Position aus hätte stoßen müssen, daß eine Identifizierung nicht angängig ist.

So weist Riehm auf den bei Ezechiel völlig fehlenden Hohenpriester und die Differenzen in der Festgesetzgebung zwischen beiden[233] hin[234] und hat offenbar auch das richtige Gefühl, daß Lev 26 zu Ezechiel nicht recht passen will.[235] Ewald dagegen, der sich überhaupt nur zu diesem Punkt äußert, gibt zu bedenken, daß Ezechiel ja sehr oft sage, „daß sie erkennen, daß ich Jahwe bin" oder „ich, Jahwe, habs geredet" und beide Ausdrücke in dieser Form im Heiligkeitsgesetz fehlen.[236] Diejenigen, die Grafs These dennoch anerkannten, sahen sich denn auch gezwungen, sie beträchtlich zu modifizieren,[237] und konnten sich trotzdem nicht durchsetzen.[238]

So wird man auch angesichts dieser so bestimmt und klar vorgebrachten These sagen müssen, daß Graf kein ganz treffsicheres Gefühl gehabt hat, wenn es um die minutiöse Unterscheidung und Einordnung von verwandten Quellen oder Schichten ging. Teils ergab sich ein verwir-

---

228 Doch ist mit E. Bertheau eher an eine Anspielung auf Dtn 7,1–3 zu denken (Esra, 1862, z. St. Weiteres zu diesem Vers s. o. S. 101).

229 H. Ewald, GGA 1866, 974–991.

230 E. Riehm, ThStKr 41 (1868), 350ff.

231 Z. B. E. Riehm, ThStKr 41 (1868), 370.

232 Näheres zu Riehms Rezension s. o. S. 103.

233 Letztere sind ja auch Graf bekannt (s. o. S. 100).

234 E. Riehm, ThStKr 41 (1868), 371.

235 Er läßt das Deuteronomium und Jeremia von diesem Kapitel abhängig sein (ThStKr 41 [1868], 371). Vgl. dazu auch A. Kuenen, Einleitung 1,1, 1887, 273.

236 H. Ewald, Geschichte I, ²1851, 988ff. Er zieht daher umgekehrt die Konsequenz, daß Ezechiel vom Heiligkeitsgesetz abhängig sei, womit er ungewollt deutlich macht, wie unsicher eine derartige Argumentation überhaupt ist.

237 Vgl. A. Kayser, Urgeschichte, 1874, 69ff., 176ff. Er bemüht sich, zwei Urkunden voneinander zu scheiden, und schreibt die eine Ezechiel zu. Lediglich Bertheau nahm Grafs These in seiner Rezension des Werkes ohne weiteres an (JDTh 11 [1866], 155f.).

238 Zusammenfassende Übersicht bei A. Kuenen, Einleitung 1,1, 1887, 272ff.

rendes Bild sich u. U. widersprechender Beziehungen, teils verfiel er in den bereits in seiner Licentiatendissertation von 1842 zu beobachtenden Fehler,[239] bestehende Differenzen zu unterschätzen und Quellen verschiedener Herkunft vorschnell zu identifizieren. Es mag dabei noch eine Rolle spielen, daß er geneigt war, bestimmten Propheten einen besonderes großen Einfluß und im Zusammenhang damit auch eine ausgedehnte schriftstellerische Tätigkeit zuzuschreiben.[240] Aber das hätte eben nicht zu solchen Konsequenzen führen können, wenn er in die Problematik der Quellenscheidung noch tiefer eingedrungen wäre und ihr von vornherein mehr Beachtung geschenkt hätte.

Damit sind jedoch bereits Probleme angerissen worden, die bei Behandlung des vierten Komplexes noch einmal in größerem Rahmen aufgerollt werden müssen. Was das Ergebnis des dritten Komplexes betrifft, so bleibt es dabei, daß Graf das Verdienst zukommt, nicht nur das bis zu ihm Erreichte zusammenzufassen und methodisch klar zu fixieren, sondern auch den weiteren Ausbau begonnen zu haben und im einzelnen – etwa bei der chronologischen Ansetzung des Heiligkeitsgesetzes – zu anerkannten Ergebnissen gelangt zu sein. Ein allseitig überzeugendes und abschließendes Bild von der literarischen Gesamtentwicklung des priesterlichen Gesetzesmaterials hat er jedoch nicht erzielt. Man muß nur berücksichtigen, daß er hier echte Pionierarbeit geleistet hat und billigerweise in erster Linie in dieser Funktion beurteilt werden muß.

3.2.3.4. Abgrenzung von den jehovistischen und deuteronomistischen Teilen und Gesamtaufbau der Bücher Gen – 2. Kön (4. Komplex)

Das Herauslösen der priesterlichen Gesetze als späterer Zusatz zum Pentateuch kann natürlich nicht ohne Folgen für dessen Gesamtgefüge bleiben und sich u. U. auch auf die sich an ihn anschließenden Bücher auswirken. Das gilt vor allem für das Buch Josua, dessen enge Zusammengehörigkeit mit dem letzteren allgemein angenommen wurde,[241] aber auch für die von diesem und damit vom Pentateuch nicht zu isolierenden übrigen Prophetae priores.

Mit anderen Worten, es geht um das grundsätzliche Problem der Pentateuchquellen, deren Charakter und Abgrenzung nach den vorgenommenen Eingriffen neu bestimmt werden muß. Dem wendet sich Graf im vierten Komplex seiner Arbeit[242] zu. Auf einige Teilaspekte war er

---

239 Dazu s. o. S. 76ff.
240 Weiteres dazu s. u. S. 131, 172f.
241 Siehe nur die Literaturhinweise bei Graf, S. 95.
242 Bestandtheile, 94–113.

bereits in den vorhergehenden Komplexen zu sprechen gekommen. Sie werden der besseren Übersicht wegen im Folgenden mitbehandelt.

a) Die Abgrenzung vom jehovistischen Werk innerhalb des Hexateuch

Da Graf die priesterlichen Gesetze – wie bisher schon deutlich zu erkennen war – als eigene Quelle betrachtet, stellt sich am dringlichsten die Frage, wie er denn die Erzählungen, die nach allgemeiner Überzeugung zusammen mit diesen Gesetzen die Grundschrift bilden, beurteilt. Seine Entscheidung ist bekannt. Er hält im Anschluß an den frühen Reuß[243] an der Ergänzungshypothese fest. Infolgedessen gehören die Erzählungen zur ältesten Quelle, dem elohistischen Werk oder der Grundschrift, die der Jehovist später, nämlich im 8. Jh.,[244] ergänzte. In diese ergänzte Schrift des Jehovisten wurden am Anfang des Exils das Deuteronomium und in nachexilischer Zeit die Gesetzessammlung des Esra einfügt. Die beiden letzteren waren seiner Meinung nach ursprünglich selbständig und wurden erst nachträglich mit dem Ganzen des Pentateuch verbunden.[245]

Graf konnte freilich nicht leugnen, daß wenigstens an einer Stelle enge Berührungen zwischen den priesterlichen Gesetzen und der Grundschrift bestehen. Denn das Beschneidungsgesetz Gen 17,9–14, das seinerseits fest mit den Erzählungen in der Grundschrift verknüpft ist, weist eine Reihe von Ausdrücken auf, die sonst nur in den späteren Gesetzen vorkommen.[246] Graf sieht das jedoch nicht als Gegenbeweis für seine These an, sondern meint, dieses Beschneidungsgesetz enthalte eben Ausdrücke, die in priesterlichen Kreisen stets gebräuchlich waren, oder es sei in späterer Zeit, als man nach altertümlicher Redeweise strebte, zum Vorbild genommen worden. Hier muß schon bedenklich stimmen, daß Graf die Beziehungen von Gen 17 zu den priesterlichen Gesetzen auf wenige Ausdrücke reduziert.[247] Aber selbst wenn man davon absieht, ist klar, daß er hier eine folgenschwere Fehlentscheidung gefällt hat. Denn praktisch nimmt er damit einen ganz ähnlichen Standpunkt wie die vermittelnde Richtung ein, da sich ja auch bei ihm nun die Diskrepanz zwischen der als älteste Quelle betrachteten Grundschrift und den von ihrem Geist geprägten, aber erst Jahrhunderte nach ihr praktizierten Gesetzen auftut. Daß diese letzteren nach seiner Auffassung in dieser Zeit

---

243 Vgl. dazu die Äußerung von E. Reuß, Geschichte, ²1890, IX.
244 Bestandtheile, 111f.
245 Das Deuteronomium noch vom Deuteronomiker selbst (dazu s. u. S. 128ff.), die Gesetzessammlung des Esra erst nach ihm durch einen späteren Redaktor (Bestandtheile, 74f.).
246 Z. B. לְדֹרֹתֵיכֶם (92f.).
247 Vgl. E. Riehm, der geltend macht, daß der Stil überhaupt und nicht nur der oder jener Ausdruck – wie Graf will – beiden Seiten gemeinsam ist (ThStKr 41 [1868], 375f.).

erst entstanden sind und nicht nur neu belebt wurden, kann angesichts der Diskrepanz als solcher nur als zweitrangig betrachtet werden.

Für diese Entscheidung Grafs ist auf den ersten Blick eine markante Fehlerquelle zu nennen. Auf sie ist mit Recht von Anfang an am nachdrücklichsten hingewiesen worden, nämlich daß er noch an der inzwischen fragwürdig gewordenen Ergänzungshypothese festgehalten und sich vor allem nicht mit dem wichtigen Werk Hupfelds über die Quellen der Genesis auseinandergesetzt hat.[248] So blieb für ihn der Jehovist ein unselbständiger Ergänzer, der einer geschlossenen Grundschrift bedurfte, um seine Bearbeitung durchzuführen. Die Erzählungen der Grundschrift mußten mithin älter als sein Werk sein, da sonst die gesamte Hypothese in die Brüche ging. An diesem Punkte hat sich Graf kurze Zeit später noch selbst korrigiert,[249] aber die zunächst getroffene Fehlentscheidung zeigt deutlich, daß er in Fragen der Quellenscheidung eben nicht auf der Höhe der Forschung stand.

Es wäre freilich oberflächlich, die Zerreißung der Grundschrift nur von mangelnder Literaturkenntnis und einem dadurch bedingten veralteten Standpunkt abhängig zu machen. Der grundlegende Fehler, der durchaus nicht einfach von genauen Kenntnissen über den Fortgang der Pentateuchkritik abhängig ist, liegt vielmehr darin, daß Graf keine methodisch saubere Trennung zwischen Gesetzen und Erzählungen durchgeführt oder durchzuführen versucht hat. Auf der einen Seite reiht er eine gesetzliche Anordnung wie Gen 17 unter die Erzählungen ein, während doch auf der anderen Seite die Gesetze zahllose erzählerische Elemente aufweisen und beispielsweise in Num 31 die Anordnungen aus einer regelrechten Erzählung herauswachsen. Man sieht ganz deutlich, daß seine Arbeit immer nur der sog. mosaischen Gesetzgebung gegolten hat und die Genesis dabei einfach außerhalb seines Gesichtskreises geblieben war. So übersah er, daß auch dort die Erzählungen der Grundschrift immer wieder – wie etwa beim Abschluß der Sintflutgeschichte – auf gesetzliche Anordnungen hinauslaufen und daher eine solche Trennung, wie er sie vornahm, nicht durchführbar ist.[250] Hier spürt man – abgesehen von der Unklarheit in den Fragen der Quellenscheidung – einmal

---

248 H. Hupfeld, Quellen, 1853. Vgl. die Rezensionen in: Literarisches Centralblatt, 1866, 665, und von E. Riehm, ThStKr 41 (1868), 353f.

249 S. u. S. 135ff.

250 Vgl. dazu nur A. Knobel, der das Hinauslaufen alles erzählerischen Materials der Grundschrift auf Gesetze als deren Charakteristikum klar hervorhebt (Numeri, 1861, 507f.). Freilich betont er zugleich, daß es dem Verfasser weniger um allgemeine Gesetze, wie sie sich in der Urgeschichte finden, sondern hauptsächlich um die Begründung der eigentlichen Theokratie geht. Er trennt also zwischen zwei Arten von Gesetzen, und eine solche Unterscheidung mag auch Graf vorgeschwebt haben. Doch ist eben wieder bezeichnend, daß er das nicht ausdrücklich sagt.

die negativen Folgen dessen, daß er sich bei seiner Arbeit allzusehr auf bestimmte Gebiete innerhalb der Pentateuchkritik beschränkt hat.

Diese Fehlentscheidung Grafs bezüglich der Erzählungen der Grundschrift ist ein allgemein bekanntes Faktum in der Geschichte der Pentateuchkritik. Weniger bekannt, aber auch folgenschwer, ist eine weitere Fehlentscheidung, und zwar in der Abgrenzung zwischen vordeuteronomischen und nachexilischen Gesetzen, also innerhalb des Gesetzesmaterials selbst. Auch hier erweist er sich als treuer Schüler des frühen Reuß. Dieser hatte nämlich, wohl auf Grund der Tatsache, daß das Deuteronomium im Lande Moab lokalisiert ist, zwei verschiedene Überlieferungen über den Ort der Gesetzgebung, d.h. den Sinai einerseits und das Land Moab andererseits, konstatiert, und da das Deuteronomium eine öffentliche Sinaigesetzgebung überhaupt noch nicht zu kennen scheint,[251] hatte er folgerichtig die Moabüberlieferung als die ältere von beiden betrachtet. Nun sind aber auch die Ereignisse des Buches Numeri ab Kap. 20 im Lande Moab lokalisiert, und dies hatte Reuß dazu bewogen, hier eine ältere Überlieferung, gerade auch bezüglich der dabei aufgeführten Gesetze, anzunehmen.[252] Es ist klar, daß dieser Teil des Numeribuches dann im Gegensatz zu den übrigen, den Sinai voraussetzenden Teilen, älter als diese und, da er deutlich noch nicht den Geist des Deuteronomiums widerspiegelt, vordeuteronomisch sein muß.

Genau dies ist auch die Meinung Grafs, der ihn insgesamt dem Jehovisten zuschreibt, d.h. die in ihm enthaltenen Stücke für so alt hält, daß sie spätestens der Jehovist in sein Werk aufnahm.[253] Nur solche Abschnitte, die allzu deutlich Charakteristika der priesterlichen Gesetzgebung aufweisen bzw. sich als späte Nachträge zu erkennen geben, hat er dieser zugeordnet.[254] Im übrigen aber löst er beispielsweise die Anordnungen über die künftige Aufteilung des Landes und die Freistädte (Num 34f.) sowie über die Erbtöchter (Num 27,1ff.) heraus, obwohl deren Zusammengehörigkeit mit den Gesetzen ab Ex 25 sonst allgemein anerkannt war, so daß er sie eigentlich auch der esranischen Sammlung hätte zuweisen müssen. Statt dessen hält er sie für älteres Material, das in weit vordeuteronomische Zeit zurückgeht, und stimmt in diesem Punkt paradoxerweise mit der konservativen Forschung, die die gesamte priesterliche Gesetzgebung und damit auch die zuletzt genannten Anordnungen als vordeuteronomisch betrachtet, völlig überein.

---

251 Vgl. Dtn 5,20ff.
252 Briefwechsel, 554f.
253 Da er nicht auf die Vorgeschichte des jehovistischen Werkes eingeht, ist nicht zu entscheiden, ob er diesen Teil dem Jehovisten selbst oder schon der älteren Grundschrift zuweist.
254 Num 28–31; 35,16–36,13, vgl. Briefwechsel, 557.

Es kann keine Frage sein, daß er sich hier eine äußerst befremdliche Inkonsequenz hat zuschulden kommen lassen. Noch befremdlicher aber ist, daß er diesen Sachverhalt überhaupt nicht näher dargelegt, geschweige denn begründet, so daß man erst aus dem Briefwechsel mit Reuß Klarheit darüber bekommen kann. Er hat die These demnach völlig unbesehen von diesem übernommen.[255]

Daraus ergeben sich nun jedoch weitere Konsequenzen, am stärksten für das Buch Josua, und speziell im Blick auf dieses dürfte Graf die These von Reuß sehr willkommen gewesen sein. Hier war es nämlich der Abschnitt 13,15–22,34, der nach allgemeiner Übereinstimmung nahezu vollständig der Grundschrift zugewiesen wurde, da er sehr deutliche Rückverweise auf ihr ebenfalls zugesprochene Stücke im letzten Teil des Numeribuches aufweist.[256] Doch hatte wiederum schon Reuß aus seiner These, daß eben dieser Teil des Numeribuches einer älteren Überlieferung angehört, den Schluß gezogen, daß auch Jos 13,15–22,34 dazu zu rechnen und mithin von den späteren Sinaigesetzen zu trennen sei.[257] Graf hat diese Schlußfolgerung ebenfalls ohne Einschränkung übernommen und den entsprechenden Abschnitt folgerichtig dem jehovistischen Werk zugewiesen.[258] Damit ist das Buch Josua, abgesehen von der deuteronomistischen Überarbeitung,[259] insgesamt jehovistisch[260] und als solches in vorexilischer Zeit anzusetzen, während auf der anderen Seite die spätere priesterliche Gesetzgebung auf die mittleren Bücher des Pentateuch beschränkt blieb. Speziell das zuletzt genannte Ergebnis dürfte für Graf so wichtig gewesen sein, daß er Reuß' These kritiklos übernahm. Denn nun hob sich diese Gesetzgebung als ein verhältnismäßig klar umgrenzter Block[261] ab, wobei nur ein Stück getrennt voranging[262] und einige, durch

---

255 E. Reuß hat auch später noch grundsätzlich an der Verschiedenheit von Sinai- und Moabüberlieferung festgehalten (Geschichte, 1881, 489), doch nun umgekehrt vermutet, daß die letztere jünger als Esras Redaktion ist (Geschichte, 500). Sie gehört damit zwar nicht zum Grundbestand des Priesterkodex, aber doch zu seinen Erweiterungen, so daß sie von diesem nicht zu trennen ist (vgl. Geschichte, 490).

256 Vgl. nur A. Knobel, Numeri, 1861, 404f. und die Tabelle S. 606.

257 E. Reuß, Art. Josua, 1844, 197f., vgl. auch die Rezension von 1839, 175. Später hat er auch diese Schlußfolgerung revidiert und Jos 13,15ff. dem nachexilischen Priesterkodex zugewiesen (Geschichte, 1881, 409).

258 Bestandteile, 95f. Auch hier muß wieder offenbleiben, welcher Quelle oder Schicht innerhalb dieses Werkes er nach Grafs Auffassung angehört, da über dessen Vorgeschichte keine Aussagen gemacht werden.

259 Zu dieser s. u. S. 129f.

260 Für die Teile, die nicht der Grundschrift zugewiesen wurden, nahm man das natürlich allgemein an, z. B. F. Bleek, Einleitung, 1860, vgl. nur 311f.; A. Knobel, Numeri, 1861, siehe nur die Tabelle S. 605f. (Für ihn bilden das Rechts- und Kriegsbuch zusammen mit dem Jehovisten das jehovistische Werk).

261 Ex 25 – Num 10,10.

262 Ex 12,1–28.43–51.

Erzählungen aufgelockerte Nachträge folgten. Die Herauslösung aus dem Gesamtgefüge der Quellen zog also keine allzu großen Kreise.

So zeigt diese zweite Fehlentscheidung bei der Abgrenzung der nachexilischen Bestandteile noch extremer als die erste, wie unbeirrbar Graf zunächst daran festhielt, daß die Gesetzgebung Esras eine spätere Zutat zu dem bereits völlig fertigen Pentateuch bzw. Hexateuch bildet und en bloc eingefügt wurde. Er konnte sich eben nur eine, wenn auch in diesem Falle sehr massive Ergänzung vorstellen und räumte kühn alle die Hindernisse weg, die ihn eigentlich zu einer Urkundenhypothese hätten führen müssen. Dies war natürlich das Erbe des frühen Reuß, aber die Tatsache, daß er ihm da so blindlings folgte, zeigt, wie wenig Selbständigkeit er auf quellenkritischem Gebiet erlangt hatte.

b) Der Jehovist außerhalb des Hexateuch

Die soeben zu beobachtende Großzügigkeit und Kühnheit bei der Abgrenzung der Pentateuchquellen wirkt sich auch noch weiter auf die Prophetae priores aus. Es ist ja, gerade angesichts der zuletzt behandelten Fehlentscheidung bezüglich bestimmter Abschnitte in den Büchern Numeri und Josua, unverkennbar, daß der Jehovist als Schöpfer der vordeuteronomistischen Gestalt des Pentateuch bzw. des Hexateuch erhebliches Gewicht bekommen hat. Er bleibt zwar Bearbeiter und Ergänzer, hat aber in Grafs Augen die ihm vorliegenden Stoffe und Quellen offenbar sehr selbständig und planvoll zusammengestellt, so daß sein Werk als eine abgeschlossene Größe, bei der die Vorgeschichte zweitrangig ist, behandelt werden kann.

Nun beobachtet Graf auch in den Büchern Richter und 1. Samuelis, wie offensichtlich altüberlieferte Stoffe von späterer Hand in einen festen Rahmen eingeordnet bzw. mit zusammenfassenden Ausführungen im Geiste einer einheitlichen Geschichtstheologie versehen worden sind, nämlich in Jdc 2,6–16,31 und in 1. Sam 7,3–8,22; 10,17–12,25.[263] Diese Zweischichtigkeit von alter Überlieferung und späterer Ergänzung aber ist für ihn ein unzweideutiger Hinweis dafür, daß auch hier die gleiche Hand, die die Grundschrift des Pentateuch ergänzte, am Werke ist, so daß der Jehovist noch bis 1. Sam 12 sicher greifbar bleibt. Darüber hinaus finden sich auch in dem Abschnitt 1. Reg 3–10 – von deuteronomistischen

---

263 Bestandtheile, 97f. Die Zusammengehörigkeit von 1. Sam 8; 10,17–27; 12 als eines eigenen Quellenfadens betonte schon C. P. W. Gramberg (Geschichte 2, 1830, 80ff.), die von 1. Sam 7,2–8,22; 10,17–12,25 J. J. Stähelin (Untersuchungen, 1843, 112); beide werden in einer Übersicht zitiert von W. M. L. de Wette, Lehrbuch, [6]1845, 249f. Für 1. Sam 8; 10,17–27; 12 nahm O. Thenius darüber hinaus an, daß sie erst aus späterer, nicht ganz verläßlicher Überlieferung stammen (Bücher Samuels, 1842, XXII).

Partien abgesehen[264] – Anzeichen dafür, daß ältere Stoffe bearbeitet wurden, weil manches doppelt bzw. verschieden erzählt wird[265] und da und dort kurze Erläuterungen hinzugekommen sind.[266] Folgerichtig sieht Graf auch diese Kapitel als zum jehovistischen Werk gehörig an. Der nun noch übrigbleibende Teil 1. Sam 13 bis 1. Reg 2, der bis auf 1. Reg 2[267] keinerlei Spuren einer Bearbeitung aufweist, muß dann eine alte Quelle sein, die der Jehovist ohne Eingriffe übernahm.[268] Sie wird jedenfalls in den Kapiteln 1. Reg 3–10 mehrfach vorausgesetzt.[269] Das jehovistische Werk reicht demnach bis 1. Reg 10, ist also die Grundlage nicht nur des Pentateuch, sondern auch des größten Teils der Prophetae priores und schließt mit der Schilderung der Regierung Salomos, die zugleich den Höhepunkt bildet, ab.

Zweifellos hat Graf geglaubt, daß er auf diese Weise Ansätze, die von verschiedener Seite gemacht worden waren, sinnvoll koordinieren könne. So nahm Stähelin[270] und Bleek[271] an, daß das Richterbuch in seiner jetzigen Form auf den Jehovisten zurückzuführen sei.[272] Stähelin sah darüber hinaus in ihm auch den Verfasser großer Teile des 1. Samuelisbuches.[273] Andererseits war Ewald der Meinung, daß die Bücher Richter bis 2. Reg ursprünglich ein Werk für sich gebildet hätten. Es sei von verschiedenen Sammlern, die nacheinander wirkten, zusammengestellt worden.[274] Gegen diese Abtrennung vom Hexateuch wandte sich aber Bertheau, der den Zusammenhang des Richterbuches mit dem letzteren sehr stark betonte und überhaupt die Vermutung äußerte, daß Gen bis 2. Reg zusammengehörig seien und eine einheitliche Überarbeitung aufweisen.[275] Kurz nach Graf und z. T. unter Berufung auf ihn hat E. Schrader dies dahingehend ausgeführt, daß bis 1. Reg 10 zwei

---

264 Dazu und zu 1. Reg 11 s. u. S. 130f.

265 S. 100–103. Graf weist u. a. auf 1. Reg 5,27ff. im Vergleich mit 1. Reg 9,15ff. hin.

266 So 1. Reg 6,1.37f.; 8,1f.

267 Dazu s. u. Anm. 290.

268 Bestandtheile, 99f. Die Zugehörigkeit von 1. Reg 1f. zum zweiten Samuelisbuch betonen schon J. J. Stähelin (LACTh 1838, 525f.; Untersuchungen, 1843, 131, 135) und H. Ewald (Geschichte 1,1, 1843, 220f.). F. Bleek nimmt immerhin an, daß der Verfasser der Königsbücher den Abschluß der Davidgeschichten vom Verfasser der Samuelisbücher übernommen und in 1. Reg 1f. überarbeitet habe (Einleitung, 360f.). O. Thenius dagegen lehnt alle derartigen Thesen ab (Könige, 1849, 1).

269 Vgl. nur 1. Reg 8,1ff. mit 2. Sam 7.

270 J. J. Stähelin, Untersuchungen, 1843, 102ff.

271 F. Bleek, Einleitung, 1860, 346f.

272 Stähelin unterscheidet dabei nicht zwischen den Erzählungen und dem Rahmen, während Bleek annimmt, daß der Jehovist ältere Stücke in sein Werk aufnahm.

273 1. Sam 3; 7,2–8,22; 10,17–12,25; „vielleicht" 14,47–52; 15; 17 z.T.; 18,1–8; „vielleicht" 18,12–19; 20; 26f.; 29f. (Untersuchungen, 113ff.).

274 S. die Übersicht bei F. Bleek, Einleitung, 1860, 349ff.

275 E. Bertheau, Richter, 1845, XXVIIf. Er wies auch darauf hin, daß die Geschichte der Richter erst mit 1. Sam 12 ihren Abschluß finde (Richter, XXVI).

Pentateuchquellen, nämlich der elohistische theokratische und der jehovistische prophetische Erzähler, nachzuweisen seien, und auf diese Weise die Einheit von Pentateuch und dem größten Teil der Prophetae priores sicherzustellen geglaubt.[276] Vorsichtiger urteilt Knobel bei einem Ausblick am Schluß seiner Hexateuchkommentierung. Er meint, daß die beiden von ihm postulierten Quellenwerke des Jehovisten, das Rechts- und das Kriegsbuch, die Grundlage für die Darstellung von Jdc 1 bis 1. Reg 11 bilden, der Jehovist hier selbst aber nicht mehr zur Sprache kommt. Seiner Meinung nach besteht die Zusammengehörigkeit also gerade in der Gemeinsamkeit der Quellen, nicht der der Bearbeitung.[277] Auf alle Fälle aber dürfte durch diesen Überblick deutlich werden, daß die Tendenz tatsächlich dahin ging, die Gemeinsamkeit der Darstellung von Gen 1 bis vorerst 1. Reg 10 bzw. 11 herauszuarbeiten. Gleichwohl ist ebenso klar erkennbar, daß Graf die Probleme besonders stark vereinfacht und auf diese Weise den gordischen Knoten, der hier noch vorlag, eher zerhauen als gelöst hat. Typisch dafür ist auch, daß er sich in diesem Zusammenhang hauptsächlich auf Stähelin stützen muß,[278] da dieser für das Richterbuch und große Teile des ersten Samuelisbuches eben ausdrücklich den Jehovisten verantwortlich macht. Gerade dessen Quellenanalyse, wonach der letztere mit dem Deuteronomiker identisch ist, wurde aber allgemein und auch von Graf selbst abgelehnt.[279] So mußte es doch entschieden als fragwürdig erscheinen, sich auf einen derartigen Kronzeugen, dessen Jehovist in Wirklichkeit ein sehr uneinheitliches und widersprüchliches Gebilde war, völlig zu verlassen.

c) Der Einbau des Deuteronomiums und die deuteronomistische
Bearbeitung in den Büchern Josua und der Könige

Bemerkenswerter und zum Teil auch von größeren Einfluß für die Folgezeit sind Grafs Ergebnisse bezüglich der Zusammenfügung des Deuteronomiums mit den übrigen Büchern des Pentateuch und der deuteronomistischen Bearbeitung der Prophetae priores. Was den ersteren Punkt betrifft, so war die Meinung, das Deuteronomium stelle eine Ergänzung des Pentateuch dar, noch weithin verbreitet.[280] Solange man daran festhielt, daß es die jüngste Pentateuchquelle sei, war diese Schlußfolgerung ohnehin naheliegend. Daneben wurde aber auch die Meinung vertreten, daß der Hauptteil des Deuteronomiums ursprünglich selb-

---

276 E. Schrader, in: W. M. L. de Wette, Lehrbuch, [8]1869, 327ff., 337ff., 349ff.
277 A. Knobel, Numeri, 1861, 561ff.
278 Bestandtheile, 97f.
279 Bestandtheile, 15, zu Stähelins Quellenanalyse s. o. Anm. 58 und 98.
280 Vgl. A. Knobel, Numeri, 1861, 580; F. Bleek, Einleitung, 1860, 310f.

ständig gewesen sei.[281] Der gleichen Überzeugung war Graf, für den ja
die priesterliche Gesetzgebung ihrerseits eine spätere Ergänzung zu den
älteren Quellen bildete. Für ihn ist Dtn 4,45–26,19; 28 ein ursprünglich
selbständiger, durch die Überschrift in 4,45 und die Abschlußformel
in 28,69 klar abgegrenzter Grundstock, der zu Josias Zeit zunächst allein aufgefunden wurde. Um ihn mit den bereits vorhandenen Teilen
des Pentateuch, also dem jehovistischen Werk, zu verbinden, kamen
die umrahmenden Stücke Dtn 1,1–4,44 und 29–34, die in ihm nicht vorausgesetzt sind, später hinzu.[282] Bei den Kapiteln Dtn 31–34 handelt es
sich nur um deuteronomistische Bearbeitung einer schon vorliegenden
jehovistischen Fassung;[283] die übrigen Stücke dagegen sind eine eigene
Darstellung, die teils auf den älteren Pentateuchquellen, teils auf anderen, nicht mehr erhaltenen Überlieferungen beruht.[284] Diese Auffassung
war bald nach Graf die herrschende, wobei er selbst oft als wichtiger
Kronzeuge angeführt wurde.[285]

---

281 Vgl. J. G. Vaihinger, der das Deuteronomium unter Hiskia entstehen läßt, die Kapitel
29f. aber erst unter Josia ansetzt, weil sie seiner Meinung nach dazu dienen sollen, das
Deuteronomium mit dem Gesamtpentateuch zu verbinden. Auch Teile der Kapitel
1–4 sind seiner Meinung nach nicht ursprünglich, sondern später, freilich noch vom
Deuteronomiker selbst, eingesetzt worden (Art. Pentateuch, 1859, 367). Auch George
ist der Auffassung, daß die Kapitel Dtn 29–34 später entstanden sind und die Kapitel
Dtn 1–28 eine Einheit für sich bilden (Feste, 1835, 24f.).
282 Bestandtheile, 6–8. Graf weist zugleich darauf hin, daß in diesen Stücken Schwan-
kungen zwischen Ortsangaben im Numeribuch und Dtn 4,45ff. ausgeglichen werden
sollen, was auch für späteres Hinzukommen spricht (Bestandtheile, 6, Anm. 1). Diese
Gedanken hat A. Klostermann übernommen (Lied Moses, 1871, 254ff.). – Dtn 27 ist
für Graf ein Einschub, der ursprünglich zum jehovistischen Werk gehörte. Vgl. dazu
schon Bleek, der V. 1–8 (Einleitung, 309), und Knobel, der V. 4–7a als jehovistisch
erklärt (Numeri, 1861, z. St.). Graf betont demgegenüber, daß auch Dtn 27,11ff. Gebote enthalte, die im Grundstock des Deuteronomiums gar nicht erwähnt sind und
umgekehrt (Bestandtheile, 8). Eine stärkere Differenzierung wird dann bei A. Kayser
vorgenommen (Urgeschichte Israels, 1874, 101f.).
283 Bestandtheile, 8. Siehe dazu schon W. M. L. de Wette, Lehrbuch, [6]1845, 209f., und dann
ausdrücklich bei H. Ewald, Geschichte I, [2]1851, 164ff. Genauere Quellenscheidung bei
A. Knobel, Numeri, 1861, 318 und in der Tabelle S. 605. Getreu seiner Zielsetzung geht
Graf nicht auf die Vorgeschichte dieser Kapitel ein.
284 Bestandtheile, 16–19. Graf nimmt damit eine Mittelstellung ein zwischen H. Ewald auf
der einen Seite, der die Benutzung fremder Quellen sehr stark betont (Geschichte I,
[2]1851, 168f.), und W. M. L. de Wette, 5. Mose 1–3, 1830, 353–357) und A. Knobel (Numeri,
206) auf der anderen Seite, die die Abweichungen von den Pentateuchquellen allein
auf freie deuteronomistische Ausgestaltung zurückführen. Das gleiche gilt übrigens
auch für die Einleitung zum Grundstock des Deuteronomiums (4,45–11,32), weshalb
er sie und die umrahmenden Stücke nicht allzu stark voneinander trennen möchte
(Bestandtheile, 8–16), zumal er ja alles auf den Deuteronomiker selbst zurückführt
(dazu s. u.).
285 So bei E. Schrader in: W. M. L. de Wette, Lehrbuch, [8]1869, 323f., A. Klostermann, Lied
Moses, 1871, 253, A. Kayser, Stand, 1881, 529.

Eine deuteronomistische Bearbeitung wie im Falle der Kapitel Dtn 31–34 wurde bereits vor Graf auch für das Buch Josua und die Königsbücher angenommen, wobei die letzteren als ein überhaupt erst von deuteronomistischer Hand auf Grund älterer Quellen zusammengestelltes Werk galten.[286] Dem konnte sich Graf einfach anschließen.[287] Offen war nur noch die Frage, ob die Königsbücher wenigstens ab 1. Reg 3 ganz einheitlich gestaltet sind oder dies erst ab 1. Reg 12 der Fall ist, da bis dahin noch die älteren Pentateuchquellen zu beobachten seien. Graf entschied sich – wie wir schon sahen[288] – für das letztere, sah aber bereits in der kritischen Beurteilung Salomos in 1. Reg 11 durch und durch deuteronomistische Theologie und trennte es von den vorangehenden Kapiteln.[289] Die in diesen letzteren vorkommenden deuteronomistischen Passus sind dann folgerichtig nur Zeichen einer Bearbeitung der bereits vorliegenden jehovistischen Fassung wie im Josuabuch.[290] Dagegen lehnt er eine deuteronomistische Bearbeitung im Richterbuch, wie sie Ewald vertrat,[291] ausdrücklich ab.[292] Dies war auch sonst die herrschende Auffassung[293] und dürfte bei ihm darüber hinaus durch sein Bild vom Jehovisten bedingt sein, da er diesem als einem reinen Bearbeiter den Rahmen des Richterbuches zuschreiben mußte, so daß für eine deuteronomistische Hand kein Raum mehr blieb.[294]

So ist Graf bezüglich der Eingliederung des Deuteronomiums und der deuteronomistischen Bearbeitung entschieden kein Außenseiter in der Forschung seiner Zeit, sondern übernimmt und verarbeitet im großen und ganzen Ergebnisse, die sich ihm hauptsächlich in den Werken der vermittelnden Richtung anboten. Nur in einer Hinsicht tritt seine Eigenart stärker hervor, nämlich darin, daß er energisch sowohl den Rahmen des Deuteronomiums wie die gesamte deuteronomistische Arbeit an

---

286 Für Josua s. nur die Tabelle bei A. Knobel, Numeri, 1861, 605f. Zum deuteronomistischen Charakter der Königsbücher und ihren Quellen vgl. F. Bleek, Einleitung, 1860, 356ff.

287 Bestandtheile, 96, 100ff.

288 S. o. S. 127f.

289 Bestandtheile, 104f. Dies hat E. Schrader übernommen (in: W. M. L. de Wette, Lehrbuch, [8]1869, 349f.). Vgl. dagegen A. Kuenen, der zwar 1. Reg 11,1–13.29–39 als deuteronomistisch betrachtet, das Kapitel als solches aber zu 1. Reg 3ff. rechnet (Einleitung 1,2, 1890, 71ff.) Diese Auffassung hat sich auch allgemein durchgesetzt.

290 Es handelt sich um 1. Reg 2,3f.; 3,4ff.; 8,27–64; 9,1–6. Vgl. dazu schon A. Knobel, Numeri, 1861, 579.

291 Geschichte I, [2]1851, 213ff., sehr vorsichtig auch E. Bertheau, Richter, 1845, 59.

292 Bestandtheile, 109, Anm. 1.

293 Vgl. F. Bleek, Einleitung, 1860, 348f., Knobel, Numeri, 1861, 579.

294 Daß ein solches Postulat im Spiele ist, dürfte die kaum sehr überzeugende Argumentation, daß der Jehovist dem Deuteronomium sehr ähnlich sei, erkennen lassen, wobei er sich bezeichnenderweise wieder auf den sonst abgelehnten Stähelin bezieht (zu diesem s. o. S. 127). Aus dem gleichen Grund kommen für ihn natürlich auch keine deuteronomistischen Passus in den Samuelisbüchern in Betracht.

den Büchern Josua und Könige dem gleichen Verfasser wie dem von Dtn 4,45–26,19; 28 zuschreibt, m.a.W., alles auf den Deuteronomiker selbst zurückführt.[295] Dieser hat demnach ursprünglich nur den soeben genannten Grundstock verfaßt, ihn aber später, nämlich in der Anfangszeit des Exils, ergänzt und mit dem jehovistischen Werk in Verbindung gebracht. Freilich muß ihm dann die Notiz 2. Reg 25,27–30 abgesprochen werden, da er das da berichtete Ereignis unter keinen Umständen mehr erlebt haben kann. Graf sieht in ihr einen späteren, mit dem Gesamtwerk in keiner engeren Verbindung stehenden Zusatz, der sich auch als Abschluß wenig eignet.[296] Hier zeigt sich wieder deutlich das Bestreben, die literarkritischen Probleme zu vereinfachen und beim Aufbau der alttestamentlichen Bücher mit wenigen Schichten auszukommen. Schon vor ihm hatte man stärker differenziert.[297] Ihm selbst schloß sich zwar Schrader an, aber sogar Kayser, der sonst sehr nachdrücklich für ihn eintritt, betont schon 1874, daß es nicht zwingend sei, den Deuteronomiker für alle deuteronomistischen Stücke verantwortlich zu machen.[298] Durch weitere Untersuchungen wurde bald deutlich, daß sowohl Dtn 1,1–4,44; 29–34 als auch die deuteronomistischen Partien im Buch Josua nicht vom Deuteronomiker stammen können und ihm damit auch die Abfassung der Königsbücher abgesprochen werden muß.[299]

Wieder also zeigt ein Blick auf die zeitgenössische und die unmittelbar darauf folgende Literatur, daß Graf auf rein quellenkritischen Gebiet zu stark vereinfachend vorgegangen ist. Das schließt richtige und wesentliche Einzelergebnisse nicht aus und muß auch – wie bei dem zuletzt behandelten Problem festzustellen war – nicht immer zu tiefgreifenden Abweichungen von der herrschenden Ansicht führen. Aber die Tatsache als solche bleibt doch bestehen und wird obendrein noch besonders unterstrichen, wenn man bedenkt, daß Graf weiterhin an der Identität des Deuteronomikers mit dem Propheten Jeremia festhält. Er klammert diese Frage zwar ausdrücklich in einer Anmerkung aus seinen

---

295 Vgl. Bestandtheile, 6, 109f.
296 Bestandtheile, 110. Auch 2. Reg 25,22–26 ist seiner Auffassung nach aus Jer 40–43 entlehnt und späterer Zusatz. Das Werk des Deuteronomikers schließt also mit 2. Reg 25,21 und ist möglicherweise unvollendet.
297 So hatten F. Bleek (Einleitung, 1860, 324, 369) und A. Knobel (Numeri, 1861, 579f.) zwar die deuteronomistischen Teile des Buches Josua dem Deuteronomiker selbst, die Königsbücher dagegen einem anderen zugeschrieben. Darüber hinausgehend hatte Ewald bei den Prophetae priores sogar zwei deuteronomistische Bearbeitungen, die er beide vom Deuteronomiker trennte, angenommen (s. die Übersicht bei F. Bleek, Einleitung, 1860, 351, Anm.).
298 E. Schrader, in: W. M. L. de Wette, Lehrbuch, [8]1869, 323. Er sieht den Deuteronomiker allerdings auch in den Büchern Richter und Samuelis am Werk (328, 338). A. Kayser, Urgeschichte, 1874, 156.
299 S. die Übersicht bei A. Kayser, Pentateuchfrage, 1881, 529f. Auf weitere Einzelheiten, etwa bezüglich zweier deuteronomistischer Redaktionen, ist hier nicht einzugehen.

Untersuchungen aus[300] und geht auch nie in seinem Text auf sie ein, läßt aber andererseits – wie schon im Jeremiakommentar[301] – deutlich genug durchblicken, in welcher Weise er sie beantwortet wissen möchte. Es muß darauf an anderer Stelle genauer eingegangen werden.[302] Für den vorliegenden Zusammenhang ist aber wichtig zu wissen, daß Graf die deuteronomistische Bearbeitung quellenmäßig in Wirklichkeit in einem erheblich größeren Rahmen sieht, als es die Erörterungen im einzelnen erkennen lassen, und damit tritt auch hier die für ihn charakteristische Schwäche, in quellenkritischen Fragen zu stark zu vereinfachen und bestehende Differenzierungen zu übersehen bzw. zu leicht zu nehmen, genügend ins Licht.

3.2.3.5. Das Hauptwerk als erste und vorläufige Synthese der zeitgenössischen Forschung

Versucht man die bei den einzelnen Komplexen erzielten Ergebnisse Grafs zusammenzufassen, um zu einem abschließenden Urteil zu gelangen, dann hat man zunächst einen sehr zwiespältigen Eindruck. Einerseits wird seine bei den schon vorher besprochenen Arbeiten beobachtete Fähigkeit, Einzelaussagen über kultische Zustände richtig zu interpretieren und einzuordnen, bestätigt. Zweifellos liegt auf diesem Gebiet seine besondere Stärke, so daß er hier als wirklicher Meister gelten kann. Andererseits hat er bei der Abgrenzung und Differenzierung literarischer Schichten deutliche Fehlgriffe getan. Wie sich schon bei seiner Licentiatendissertation von 1842 und auch bei dem unbefriedigenden Hauptergebnis der Studie über Jdc 18,30f. zeigte, mangelt es ihm auf diesem Gebiet an dem nötigen Scharfsinn, der für die diffizile literarkritische Arbeit nun eben nötig ist.

Dieser Zwiespalt ist bereits kurz nach Erscheinen des Werkes hervorgehoben und kritisiert worden. Besonders klar hat dies A. Merx in seinem Nachwort zur zweiten Auflage von Tuchs Genesiskommentar zum Ausdruck gebracht. Er schreibt: „Die Stärke der Graf'schen Position liegt auf der historisch antiquarischen Seite, ihre Schwäche auf der litterarhistorischen auch abgesehen von dem vorläufigen Beharren auf der Ergänzungshypothese".[303] Da er nun wenige Seiten vorher ausführt, daß Graf die „antiquarische Betrachtungsweise" als eigentlichen „Hebel der Kritik" benutze, während demgegenüber die „litterarhistorische" „subsidiär" werde,[304] so scheint das Urteil berechtigt, daß Graf speziell auf

---

300 Bestandtheile, 110, Anm. 1.
301 Vgl. auch Briefwechsel, 564.
302 S. u. S. 172f.
303 F. Tuch, Genesis, ²1871, CVI.
304 F. Tuch, Genesis, ²1871, CII.

diesem Gebiet bleibende Ergebnisse erzielt hat. Das hat dann zur Folge, daß die Ergebnisse seiner quellenkritischen Arbeit nur noch teilweise von positivem Interesse sind, im übrigen aber hauptsächlich der Erklärung dienen, weshalb das Werk trotz seiner unbestreitbaren Vorzüge zunächst mehr Gegner als Befürworter fand und erst nach und nach von breiteren Kreisen richtig eingeschätzt wurde.

Ein solches Urteil ist jedoch fragwürdig. Denn es ist kaum angängig, diese zwei von Graf angewandten Methoden, die „historisch antiquarische" und die „litterarhistorische", völlig getrennt zu betrachten, ohne sich über eine innere Verbindung beider, über die „tragende Mitte" bei Grafs Vorgehen, Klarheit zu verschaffen. Mit anderen Worten, eine Beurteilung muß in erster Linie berücksichtigen, welcher Intention Graf folgt und welche Rolle diese beiden Methoden dabei zu spielen haben.

Dabei ist von der Beobachtung auszugehen, daß Graf trotz seiner eindeutigen Parteinahme für die streng kritische Forschung verschiedentlich Ergebnisse vermittelnder Forscher verarbeitet und von da aus die Auffassung der ersteren ergänzt oder korrigiert. Hingewiesen sei nur auf die Ausführungen bezüglich der Differenzierung innerhalb der priesterlichen Gesetze im Zusammenhang mit dem dritten Komplex sowie Grafs Stellung zur Frage der Existenz und des Umfangs vordeuteronomischer Gesetze innerhalb des ersten Komplexes.[305] Darüber hinaus war im Vorangehenden immer wieder zu bemerken, wie er die Schwierigkeiten, die bei der Exegese der Letztgenannten auftauchten, zum Anlaß nimmt, um ihnen gegenüber die ungleich größere Klarheit und Exaktheit seiner Position zu demonstrieren. Er knüpft also ständig an sie an, zwar in der Mehrzahl der Fälle, um sie zu widerlegen, aber doch so, daß er sie ernst nimmt und ihre Ergebnisse sorgfältig überprüft.

Diese Beobachtung läßt erkennen, daß er ein deutliches Empfinden dafür hatte, wie nahe sich die beiden Richtungen in der Forschung seiner Zeit, die streng kritische und die zwischen dieser und den rein Konservativen vermittelnde, inzwischen gekommen waren, und daß er sich bemühte, beiden gerecht zu werden, um so eine breite und sichere Basis für seine Gesamtschau zu gewinnen. Das bedeutet aber nichts anderes, als daß er um Koordinierung und Ausgleich beider bemüht war, also einer Synthese zustrebte, die ausgewogen war und Einseitigkeiten, wie sie die bisherige Forschung jeweils an verschiedenen, aber darunter grundlegend wichtigen Punkten aufwies, vermied.

Geht man von dieser Überlegung aus, dann liegt die entscheidende Bedeutung des vorliegenden Werkes darin, daß Graf ein zusammenhängendes Bild von der Entstehung der Gesetze und der literarischen Schichten von Pentateuch und Prophetae priores überhaupt vermittelt

---

305 S. o. S. 94ff., 114ff.

und sich nicht damit begnügt, nur neue Argumente für die Richtigkeit der Position der kritischen Forschung beizubringen. Natürlich ist es ein z. T. nur in groben Zügen gezeichnetes Bild, das aber um so deutlicher die wichtigsten Etappen in der Entwicklung der soeben genannten Institutionen hervortreten läßt[306] und doch auch – wenigstens bei den priesterlichen Gesetzen – der inneren Vielschichtigkeit Rechnung trägt. Daß für diesen Zweck seine literarkritischen Untersuchungen unerläßlich sind, ist nun evident. Es geht dabei nicht nur um solche Partien, die zu bleibenden Ergebnissen geführt haben, sondern ganz ebenso um die, die in ihrem Ertrag als noch unausgeglichen und unbefriedigend erscheinen mußten. Denn sie alle tragen zu dem Gesamtbild bei. Auch die Ausführungen über die Prophetae priores des vierten Komplexes sind durchaus einbegriffen. Dienen sie doch dazu, die am Pentateuch ersichtlichen Etappen der Entwicklung mit den entsprechenden Aussagen in diesen Büchern und deren Quellenschichten in Korrelation zu bringen. Gerade auch sie sind für eine zusammenhängende Schau der Entwicklung unerläßlich.

Das Urteil über Grafs Hauptwerk kann daher im ganzen nur günstig ausfallen. Zwar ist das Graf vorschwebende Ziel keineswegs schon erreicht. Aber die Methoden und Wege, dahin zu gelangen, hat er überzeugend dargetan. Mit anderen Worten, er hat die Möglichkeit einer Synthese der Forschungsrichtungen erwiesen und damit der weiteren Arbeit am Alten Testament überhaupt einen entscheidenden Impuls gegeben. Nur unter diesem Aspekt wird denn auch verständlich, weshalb diese knappe Arbeit, die nur den Umfang eines längeren Aufsatzes hat sowie alles andere als brillant geschrieben ist und außerdem stellenweise vereinfacht und verzeichnet, ein epochemachendes Werk geworden ist und die darin vertretene Position lange als „Grafsche Hypothese" bezeichnet wurde. Das konnte nur geschehen, weil hier ein Gesamtaufriß auf der Grundlage der kritischen Forschung, aber in Auseinandersetzung mit der wichtigsten einschlägigen Literatur korrigiert und ergänzt und deshalb gelungener als bei seinen Vorgängern, vorlag. Mit diesen Vorzügen war er als eine neue Ausgangsbasis für die weitere Forschung bestens geeignet. Man kann ihn auch als eine Art „Zwischenbilanz" bezeichnen, muß dabei aber Grafs selbständige Leistung, wie sie bei diesem schwierigen Gebiet vonnöten war, genügend in Rechnung stellen. Von ihr aus gesehen behält der Name „Graf'sche Hypothese" ein relatives Recht, obgleich es sonst üblich ist, eine derartige These möglichst nach dem zu benennen, der sie aufgestellt und als erster vertreten hat.[307]

---

306 S. nur den Überblick o. S. 106f.
307 Für eine Selbständigkeit Grafs „innerhalb der Schranken, die ihm die grundsätzliche Spätdatierung der Gesetze durch Reuss gesetzt hat", ist auch S. R. Külling mit

Was die Unvollkommenheiten der Arbeit betrifft, so ist natürlich in Rechnung zu stellen, daß Graf unter den gegebenen Umständen in Meißen nicht die Kraft und Zeit gehabt hat, sie allseitig abzurunden. Unter günstigeren Umständen und bei einem noch längeren Leben hätte er hier sicher noch manches aufarbeiten können. Die allzu großflächige Behandlung der quellenkritischen Probleme im vierten Komplex ist allerdings nicht nur aus den äußeren Umständen zu erklären. Hier handelt es sich vielmehr um eine prinzipielle Schwäche seiner Methodik, die bei seinem Jeremiakommentar besonders offenkundig ist und auf die daher bei dessen Behandlung noch einmal eingegangen werden muß.[308] Aber unbeschadet der verbliebenen Mängel war die Arbeit doch so gewichtig, daß sie der weiteren Forschung den Weg weisen konnte.

3.2.4. Die nachträgliche Korrektur am Hauptwerk

Das unbefriedigende Ergebnis seines Hauptwerkes auf quellenkritischem Gebiet hat Graf wenige Jahre später in einem ebenfalls sehr bekannt gewordenen Aufsatz teilweise zu korrigieren versucht.[309] Dies ist auf die Kritik, die er von verschiedenen Seiten erfuhr, zurückzuführen. Bereits unmittelbar nach Erscheinen des Werkes hatte Kuenen ihm brieflich seine Bedenken über die Zerreißung der Grundschrift in ältere Erzählungen und jüngere Gesetze mitgeteilt.[310] Graf hatte ihm daraufhin in einem französisch geschriebenen Brief vom 12. November 1866 geantwortet, daß er diese Bedenken anerkenne und in Kuenens Annahme, auch die Erzählungen der Grundschrift seien erst nach dem Jehovisten entstanden, eine für ihn überraschende und völlig neue Lösung dieses Problems

---

Nachdruck eingetreten (Datierung, 1964, 5ff., obiges Zitat: 8). Er beruft sich freilich hauptsächlich auf Äußerungen von Graf und Reuß im Briefwechsel sowie von P. de Lagarde (Mittheilungen I, 1884, 198ff.) und geht auf Grafs Hauptwerk selbst nicht näher ein. Dadurch kommt dessen Abhängigkeitsverhältnis zu der kritischen Forschung einerseits und der zwischen dieser und der streng konservativen vermittelnden Forschung andererseits nicht klar zum Ausdruck. Auch bei dem Überblick über die kritische Forschung von de Wette bis Graf, den er auf S. 21–42 gibt, fehlen exaktere Ausführungen darüber, wie Graf durch die vor ihm liegende Forschung im einzelnen beeinflußt worden ist. Allerdings liegt Küllings eigentliches Interesse auf den priester- schriftlichen Stücken der Genesis und damit nicht auf Grafs Hauptwerk, sondern auf dessen nachträglicher Korrektur zu diesem, die im nächsten Abschnitt zu behandeln ist (zu Külling s. da die Anm. 338).

308 S. besonders o. S. 118ff.

309 K. H. Graf, Die s. g. Grundschrift des Pentateuchs, in: Archiv für wissenschaftliche Erforschung des Alten Testaments, hg. A. Merx, Bd. 1, 1869, 466–477.

310 A. Kuenen, Critische bijdragen, 1870, 411ff., etwas gekürzt übersetzt bei F. Bleek – J. Wellhausen, Einleitung, [5]1886, 618f. Den Hauptinhalt des Briefes, der übrigens eine Antwort auf die Übersendung der Studie über den Stamm Simeon von seiten Grafs ist, erwähnt dieser auch in einem Brief an Reuß (Briefwechsel, 575).

sehe. Er wolle sich nun bemühen, unter diesem Gesichtspunkt zu einer „conviction raisonnée" zu gelangen.[311]

In der Folgezeit hat vor allem die Rezension seines Werkes durch Riehm[312] dazu beigetragen, daß er sich ernsthaft mit dem für die neuere Urkundenhypothese grundlegenden Werke Hupfelds,[313] sowie dem sie ergänzenden von Schrader[314] und dem speziell der Grundschrift gewidmeten von Nöldeke[315] auseinandergesetzt hat. Das Ergebnis war, daß er, hauptsächlich unter dem Eindruck der Argumente Hupfelds, die Vorstellung vom Jehovisten als einem reinen Ergänzer und Überarbeiter der Grundschrift aufgab und ihn stattdessen als selbständigen, insbesondere von der Grundschrift unabhängigen Erzähler anerkannte.[316] Damit aber fiel der Zwang weg, die Erzählungen der Grundschrift als angebliche Grundlage des jehovistischen Werkes an den Anfang der literarischen Entwicklung des Pentateuch zu stellen und von den nachexilischen Gesetzen zu trennen. Graf kehrt vielmehr wie bei den letzteren die traditionelle Reihenfolge um, so daß nun die Grundschrift in ihrer Gesamtheit den Beschluß des sich durch Jahrhunderte hindurch vollziehenden Prozesses der Sammlung und Bearbeitung des pentateuchischen Materials bildet. Damit war ein klares Bild von der Schichtung der Quellen erzielt und der stärkste Anstoß, den das Ergebnis des Hauptwerkes erregen mußte, beseitigt.

Freilich darf nicht verkannt werden – und das ist für die Beurteilung des vorliegenden Aufsatzes das eigentlich Wichtige –, daß sich Graf trotz der Konzessionen an Hupfeld und seine Anhänger nicht auf den Boden der neueren Urkundenhypothese gestellt hat. Denn seiner Meinung nach kann nun die Grundschrift nur noch als eine Ergänzung

---

311 A. Kuenen, Critische bijdragen, 1870, 412, vgl. F. Bleek – J. Wellhausen, Einleitung, [5]1886, 619.

312 E. Riehm, ThStKr 41 (1868), 350–379

313 H. Hupfeld, Quellen, 1853. Unbekannt war Graf das Werk freilich nicht gewesen, denn bereits in seinem Buch über den Segen Mose's von 1857 hat er den Gottesnamen unter ausdrücklicher Berufung auf Hupfeld nicht mehr Jehova, sondern Jhvh geschrieben (Quellen, 5). Aber eine wirkliche Auseinandersetzung hatte bislang gefehlt. Vgl. zu Hupfeld und seinem Verhältnis zu Riehm bes. O. Kaiser, Reaktion, 2005, 213–231.

314 E. Schrader, Studien, 1863. Wichtig ist hier vor allem die letzte der drei darin enthaltenen Abhandlungen: Die sogenannten jahwistischen Abschnitte der biblischen Urgeschichte Gen. c. 1–11 in ihrem Verhältnisse zueinander von Neuem untersucht, 115–169.

315 Th. Nöldeke, Die s.g. Grundschrift des Pentateuchs, in: Ders., Untersuchungen, 1869, 1–144.

316 Hupfelds zweiten Elohisten erwähnt er nur kurz und nimmt wie dieser an, daß der Jehovist ihn als Quelle benutzt und mit seinem eigenen Werk verschmolzen hat (Grundschrift des Pentateuchs, 468). Das jehovistische Werk ist für ihn also auch bei dieser Sicht gleichbedeutend mit der vordeuteronomischen Gestalt des Pentateuch. Zur zeitgenössischen Diskussion über das Verhältnis beider Quellen und ihre Zusammenarbeit siehe den Überblick bei A. Kayser, Stand, 1881, 522ff.

und Überarbeitung des ihr vorliegenden jehovistischen Werkes betrachtet werden. Er glaubt, dafür schon allein geltend machen zu können, daß sie auf längere Strecken hin nur aus abgerissenen Notizen bestehe und diese einen durchlaufenden Zusammenhang nicht erkennen ließen, infolgedessen die Rekonstruktion eines solchen auch nicht nahelegen.[317] Vor allem aber bemüht er sich, an einigen Beispielen zu demonstrieren, daß sie sich unmittelbar an das ihr vorliegende jehovistische Werk angeschlossen haben müsse, da die ihr zuzurechnenden Passagen sonst in der Luft hingen und unverständlich blieben.[318] Das bedeutet aber, daß hier in Wirklichkeit die alte Ergänzungshypothese in reiner Form, nur unter umgekehrten Vorzeichen, erneuert worden ist.[319] Die Grundlage bildet jetzt eben der Jehovist, während die wieder als Einheit betrachtete Grundschrift, die bisher von diesem gespielte Rolle übernehmen muß. Das hat zur Folge, daß die letztere nun nicht mehr als ursprünglich selbständig und als alleinige Grundlage der Gesetzesverpflichtung Neh 8f. gelten kann, wie das Graf in seinem Hauptwerk angenommen hatte.[320] Vielmehr muß jetzt zwangsläufig der durch sie vervollständigte ganze Pentateuch das dort genannte Gesetzbuch bilden,[321] eine Meinung, die freilich auch unabhängig von der hier genannten Voraussetzung in der Folgezeit vertreten wurde.[322] Für Graf aber ist jedenfalls festzuhalten, daß das korrigierte Gesamtbild nur um so eindrücklicher zeigt, wie unbeirrbar er an dem einmal übernommenen Schema vom Charakter der Pentateuchquellen und der Art ihrer Zusammenarbeit festgehalten hat und paradoxerweise gerade durch Aufnahme eines Teilaspektes der neueren Urkundenhypothese zu einem eindeutigeren Standpunkt in dieser Hinsicht gelangt ist.

---

317 Er beruft sich dabei am häufigsten auf Nöldeke, der, um den Charakter der Grundschrift als einer durchlaufenden Quelle zu erweisen, Lücken bzw. Versetzungen zugunsten der anderen Quellen annehmen muß, ersteres beispielsweise bei der Josephsgeschichte, wo in den Kapiteln Gen 37–45 von der Grundschrift nur noch der Anfang in 37,1 sowie die Überschrift in 37,2 übriggeblieben sei (Th. Nöldeke, Untersuchungen, 1869, 31f.; K. H. Graf, Grundschrift des Pentateuchs, 472), letzteres bezüglich des isolierten Verses Gen 19,29, der sich ursprünglich an Gen 13,12 angeschlossen haben müsse (Th. Nöldeke, Untersuchungen, 21; K.H. Graf, Grundschrift des Pentateuchs, 471).

318 Er nennt u. a. die Notiz Gen 12,4b, die V. 1–4a zwangsläufig voraussetze (Grundschrift des Pentateuchs, 471), und Num 16, wo evident sei, daß die das Priestertum betreffenden Elemente deutlich keine Selbständigkeit aufweisen (Grundschrift des Pentateuchs, 473f., er hatte das in seinem Hauptwerk näher ausgeführt, Die geschichtlichen Bücher, 89f.).

319 Kayser spricht denn auch direkt von der „umgekehrten Ergänzungshypothese" (A. Kayser, Stand, 1881, 536).

320 S. o. S. 122f.

321 Grundschrift des Pentateuchs, 476.

322 Vgl. die Übersicht bei A. Kayser, Stand, 1881, 534ff.

Wie ist diese Entscheidung Grafs, die für sich betrachtet fraglos keinen Fortschritt in der Geschichte der Pentateuchkritik darstellt, zu beurteilen und in seine Gesamtanschauung einzuordnen? Zweifellos wäre es falsch, ihm den Vorwurf zu machen, er wäre nur auf Grund eines reinen Vorurteils zu solchen Schlüssen gelangt. Es muß nämlich berücksichtigt werden, daß die Position Hupfelds, Schraders und Nöldekes dem Gesamtkomplex durchaus nicht in allen Punkten gerecht wurde und dies gerade Graf besonders empfinden mußte. Bezüglich der Gesetzesmaterialien nämlich stellt zwar auch Nöldeke verschiedentlich Unebenheiten und Widersprüche fest, so daß mit späterer Überarbeitung gerechnet werden muß,[323] und umgekehrt nimmt er an, daß der Verfasser der Grundschrift in Lev 18–20 eine ältere Gesetzessammlung benutzt hat.[324] Im ganzen aber ist er darauf bedacht, die Einheit und Geschlossenheit dieser durchlaufenden Quellenschrift zu erweisen und kleinere Differenzen auf eine nicht ganz gleichmäßige Arbeitsweise bei ein und demselben Autor zurückzuführen.[325] Um dieser Einheit willen wiederum wird dann ein größeres Stück wie Num 28f., das sich an seinem Platze und auch wegen seines Widerspruchs zu Lev 23 nicht recht einfügen will, als nicht vom Autor der Grundschrift herrührender, späterer Nachtrag ausgeschieden.[326]

Damit ist Nöldeke, der die Grundschrift durch den ganzen Hexateuch hindurch verfolgt, ein gutes Beispiel dafür, wie unter dem Blickwinkel der Urkundenhypothese die Vielschichtigkeit, die gerade diese Quelle aufweist, nicht genügend zur Geltung kommt und von da aus ihr Charakter doch wieder verkannt wird. Das dürfte denn auch der eigentliche Grund sein, weshalb Graf zu einer neuen Form der Ergänzungshypothese gelangte, weil er nur so der Tatsache der Zusammengesetztheit und der Sammlung verschiedenartiger Materialien, wie sie besonders in den gesetzlichen Partien deutlich hervortritt, gerecht zu werden glaubte.[327]

---

323 So ist auch für ihn das mit Num 4,21ff. im Widerspruch stehende Stück Num 8,23–26 späterer Zusatz im Geiste der Grundschrift (Th. Nöldeke, Untersuchungen, 1869, 72).

324 Th. Nöldeke, Untersuchungen, 1869, 62ff.

325 Dies ist besonders deutlich in Auseinandersetzung mit Popper bezüglich des Verhältnisses von Ex 25ff. zu Ex 35ff. (Th Nöldeke, Untersuchungen, 1869, 57ff., zu Popper s. o. Anm. 187 und S. 117). Vgl. weiter seine Ausführungen zum Leviticus, bei dem er nur die Kapitel 18–20 (s.o.) als Bearbeitung einer älteren Quelle und Kap. 26 als exilisch und damit – bei seiner Frühansetzung der Grundschrift – als späten Nachtrag heraushebt (Untersuchungen, 61ff.).

326 Th. Nöldeke, Untersuchungen, 1869, 89f. Dies wurde auch von anderen angenommen, aber nicht mit dieser einfachen und einseitigen Beweisführung, vgl. A. Dillmann, Numeri, ²1886, 181; A. Kuenen, Einleitung 1,1, 1887, 95.

327 Daß Graf auch nicht völlig fehlgriff, wenn er bei den erzählenden Partien eine ergänzende Überarbeitung, die nicht einfach mit einem anderen Quellenfaden zu erklären ist, annahm, zeigt das Beispiel von Num 16, das Nöldeke auf zwei Quellen aufteilt (Untersuchungen, 78ff.), während beispielsweise Kuenen die Identifizierung von An-

Hier tut sich also ein grundsätzliches Dilemma zwischen Urkunden-
und Ergänzungshypothese auf, das bereits A. Merx beobachtet[328] und in
späterer Zeit vor allem O. Eißfeldt nachdrücklich hervorgehoben hat.[329]
Während nämlich die Ergänzungshypothese der Selbständigkeit der
einzelnen Quellenfäden nicht gerecht wird, trägt die reine Urkundenhypothese deren komplexen Charakter zu wenig Rechnung, und das wirkt
sich eben besonders bei den priesterschriftlichen Gesetzen sehr nachteilig
aus. Die Versuche der Folgezeit, dieses Dilemma durch die Annahme
mehrerer Bearbeitungsschichten bei den Hauptquellen zu lösen, lassen
nur um so stärker die hier bestehende Schwierigkeit hervortreten.

Insofern ist auch Grafs Entscheidung durchaus nicht völlig abwegig.
Sie ist aber deshalb so unbefriedigend, weil er für die Annahme parallel
durchlaufender Quellenfäden einfach kein Verständnis aufbringen konnte. Auch der Jehovist war für ihn jedenfalls zu einem beträchtlichen Teil
Bearbeiter geblieben, da ihm ja die Einarbeitung des zweiten Elohisten,
den Graf sicher nicht zufällig nur einmal am Rande erwähnt, in sein
Werk zugeschrieben wird.[330] So hat er auch kein Verständnis für den
besonderen Charakter der in der Grundschrift enthaltenen erzählerischen
Teile, wie ihn Nöldeke überzeugend genug umschrieben hatte,[331] aufbringen können. Die Tatsache eines streckenweise so dünnen Quellenfadens
wurde für ihn an sich schon zu einem Beweis für dessen von vornherein
gegebene Lückenhaftigkeit und Unselbständigkeit. So übersah er den
klaren Aufbau und inneren Zusammenhang und stempelte verstreut
stehende Notizen voreilig zu rein ergänzenden Zusätzen, z. T. ohne jede
nähere Begründung[332] bzw. mit einer überspitzten Argumentation, die

hängern Korahs speziell mit Leviten als zu den zwei Quellen noch hinzukommende
Ergänzung betrachtet und damit Grafs Auffassung immerhin teilweise rechtfertigt
(Einleitung 1,1, 1887, 320).

328 In: F. Tuch, Genesis, [2]1871, CXVf.
329 O. Eißfeldt, Einleitung, [3]1964, 237ff.
330 S. o. Anm. 316.
331 Vgl. nur Th. Nöldeke, Untersuchungen, 1869, 108f.
332 So wird einfach apodiktisch behauptet, daß Gen 12,4b das jehovistische Stück 12,1–
4a voraussetze (Grundschrift des Pentateuchs, 471). Dies mag noch eine Stelle sein,
die auch Späteren besondere Überlegungen nötig machte. Vgl. E. Riehm, der V. 4b
hinter V. 5 setzen möchte (Grundschrift, 1872, 291), A. Dillmann, der sich mit anderen
darüber einig ist, daß vor V. 4b eine eigene Überschrift der Grundschrift ausgefallen sei
(Genesis, [3]1875, 231), J. Wellhausen, der darüber hinaus erwägt, ob die jahwistischen
Verse einen Auszugsbefehl an Abraham vor V. 4b verdrängt haben (Composition,
[2]1889, 17). Dagegen scheint Graf den ergänzenden Charakter von Gen 19,29 einfach
daraus zu schließen, daß dieser Vers am besten nach Gen 13,12 passe und andere Stück
aus der Grundschrift wie 16,1.3.15f.; 17 störend dazwischen stünden (Grundschrift des
Pentateuchs, 471). Demgegenüber kann Riehm mit Recht fragen, was denn wirklich
gegen die Annahme einer Versetzung spreche und was für Sinn es haben könne, wenn
ein Späterer diesen Vers als reine Ergänzung an den ausführlichen jehovistischen
Bericht angefügt hätte (Grundschrift, 1872, 291).

seinen Standpunkt von vornherein fragwürdig machen mußte.[333] Auch an wirklich strittigen Stellen konnte er bei dieser Haltung nur einseitige Urteile fällen.[334]

Hier fehlt also eine wirklich klare Auseinandersetzung, bei der Berechtigung und Fehler der anderen Position gleichermaßen zur Geltung kommen. So war es kein Wunder, wenn Anhänger der neueren Urkundenhypothese wie Riehm angesichts dieser Schwäche nur darin bestärkt wurden, die „Grafsche Hypothese" weiterhin abzulehnen und ihr die alten Argumente der vermittelnden Richtung erneut vorhielten.[335] Weit wichtiger ist aber, daß sich Graf bezüglich der Zusammengehörigkeit von Erzählungen und Gesetzen in der Grundschrift bereitwillig von den Vertretern der neueren Urkundenhypothese, die ja alle noch an der Frühdatierung dieser Quelle festhielten, korrigieren ließ. Er hat damit selbst noch einen weiteren Baustein zu der von ihm angestrebten Synthese der Forschungsrichtungen hinzugefügt und die „Gewöhnung" an die neue Sicht, von der er sich ja das meiste versprach,[336] erleichtert. Das macht den eigentlichen Wert dieses Aufsatzes aus. Man muß außerdem bedenken, daß Graf mit seiner Entscheidung, die gesamte Grundschrift

---

333 Er erklärt, daß Gen 2,4a nur als Überschrift, und dann natürlich zur Schöpfungsgeschichte des Jehovisten, betrachtet werden könne. Mithin sei der Begriff *toledoth* bereits von diesem letzteren gebraucht worden. Wenn er dann in Gen 5,1f. wieder auftaucht, dann geschehe das in deutlicher Anlehnung an den Sprachgebrauch von Gen 2,4a. M. a. W., die Grundschrift sei mindestens an dieser Stelle vom Jehovisten abhängig. Graf räumt allerdings ein, daß der Begriff *toledoth* bei Geschlechtsregistern überhaupt üblich gewesen sei und die Grundschrift ihn aus einem verbreiteten Sprachgebrauch übernommen habe. Aber er schreibt dem Jehovisten unverkennbar einen entscheidenden Einfluß bei der Übernahme zu – und das auf Grund einer einzigen Belegstelle (Grundschrift des Pentateuchs, 470f.)! Zur Diskussion über diesen Vers, den allerdings manche wie E. Schrader (Studien, 1863, 38ff.) als Überschrift ansehen, aber vor Gen 1,1 setzen wollen, s. A. Dillmann, Genesis, z. St.

334 Um Ex 25–31; 35–40 als zwar mit dem Jehovisten in Widerspruch stehende, aber dennoch nicht selbständige Ergänzung zu erweisen, leugnet er im Gegensatz zu Nöldeke (Untersuchungen, 53f.) jeglichen Anteil der Grundschrift an Ex 24,15–18 und führt zur Stützung dessen einige seiner Meinung nach jehovistische Ausdrücke, darunter den der Herrlichkeit Jahwes, an (Grundschrift des Pentateuchs, 473). Vgl. dagegen A. Kayser, der gerade den letztgenannten Ausdruck, wie übrigens schon Nöldeke, als wichtigen Hinweis auf die Zugehörigkeit zur Grundschrift betrachtet (Urgeschichte, 1874, 56). Daß eine Entscheidung gleichwohl schwierig ist, wird allgemein zugegeben, s. nur A. Dillmann, Exodus, ²1880, z. St. Graf geht jedoch auf die literarischen Schwierigkeiten des ganzen Kapitels 24 mit keiner Silbe ein und läßt damit alles in der Schwebe.

335 E. Riehm, Grundschrift, 1872, 283–307. Vorher hatte er sich schon kurz geäußert in: Cherubim, 1871, 405 Anm. a. Immerhin ist zu bemerken, daß er seine Argumente schon mehr als Fragen und Diskussionsbeiträge formuliert, da Grafs Position doch an Boden gewinnt (vgl. Grundschrift, 285f.).

336 Grundschrift des Pentateuchs, 468. Dieses Schlagwort ist denn auch von Freund und Feind teils zustimmend, teils ablehnend aufgenommen worden. Vgl. A. Merx in: F. Tuch, Genesis, 1871, CIX; E. Riehm, Grundschrift, 1872, 284.

in nachexilische Zeit zu datieren, zwar keinen völlig neuen Gedanken äußerte,[337] aber doch als erster literarisch damit hervortrat.[338] Dadurch wird die Bedeutung des Aufsatzes noch zusätzlich unterstrichen.

3.3. Chronik

3.3.1. Die zeitgenössische Forschungslage

Grafs Auffassung von der zeitlichen Einordnung der Pentateuchquellen wäre für weite Kreise der zeitgenössischen Forschung von vornherein unannehmbar geblieben, wenn er es nicht vermocht hätte, einem als sehr gewichtig empfundenen Einwand wirksam zu begegnen. Die Chronik setzt ja die Kultzentralisation mit Stiftshütte bzw. Tempel samt einem umfänglichen Apparat von Priestern und Leviten schon für die früheste Zeit unmißverständlich voraus. Daher glaubte die vermittelnde ebenso wie die konservative Forschung, die Samuelis- und Königsbücher von hier aus ergänzen zu müssen, und hielt gerade auch aus diesem Grunde an der Frühdatierung der priesterlichen Gesetze des Pentateuch fest.[339]

Nun hatte allerdings de Wette gleich im ersten Band seiner Beiträge zur Einleitung in das Alte Testament die Glaubwürdigkeit der Chronik grundsätzlich in Zweifel gezogen und ihre Abweichungen von den älteren Geschichtsbüchern als Zeugnisse einer späten und den historischen Tatsachen nicht entsprechenden Konstruktion erklärt.[340] Um diesen Standpunkt als richtig zu erweisen, hatte er sich damit begnügt, eine größere Anzahl charakteristischer Beispiele als Belegstellen herauszugreifen. Gramberg dagegen, der sich unmittelbar an ihn anschloß, war bemüht, den gesamten Stoff der Chronik zu erfassen und somit eine lückenlose Beweisführung zu erbringen.[341] Anerkennung erlangten freilich beide nicht, und vor allem letzterer nicht, weil er dem Chronisten in scharfer Form Fälschung und Nachlässigkeit vorwarf, ihn also moralisch verdächtigte

---

337 Vgl. S. R. Külling, Datierung, 1964, 337.

338 Külling weist nach, daß Kuenen die Spätdatierung zunächst mehr als Vermutung äußerte und in seinen Veröffentlichungen vor 1869 kaum schon eine klare Beweisführung dafür vorzubringen hatte (12ff.). Die Gründe, die S. J. de Vries für die Priorität Kuenens geltend macht (Criticism, 1963, 31ff.), lehnt er daher mit Recht ab. Külling geht allerdings auch hier wieder zu einseitig auf briefliche Äußerungen Grafs und Kuenens bzw. Äußerungen beider übereinander, weniger auf das Werk als solches ein. So wird beispielsweise der wichtigen Frage, warum denn Graf trotz der vorgenommenen Korrektur an der Ergänzungshypothese festgehalten hat, nicht weiter nachgegangen. S. über Külling auch o. Anm. 307.

339 Vgl. nur die oben referierten Auffassungen über Gibeon als Ort der Stiftshütte (s. o. S. 81).

340 W. M. L. de Wette, Beiträge 1, 1806, 1–132; Zusammenfassung der Ergebnisse bei R. Smend, de Wettes Arbeit, 1958, 40ff.; vgl. auch J. W. Rogerson, de Wette, 1992, 55–63.

341 C. P. W. Gramberg, Chronik, 1823.

und verunglimpfte[342] und folgerichtig die in seinem Werk enthaltenen Quellenangaben als „leeren Prunk" abtat.[343] Demgegenüber hielt man allgemein, und zwar hauptsächlich im Anschluß an die Untersuchungen von Movers,[344] daran fest, daß dieses Werk altes Quellenmaterial enthalte und insofern für die Konstruktion der vorexilischen Geschichte Israels hinzugezogen werden müsse. Man war sich wohl darüber im klaren, daß es als Ganzes sehr jung ist und nicht vor der Zeit Esras entstanden sein kann.[345] Insofern rechnete man auch damit, daß manches oder gar vieles aus der Sicht einer späteren Zeit geschildert und entsprechend umgedeutet wird. Aber das änderte nichts an der Grundhaltung als solcher, daß mit Hilfe des hier vorhandenen Sondergutes die älteren Geschichtsbücher zu ergänzen und mit den priesterlichen Gesetzen in Einklang zu bringen seien.

Genauer besehen, genügte es freilich, hauptsächlich eine Quelle für die der Chronik eigenen Partien anzunehmen und die verschiedenen voneinander abweichenden Titel, die im Verlauf des Werkes genannt werden, miteinander zu identifizieren bzw. als Teile dieser Quelle zu verstehen. Das letztere gilt für die unter dem Namen eines Propheten laufenden Quellenhinweise.[346] Nach der am häufigsten vorkommenden Formulierung pflegte man sie als das Buch der Könige von Juda und Israel (2. Chr 25,26 u. ö.) zu bezeichnen oder auch nach 2. Chr 24,27 als Midrasch des Buches der Könige.[347] Außer diesem war höchstens noch mit einigen wenigen kleineren Quellenwerken zu rechnen, doch wurden sie z. T. ganz bestritten.[348] Freilich galt auch das Buch der Könige

---

342 Vgl. nur C. P. W. Gramberg, Chronik, 1823, 24f. Das ähnlich harte Urteil findet sich aber auch schon bei de Wette (vgl. nur Einleitung 1, 1806, 77).

343 C. P. W. Gramberg, Chronik, 1823, 65.

344 F. C. Movers, Untersuchungen, 1834.

345 Allgemein nahm man die Zeit um das Ende der persischen Herrschaft bzw. den Anfang der Diadochenzeit an. Vgl. nur den Überblick bei E. Bertheau, Chronik, 1854, XLVf., und J. J. Stähelin, Einleitung, 1862, 156ff. Das Verhältnis zu den Büchern Esra und Nehemia kann hier und im folgenden außer Betracht bleiben.

346 Dies wurde von Movers zuerst ausführlich begründet (F. C. Movers, Untersuchungen, 1834, 173ff.) und in der Folgezeit von ihm übernommen.

347 So vor allem Movers (Untersuchungen, 1834, 174f.), der das Buch der Könige selbst als ältere Quelle des Midrasch versteht (dazu s. u. Anm. 350), auch J. J. Stähelin, Einleitung, 1862, 139ff.). Gegenstimmen gegen die Zusammenordnung des Buches der Könige mit dem Midrasch s. nächste Anm.

348 So hält Bertheau den oben genannten Midrasch für eine eigene Schrift, die nicht mit dem Buch der Könige zu verbinden sei (Chronik, 1854, XXXIIIf.). Ihm schließt sich E. Schrader an (in: W. M. L. de Wette, Lehrbuch, [8]1869, 382 Anm. g). Weiter verstand man vielfach die in 2. Chr 26,22 genannte Schrift der besonderen Formulierung wegen als gesondertes Werk, z. B. H. Ewald (Geschichte I, [2]1851, 248), E. Bertheau (Chronik, 1854, XXXVIf.), J. J. Stähelin (Einleitung, 1862, 143), vgl. auch E. Schrader (in: W. M. L. de Wette, Lehrbuch, [8]1869, 382 Anm. h). Dagegen sieht F. C. Movers auch hier wieder einen Hinweis auf das große Quellenwerk des Midrasch (Untersuchungen, 1834, 176f.).

bzw. der Midrasch dazu als ein jüngeres Werk, dessen Entstehung erst nach den kanonischen Samuelis- und Königsbüchern denkbar war.[349] Doch postulierte man, daß es seinerseits auf mindestens eine ältere Quelle zurückgehe und speziell daraus viel historisch wertvolles Material stamme.[350] Strittig blieb als wesentlicher Punkt nur, ob die Chronik ausschließlich das Buch der Könige bzw. den Midrasch[351] oder auch die kanonischen Samuelis- und Königsbücher als Quelle benutzt bzw. diese durch das Buch der Könige ergänzt habe.[352]

Bei den in 2. Chr 33,19 genannten Worten des Chozai rechnet noch Ewald mit einer besonderen Schrift (Geschichte I, [2]1851, 248, so auch noch in der 3. Auflage von 1864, 268), doch nahmen die meisten mit Movers (Untersuchungen, 81) Textverderbnis statt „Worte der Seher" an. Schließlich galten auch die vielen Genealogien, vor allem in 1. Chr 1–9, als eigene Überlieferungen, die auf Familienverzeichnisse und „Volksschazungen" zurückgehen (H. Ewald, Geschichte I, [2]1851, 243f., E. Bertheau, Chronik, 1854, XXIXff.). Doch rechneten auch die beiden Letztgenannten damit, daß sie dem Chronisten nur in geschichtlichen Werken zugänglich waren, und da lag es nahe, mit Movers (vgl. nur Untersuchungen, 1834, 174, 183f.) anzunehmen, daß es sich auch dabei um die eine große Quelle der Chronik, eben jenes Buch der Könige bzw. den Midrasch dazu, handele.

349 Dies wird wieder vor allem von Movers betont (vgl. nur Untersuchungen 194, wo er nachexilische Abfassung voraussetzt), weiter von Stähelin (Einleitung, 1862, 141), allgemeiner Ewald (Geschichte I, [2]1851, 251), sehr zurückhaltend Bertheau (Chronik, 1854, XLIIf.).

350 Nach Movers ist die älteste Quelle das Buch der Könige, dessen Überarbeitung der Midrasch ist, der seinerseits dem Chronisten als Quelle vorlag. Dieses ursprüngliche Buch der Könige habe ebenso wie die kanonischen Samuelis- und Königsbücher die alten Reichsannalen verwendet und sei sogar älter noch als die ersteren, da sich Zeugnisse einer Benutzung durch diese fänden (Untersuchungen, 1834, 185f.). Nach Ewald ist der Midrasch ein besonders ausführliches Werk, das seinerseits die älteren Quellen, darunter auch die Reichsjahrbücher, die das kanonische Königsbuch nennt, in weitestem Umfang übernommen hat (Geschichte I, [2]1851, 249ff.). Stähelin nimmt an, daß die verschieden lautenden Quellenhinweise unter Prophetennamen aus dem Buch der Könige stammen und dessen Einzelquellen erkennen lassen (Einleitung, 1862, 144f.). Weiter betont er ganz allgemein, daß dem Chronisten „uralte" Quellen vorlagen (Einleitung, 145ff.). Auch Bertheau setzt für das Buch der Könige, das er allerdings nicht mit dem Midrasch identifiziert (s. o. Anm. 348), eine ältere Quelle voraus (Chronik, 1854, XLII, s. auch die nächste Anm.). Ihm schließt sich Schrader an (in: W. M. L. de Wette, Lehrbuch, [8]1869, 382 Anm. i).

351 So Bertheau, der die den Samuelis- und Königsbüchern parallellaufenden Partien damit erklärt, daß diese eine mit den letzteren gemeinsame Quelle hätten (Chronik, 1854, XLII). Er berührte sich hier mit der streng konservativen Forschung, die auch – nun freilich in rein apologetischer Abzweckung – den Standpunkt vertrat, daß der Chronist nicht die Samuelis- und Königsbücher als Quelle verwendet habe. Sie nahm außerdem an, daß die unter Prophetennamen laufenden Quellenangaben auf gesonderte Bücher hinweisen. Vgl. C. F. Keil, Versuch, 1833, 206ff., 249ff., H. A. C. Hävernick, Handbuch 2,1, 1839, 201ff., C. F. Keil, Lehrbuch, [2]1859, 429ff.

352 So Movers, der annimmt, daß mit der Quellenangabe „Buch der Könige von Juda und Israel" u. U. auch die kanonischen Bücher der Könige gemeint sind (Untersuchungen, 1834, 173f., vgl. weiter 198ff.), Ewald (Geschichte I, [2]1851, 246, 251), Stähelin (Einleitung, 1862, 155f.), vgl. auch Schrader (in: W. M. L. de Wette, Lehrbuch, [8]1869, 382 Anm. i).

Alle diese Bemühungen führten freilich nicht zu methodischer Klarheit, um nun die angenommenen alten und wertvollen Nachrichten von späteren Zutaten und zeitgeschichtlich bedingten Umarbeitungen sicher zu scheiden. Man nahm zwar allgemein an, daß der Chronist seine Quellen – entweder nur das Buch der Könige bzw. den Midrasch oder auch die Samuelis- und Königsbücher und evtl. noch weitere – mit ziemlicher Treue wiedergegeben, also mehr oder weniger nur kompiliert habe.[353] Aber das führte lediglich zu einer Verlagerung der Problematik, da nun speziell das Buch der Könige als ein schwer durchschaubares Mischgebilde erscheinen mußte. Die Konturen blieben also im einzelnen unscharf, und bei Partien, die von den älteren Geschichtsbüchern abweichen, kam es praktisch darauf hinaus, daß man jeweils einen historischen Kern postulierte und zugleich mit einer durchgreifenden oder auch geringeren zeitgeschichtlich bedingten Einkleidung rechnete.

Daß ein solcher Standpunkt auf die Dauer nicht befriedigen konnte, versteht sich von selbst. Das heißt aber, daß die Thesen de Wettes und Grambergs nicht wirklich widerlegt waren. Kam nun noch die Überzeugung hinzu, daß eine Kultzentralisation und überhaupt ein derartiger Kult, wie ihn die Chronik schildert, in vorexilischer Zeit gar nicht vorhanden gewesen sein könne, dann wurde für weite Partien die Annahme auch nur eines historischen Kernes höchst fragwürdig und zwangsläufig ein radikaler Standpunkt wie der der eben Genannten viel eher annehmbar. Tatsächlich liegt Grafs Bedeutung in erster Linie darin, daß er einen solchen wieder energisch vertrat, also angesichts des unklaren Schwankens der vermittelnden Forschung die eigenständige Gestaltung des Chronisten auf der Grundlage der kanonischen Samuelis- und Königsbücher verfocht. Im Unterschied zur Pentateuchkritik lag hier in Form von Grambergs Monographie bereits eine bis in die Einzelheiten hinein ausgeführte Darstellung von kritischer Seite vor, so daß Graf einfach anknüpfen konnte. Im folgenden ist daher nur zu überprüfen, wie er diese Position in Auseinandersetzung mit der zeitgenössischen Literatur zu halten vermochte, Fehler seiner Vorgänger vermied und sich u. U. auch Ergebnisse vermittelnder Forscher zunutze zu machen wußte, wie dies im Zusammenhang mit der Pentateuchkritik so deutlich zu erkennen war. Da seine gesamte Arbeit an der Chronik letztlich ebenfalls der Pentateuchkritik zu dienen hat, sind die Ergebnisse vor allem unter diesem Aspekt zu würdigen, auch wenn er selbst ihn in den zu besprechenden Werken gar nicht so deutlich und augenfällig hervorhebt.

---

353 So besonders extrem Movers (vgl. nur Untersuchungen, 1834, 173), aber auch Bertheau (Chronik, 1854, XLIII) und Stähelin (Einleitung, 1862, 146).

3.3.2. Eine Teiluntersuchung zum 2. Chronikbuch

Dem Hauptwerk Grafs zur Problematik der Chronik, dem zweiten Teil seines Buches über die geschichtlichen Bücher des Alten Testaments, geht nur eine direkte und zugleich grundlegende Vorarbeit voraus. Es ist ein Aufsatz, der bereits 1856 fertig vorlag,[354] jedoch erst 1859 in den Theologischen Studien und Kritiken erschien.[355] Treffsicher greift er hier wieder, wie schon bei seinen Vorarbeiten zur Pentateuchkritik, ein Beispiel heraus, bei dem die Schwierigkeiten, die sich bei einem vermittelnden Standpunkt einstellen mußten, besonders offenkundig waren. Was nämlich die in 2. Chr 33,11ff. berichtete Bekehrung Manasses und die ihm zugeschriebene Entfernung von Götzenaltären betrifft, so sah sich auch Movers zu der Annahme gezwungen, daß dies, da es nicht nur der Darstellung der Königsbücher, sondern auch der Chronik selbst widerspreche (2. Chr 33,22), eine spätere Konstruktion sei, um seine Rückkehr aus der babylonischen Gefangenschaft durch einen Gesinnungswandel, der nicht ohne Folgen bleiben konnte, zu erklären.[356] Die Deportation dagegen erkannte er als historisches Ereignis an und suchte dies durch verschiedene Gründe zu erhärten.[357] Dieser Meinung schlossen sich auch Ewald und Bertheau an. Doch zeigen sich bei ihnen bereits die Schwierigkeiten einer solchen halben Lösung, denn sie halten immerhin die Bekehrung für historisch möglich und lassen nur die Beseitigung der Götzenkulte eine ganz sicher später daraus erschlossene Folgerung sein.[358] Damit war es aber nur noch ein kleiner Schritt zum konservativen Standpunkt, der alle Züge als glaubhaft zu erweisen suchte.[359] Eine isolierende und atomisierende Betrachtung der Einzelzüge konnte eben einfach keine ausreichenden Kriterien vermitteln.

Demgegenüber ist Graf bemüht, beides – Gefangenschaft und Bekehrung – aus dem Gesamtcharakter der Chronik zu erklären. Er geht

---

354 Vgl. Briefwechsel, 407, 453f.

355 K. H. Graf, Die Gefangenschaft und Bekehrung Manasse's, 2. Chr 33, ThStKr 32 (1859), 467–494.

356 F. C. Movers, Untersuchungen, 1834, 327f., 332.

357 So sei es vor allem unerfindlich, daß statt des zu erwartenden Ninive Babel genannt werde. Weiter sei Juda nach Sanheribs mißlungener Belagerung Jerusalems abtrünnig gewesen und sei vermutlich erst durch einen Eingriff Asarhaddons, der nach Esr 4,2 Kolonisten in das eroberte Nordreich brachte, wieder unterjocht worden. überhaupt aber könne nicht Deportation und Bekehrung einfach erfunden sein (F. C. Movers, Untersuchungen, 1834, 329ff.). Das letztere wurde auch von Stähelin als einziges Argument in Auseinandersetzung mit Graf betont (J. J. Stähelin, Einleitung, 1862, 154).

358 H. Ewald, Geschichte III/1, 1847, 378f., E. Bertheau, Chronik, 1854, z. St., ähnlich auch O. Thenius, Könige, 1849, 415.

359 C. F. Keil, Versuch, 1833, 425ff., später (in Auseinandersetzung mit Graf) in: Chronik, 1870, z. St. Vgl. auch E. Gerlach, Gefangenschaft, 1861, 503ff., der ausschließlich Graf widerlegen will.

dabei speziell von ihrer „didaktischen" Abzweckung,[360] Schuld und Strafe in möglichst enge Korrelation miteinander zu bringen, aus.[361] Für diese mußte nämlich die lange Regierungszeit des götzendienerischen Manasse, wie sie im zweiten Königsbuch geschildert wird (21,1–18), ein schwerer Anstoß sein. Während es nun der Verfasser der Königsbücher offenbar so ansah, daß andere dessen Schuld abbüßen mußten (2. Reg 23,26; 24,3),[362] hat man eben später in Form der Gefangenschaft eine Bestrafung und eine sich an sie anschließende Besserung zwischengeordnet und auf diese Weise die lange Regierungszeit als gerechtfertigt erscheinen lassen.[363] So wird die Trennung von Gefangenschaft und Bekehrung überflüssig, zwar beides als spätere und unhistorische Konstruktion erklärt, aber doch als Teile einer einheitlichen Konzeption verstanden und damit der Chronik als einer eigengeprägten Schrift Rechnung getragen.

Dies alles entspricht durchaus dem Standpunkt der kritischen Vorgänger Grafs, wie sich denn auch speziell bei Gramberg bereits im wesentlichen die gleichen Argumente finden.[364] Graf kann darüber hinaus die für die Historizität der Deportation Manasses inzwischen vorgebrachten Gesichtspunkte als unbegründet abweisen.[365] Es ist aber auch hier wieder zu beobachten, daß er allzu einseitige Anschauungen seiner Vorgänger modifiziert und sich in solchen Fällen dem Standpunkt der vermittelnden Forschung nicht verschließt. Dies zeigt seine Stellungnahme zur Frage der Quellenbenutzung des Chronisten.[366] Er bestreitet nicht einfach die Möglichkeit, daß ihm noch eine weitere Quelle außer den Königsbüchern vorlag und er aus dieser die Schilderung der Deportation übernommen hat. Ja, er weist nicht einmal von vornherein die Annahme, der Chronist sei nur ein Kompilator einer solchen, ab. Das heißt aber, es geht ihm nicht darum, die Darstellung einfach auf dessen Subjektivität oder gar auf eine ihm eigene Unwahrhaftigkeit und Unzuverlässigkeit zurückzuführen, eine Auffassung, die speziell Gramberg so in Mißkredit gebracht hatte. Um so nachdrücklicher betont er dafür, daß eine solche angenommene Quelle ihrerseits bereits sehr jung sein muß und zeitlich vom Chronisten

---

360 Eine solche wurde schon von F. C. Movers betont (Untersuchungen, 1834, 6f., bezüglich der für den Chronisten angenommenen Quelle: 194).
361 Gefangenschaft, 481ff.
362 Gefangenschaft, 479.
363 Gefangenschaft, 492.
364 C. P. W. Gramberg, Chronik, 1823, 199f., 210f.
365 Das gilt vor allem für die Annahme, daß aus Esr 4,2 ein Kriegszug gegen Juda zu erschließen sei (Gefangenschaft, 472ff., s. o. Anm. 357). Was das von anderer Seite (z. B. von H. Ewald, Geschichte III/1, 1847, 346 Anm. 1, 377) vorgebrachte Argument, 2. Reg 20,18 beziehe sich auf Manasse, betrifft, so stellt er fest, daß der Verfasser der Königsbücher diesen Vers nur auf Jojachin und Zedekia gedeutet haben kann, da ihm die Gefangenschaft Manasses zweifelsfrei unbekannt gewesen war und ein Rückgriff auf die Chronikbücher daher nicht zulässig ist (Gefangenschaft, 475f.).
366 Gefangenschaft, 480f.

nicht weit abgesetzt werden darf. Zwischen ihr und den Königsbüchern
liegt daher, wie auch die vermittelnde Forschung unumwunden zugab,[367]
ein beträchtlicher Zeitraum, in dem sich eine sagenhafte Ausschmückung
der überlieferten Geschichte vollzogen haben kann und muß. Mit anderen Worten, hat wirklich noch eine eigene Quelle existiert, dann kann
sie jedenfalls nicht als historisch zuverlässig bezeichnet werden, sondern
spiegelt durchaus die Gedankenwelt einer späteren Zeit wider, so daß
der Unterschied zwischen ihr und dem Chronisten angesichts dessen
zwischen ihnen beiden und den älteren Königsbüchern belanglos wird
und vielmehr beide als eine in allen Grundzügen verwandte Größe zu
begreifen sind.

So wird der vermittelnden Forschung zwar die Möglichkeit einer
Sonderquelle des Chronisten zugestanden, aber alle Versuche, sie apo-
logetisch zugunsten einer größeren Glaubwürdigkeit auszumünzen, ab-
gewiesen. Der Hauptakzent liegt statt dessen wieder wie bei seinen
kritischen Vorgängern auf dem Chronisten selbst, wie er denn auch deutlich durchblicken läßt, daß ihm die Annahme, dieser habe das Bild des
gefangenen und bekehrten Manasse selbst gestaltet, die wahrscheinlich-
ste ist. Doch wird nun jedenfalls in Erwägung gezogen, daß der Chronist
in einen größeren Zusammenhang gehört und sein Werk vielschichtiger
ist, als dies de Wette und Gramberg zugeben wollten. Hierin dürfte,
auch wenn die diesbezüglichen Erörterungen mehr am Rande stehen,
der eigentliche Fortschritt dieser Studie gegenüber Grafs Vorgängern
liegen.

3.3.3. Das abschließende Hauptwerk

3.3.3.1. Der Gang der Untersuchung

Die zuletzt gemachten Beobachtungen zeigen sehr deutlich, daß Grafs
Aufsatz über die Gefangenschaft und Bekehrung Manasses mehr ist
als nur eine Spezialuntersuchung zu einem isoliert zu behandelnden
Einzelstück, sondern eine grundsätzliche Stellungnahme zu dem Ge-
samtproblem der Chronik bildet. Das läßt sich äußerlich schon daran
erkennen, daß er zur Begründung seines Ergebnisses auch auf die Schilderung der meisten anderen Könige ausführlicher eingeht.[368] Die noch
verbleibende Aufgabe besteht also nur darin, diese Stellungnahme nun
an allen Teilen der Chronik als richtig zu erweisen. Graf unterzieht sich
ihr im zweiten Aufsatz seines Hauptwerkes, der ausschließlich der Chro-

---

367 S. o. S. 142.
368 Gefangenschaft, 483–492.

nik gewidmet ist.[369] Aus dem Bisherigen ergibt sich, daß es auch hier sein hauptsächliches Bestreben sein mußte, die Abweichungen von den Samuelis- und Königsbüchern weitgehend aus dem Gesamtcharakter dieses späten Werkes selbst zu erklären und die Annahme besonderer Quellen auf ein Mindestmaß zu reduzieren, um eine unkritische Auswertung des Sondergutes für die vorexilische Zeit zu unterbinden.

Das beste Demonstrationsmaterial hierzu bot ihm das zweite Chronikbuch, da dieses der Darstellung der Königsbücher deutlich parallel läuft, sich also für einen Vergleich besonders gut eignet. Graf geht daher auf dessen Probleme zuerst ein.[370]

Die Dinge liegen hier durchweg ganz ähnlich wie bei dem behandelten Stück über die Gefangenschaft und Bekehrung Manasses, und dementsprechend sind auch die Ergebnisse Grafs, so daß es nicht nötig ist, auf Einzelheiten näher einzugehen. Nur eines muß als beachtenswert und für die Beurteilung seines Vorgehens wichtig hervorgehoben werden, nämlich die Tatsache, wie gering der Unterschied zwischen der zeitgenössischen vermittelnden Forschung und dem streng kritischen Standpunkt auf weite Strecken hin geworden war. Dafür sei ein charakteristisches Beispiel herausgegriffen.

Während noch Movers bestritten hatte, daß die Chronik in ihrem Bericht über Joas (2. Chr 24), insbesondere über seine Tempelrenovation und seinen Abfall, von dem der Königsbücher (2. Reg 12) grundsätzlich abweiche und durch Umdeutungen und Harmonisierung zu erweisen versucht hatte, daß beide das gleiche darstellen bzw. sich ergänzen,[371] waren Ewald,[372] Bertheau[373] und Thenius[374] durchaus der Meinung, daß die chronistische Darstellung Ausdruck einer späteren Zeit ist und nur die der Königsbücher wirklichen Quellenwert besitzt. Bis in alle Einzelheiten hinein wurde eine bewußte Umgestaltung der überlieferten Geschichte evident gemacht und damit die Unmöglichkeit eines Ausgleichs beider Versionen oder die Annahme glaubwürdiger alter Sonderquellen der Chronik bewiesen. Lediglich die Tötung des Sacharja (2. Chr 24,21f.) erkannte man als historisch an, und was die Schilderung des Aramäereinfalls (2. Chr 24,23ff.) betrifft, so meinte Thenius, daß die Chronik ein anderes Ereignis als die Königsbücher (2. Reg 12,18f.) schildere, während Bertheau zu zeigen suchte, daß sich beide Versionen ergänzen.

---

369 K. H. Graf, Das Buch der Chronik als Geschichtsquelle, in: Die geschichtlichen Bücher des Alten Testaments, 114–247.
370 Chronik als Geschichtsquelle, 124–195.
371 F. C. Movers., Untersuchungen, 1834, 160f., 312ff.
372 H. Ewald, Geschichte III/1, 1847, 289 Anm. 3.
373 E. Bertheau, Chronik, 1854, z. St.
374 O. Thenius, Könige, 1849, zu 2. Reg 12.

Graf konnte sich also in seinen Ausführungen zu diesem Stück[375] außer auf seine Vorgänger in der kritischen Forschung auch und gerade weitgehend auf die eben Genannten stützen, und es war im Grunde auch nur ein kleiner Schritt, mit dem er insbesondere über die Ergebnisse der letzteren hinausging. Damit zog er jedoch eine letzte Konsequenz, die nun endgültig zu einem neuen Gesamtbild führte. So legt er das Hauptgewicht darauf, daß die Darstellung der Chronik eine ganz einheitlich gestaltete ist. Während nämlich die in 2. Reg 12,18ff. berichteten Ereignisse in keinem wirklichen Zusammenhang stehen, ist hier alles fest und klar aufeinander bezogen, und das gilt gerade auch für die Schilderung der Tötung Sacharjas und des Aramäereinfalls. Was die erstere betrifft, so leugnet Graf zwar nicht, daß der Chronist hier offenbar auf eine bestehende Überlieferung, also auf eine eigene Quelle, zurückgreift. Entscheidend für ihn ist aber, daß beide Partien in der jetzt überlieferten Form ein Werk des Chronisten sind und nicht einfach isoliert und zur Ergänzung des Bildes der vorexilischen Zeit verwendet werden dürfen.[376] Die zu vermutende Sonderüberlieferung ist also in ihrer ursprünglichen Aussage gar nicht mehr sicher erfaßbar und schon gar nicht zeitlich zu fixieren, sondern so stark vom Chronisten adaptiert, daß die gesamte Darstellung in 2. Chr 24, sofern sie von der Parallelfassung der Königsbücher abweicht, als unhistorisch zu gelten hat. Also auch hier keine Negierung der Frage nach gesonderten Quellen, aber eine grundsätzliche Relativierung, die sie für die historische Auswertung bedeutungslos werden läßt.

Noch wichtiger und für die Pentateuchkritik unmittelbar bedeutungsvoll ist aber eine weitere Konsequenz. In der Tatsache, daß nur die chronistische Version Leviten und die Tempelsteuer (2. Chr 24,6) erwähnt und hierin den Bericht der Königsbücher deutlich umgestaltet, kann er ein Zeugnis dafür sehen, daß die vorexilische Zeit beides in dieser Form nicht kannte und damit die Frühansetzung der priesterlichen Gesetze in Frage gestellt wird. Hierin geht er am offenkundigsten über die vermittelnde Forschung hinaus, die, obwohl sie selbst die diesbezüglichen Differenzen erkannte, ihnen doch keinen Wert beimaß und Harmonisierungen nicht scheute.[377]

---

375 Chronik als Geschichtsquelle, 152–157.
376 Wie rasch dies zu einer Umdeutung der Königsbücher im Sinne der Chronik führen konnte, zeigt H. Ewald, der zwar den in der Chronik geschilderten Abfall des Joas als unhistorisch betrachtet (Geschichte III/1, 1847, 285 Anm. 1), Joas selbst aber doch – und das ist lediglich aus der Tötung Sacharjas geschlossen – als schlaffen und schwachen Herrscher, der dem Wiederaufleben des heidnischen Wesens nicht zu wehren vermochte, beurteilt (Geschichte III/1, 285, 290) und damit praktisch die Auffassung der Chronik zuungunsten der Königsbücher übernimmt.
377 So besonders H. Ewald, Geschichte III/1, 1847, 289 Anm. 1.

Damit ist Grafs Standpunkt bezüglich des zweiten Chronikbuches als ganzem umrissen. Er kann sich auf weite Strecken hin auf die Ergebnisse vermittelnder Forscher stützen, ihnen sogar in Quellenfragen entgegenkommen[378] und brauchte nur wenige wichtige Konsequenzen zu ziehen, um den streng kritischen Standpunkt in der Nachfolge de Wettes und Grambergs als berechtigt zu erweisen. Und über diese wiederum brauchte er nur einen kleinen Schritt hinauszugehen, um seine Ergebnisse mit der Spätdatierung der priesterlichen Gesetze in Einklang zu bringen und für sie nutzbar zu machen.

Dieser letztgenannte Gesichtspunkt spielt nun für das erste Chronikbuch, dem sich Graf im Anschluß an seine Ausführungen über das zweite zuwendet,[379] eine wesentlich größere Rolle. Denn hier glaubte die vermittelnde Forschung, bei aller Anerkennung späterer Überarbeitung und Gestaltung, doch recht gewichtige und eigenständige Überlieferungen vorzufinden, die geeignet waren, die parallellaufenden Samuelisbücher zu ergänzen und die Existenz und Gültigkeit der priesterlichen Gesetze bereits in frühvorexilischer Zeit zu erweisen. Da Graf methodisch ganz in der gleichen Weise wie beim zweiten Chronikbuch vorgeht, mußten sich hier zwangsläufig stärkere und grundlegendere Differenzen ergeben. So wurde speziell dieses Buch zum Prüfstein für die Haltbarkeit seiner Pentateuchkritik.

In diesem Zusammenhang sind zwei Stellen von besonderer Wichtigkeit. Was zunächst die Überführung der Lade nach Jerusalem (1. Chr 15f.) betrifft, so erkannte man durchaus an, daß deren Darstellung der entsprechende Bericht in 2. Sam 6,12ff. zugrunde liege und dieser in erster Linie als Geschichtsquelle zu gelten habe.[380] Die Darstellung der Chronik erschien daher als Übersteigerung zum Zwecke der Verherrlichung des Levitentums.[381] Aber andererseits nahm man doch nicht an, daß dies alles unhistorisch sei, sondern rechnete mit einer weiteren, die Samuelisbücher sinnvoll ergänzenden Quelle.[382] Auf diese Weise wurde der in der

---

378 Bei Notizen, die sich nicht ausschließlich aus dem Charakter der Chronik erklären lassen, nimmt er ausdrücklich andere Quellen an. Das ist bei einer Reihe von Nachrichten im Zusammenhang mit der Schilderung Asas in den Kap. 14–16 (Chronik als Geschichtsquelle, 137ff.), weiter bei 17,7ff. (S. 144), 21,4.16f. (S. 147), 25,6.13 (S. 158) sowie bei Einzelheiten in der Schilderung des Ahas (S. 162ff.) der Fall. Auch er ist der Meinung, daß alle diese Notizen aus dem Buch der Könige von Juda und Israel, identisch mit dem 2. Chr 24,27 genannten Midrasch, einer jüngeren Überarbeitung der alten Reichsannalen, stammen (S. 183ff.). Nur in 2. Chr 26,22 sieht er eine eigene Schrift, die der Chronist aber offenbar nicht mehr selbst kenne (S. 193, s. dazu o. Anm. 348).
379 Chronik als Geschichtsquelle, 195–217.
380 So deutlich bei H. Ewald, Geschichte II, 1845, 587ff.
381 O. Thenius, Bücher Samuels, 1842, 155.
382 So schon F. C. Movers, Untersuchungen, 1834, 224, 306f., später dann O. Thenius, Bücher Samuels, 1842, 155, vgl. auch E. Bertheau, der 16,4–42 als eine große Einschaltung

Chronik vorausgesetzte umfängliche levitische Apparat im Grundzug doch als den Gegebenheiten zu Davids Zeiten entsprechend angesehen. Erst recht hielt man daran fest, daß die von den Samuelisbüchern abweichende Darstellung des Verhältnisses zwischen der Stiftshütte in Gibeon und der Lade in Jerusalem (1. Chr 16,37ff.)[383] glaubwürdig sei und korrigierte so die letzteren, die von einer Wirksamkeit Zadoks außerhalb Jerusalems nicht das geringste erkennen lassen.[384] Man kam dabei überhaupt, auch bezüglich der in die gleiche Richtung gehenden Aussage in 1. Chr 21,28–30, zu historischen Schlußfolgerungen, die nicht einmal in der Chronik selbst gezogen werden.[385]

Angesichts dieser Unausgeglichenheiten war es Graf ein leichtes, den streng kritischen Standpunkt eines de Wette und Gramberg in voller Form zu erneuern und durchzuhalten.[386] Das heißt, daß die Chronik die Samuelisbücher unter dem Aspekt der späteren Kultzentralisation und überhaupt aus einem streng kultisch-levitischen Denken heraus umgestaltet hat, so daß auch ihr Sondergut hinsichtlich der Existenz der Stiftshütte auf der Höhe von Gibeon und der Hervorhebung der Leviten als Konstruktion zu gelten hat. Auch wenn die vermittelnde Forschung hier einen stärker konservativen Standpunkt einnahm und ihm weniger als beim zweiten Chronikbuch entgegenkam, so mußten ihm doch die Unsicherheiten in der Bewertung des der Chronik Eigentümlichen eine willkommene Bestätigung dafür sein, daß nur diese Kult und Kultzentralisation im Sinne der priesterlichen Gesetzgebung voraussetze und damit nichts für eine Frühdatierung der letzteren spreche.

Eine ähnliche Unsicherheit, die speziell für das erste Chronikbuch von weiterreichender Bedeutung ist, war auch bezüglich der Vorbereitungen Davids für den Tempelbau zu bemerken, am deutlichsten bei 1. Chr 28f. Was nämlich die Schilderung des dem Salomo übergebenen Tempelmodells (28,11–19) betrifft, so war ja unverkennbar, daß dies auf Ex 25ff. hindeutet. Bertheau vertrat daher die Meinung, mit der in 28,19 genannten Schrift sei tatsächlich die entsprechende Partie aus dem Exodus gemeint.[387] Er hielt dies freilich für eine spätere Überlieferung, doch

---

in die den Samuelisbüchern entsprechende Darstellung empfindet (Chronik, 1854, 162).

383 Vgl. 2. Chr 1,3ff.

384 O. Thenius, Bücher Samuels, 1842, zu 2. Sam 8,17, denkt daher (anders als Bertheau) an ein alternierendes Fungieren Zadoks und Ebjathars in Gibeon bzw. Jerusalem.

385 Vgl. E. Bertheau, der meint, erst Salomo habe Zadoks Rechte als Hoherpriester wirklich anerkannt, was David, der im Gegensatz zu Salomo in Gibeon keine Opfer darbrachte (1. Chr 21,30), demnach nicht getan hat (Chronik, 1854, 167). Auch die in 1. Chr 21,30 gegebene Begründung modifiziert er in der Weise, daß David den Ort in Jerusalem für so heilig gehalten hat, daß er es nicht wagte, anderswo zu opfern (Chronik, 202).

386 Chronik als Geschichtsquelle, 202–205, 212f.

387 E. Bertheau, Chronik, 1854, 234f.

müsse sie eine geschichtliche Grundlage haben, d. h., David sei wirklich an der Planung des Gebäudes irgendwie beteiligt gewesen. Diese Identifizierung der in 28,19 genannten Schrift mit Ex 25ff. ist jedoch allgemein, auch von der konservativen Exegese,[388] abgelehnt worden. Ein anderer Vertreter der vermittelnden Richtung wie Ewald nahm denn auch einen wesentlich kritischeren Standpunkt ein. Er sieht in dieser Schilderung den Versuch, David den Hauptanteil am Tempelbau zuzuweisen und dies nach Analogie von Ex 25ff. auszumalen.[389] Für ihn ist das also eine Darstellung ohne wirklich historische Grundlage. Auch im Hinblick auf die Schilderung der von David für den Tempelbau bereitgestellten Schätze und der freiwilligen Gaben der Oberen des Volkes (29,1–9) betont er die Parallelität zu Ex 25,1ff.,[390] wo ebenfalls von derartigen Abgaben berichtet wird, und nimmt an, daß die Chronik ihren Bericht nach diesem Vorbild gestaltet hat.[391] Damit sind im Grunde alle Vorbereitungen Davids für den Tempelbau in Frage gestellt. Um dennoch an einer geschichtlichen Grundlage festhalten zu können, kann Ewald nur behaupten, daß der frühzeitige Baubeginn gleich am Anfang der Regierung Salomos (2. Chr 3,2) das Vorhandensein großer Schätze, die bereits David gesammelt haben müsse, notwendig voraussetze.[392]

Die Schwäche dieser Position, die einerseits die Historizität der Darstellung völlig in Frage stellt, sie andererseits aber doch durch ein Postulat wenigstens im Grundzug zu erhalten sucht, konnte Graf nur darin bestärken, sämtliche Partien der Chronik, die sich auf derartige Vorbereitungen beziehen, als spät und völlig unglaubwürdig zu betrachten. Das bedeutet aber, wenn man das zuerst behandelte Beispiel mit hinzuzieht, daß das erste Buch der Chronik in allem, worin es von der Darstellung der Samuelisbücher abweicht, nur die Gedankenwelt seiner Zeit zum Ausdruck bringt und keinerlei historischen Quellenwert besitzt. Und weil die Einseitigkeit der Gestaltung in diesem Buch verglichen mit den älteren Samuelisbüchern besonders augenfällig ist, darum glaubt Graf, hier – wenigstens bezüglich der erzählenden Teile[393] – ganz auf die Annahme einer weiteren Quelle, auf die der Chronist zurückgegriffen haben kann, verzichten zu können.[394] Die 29,29 genannten Schriften sind

---

388 Vgl. C. F. Keil, der meint, daß es sich um eine Schrift Davids, die auf göttlicher Eingebung beruhe, handelt (Chronik, 1870, z. St.). Ähnlich auch F. C. Movers (Untersuchungen, 1834, 265).

389 H. Ewald, Geschichte III/1, 1847, 30f.

390 Vgl. auch Ex 35,21ff.; 38,24ff.

391 H. Ewald, Geschichte III/1, 1847, 31ff.

392 H. Ewald, Geschichte III/1, 1847, 33.

393 Im Unterschied zu den gleich zu besprechenden Genealogien und Listen.

394 Lediglich für die Verse 11,6.8 und 21,6 rechnet er mit einer vorgegebenen Sonderüberlieferung (Chronik als Geschichtsquelle, 197, 210).

für ihn deshalb nur Teile der Samuelisbücher[395] und nicht etwa zu dem außerkanonischen Buch der Könige bzw. dem Midrasch dazu gehörig.[396] So lieferte ihm gerade das erste Buch der Chronik, das in seiner grundlegenden Andersartigkeit gegenüber den Samuelisbüchern den Geist der priesterlichen Gesetze besonders stark hervortreten läßt und deshalb viele bewog, an deren hohem Alter festzuhalten, die deutlichsten Hinweise für ihre späte Entstehung und konnte deshalb sein Gesamtbild von der Entwicklung des Kultes nur stützen und abrunden.

Ein besonderes Problem bildeten freilich die zahlreichen in diesem Buch enthaltenen Listen und Genealogien. Denn bei diesen nahm man allgemein an, daß der Chronist z.T. sehr altes Material verwendet hat und sie deshalb trotz mancher Widersprüche und Überarbeitungen im ganzen gesehen besonders wertvoll und verläßlich seien.[397] Graf geht daher am Schluß seiner Untersuchung gesondert auf sie, und zwar auf die Kapitel 1. Chr 1–9 und 23–27, ein.[398] Auch er setzt voraus, daß dem Chronisten hier zusätzliche Quellen außer den kanonischen Büchern zu Gebote standen.[399] Um sie aber richtig beurteilen zu können, überprüft er, seiner bisher angewandten Methode treu, ob die Angaben mit den letzteren vereinbar sind oder nicht bzw. ob sie gar in sich widersprüchlich sind. Tatsächlich finden sich bereits innerhalb der Chronik Widersprüche, die beispielsweise auch Bertheau nur harmonisierend ausgleichen oder vernachlässigen konnte, und wieder sind sie am folgenreichsten hinsichtlich der Angaben über Priester und Leviten. So weist Graf, um nur zwei Beispiele anzuführen, darauf hin, daß sich die Hohenpriesterliste 1. Chr 5,29ff. nicht einmal mit den im zweiten Chronikbuch genannten Hohenpriestern völlig in Einklang bringen läßt[400] und die gleiche Reihenfolge dreier Namen in V. 3f. und 37f. immerhin Bedenken erregt.[401] Und was die Leviten betrifft, so hebt er nachdrücklich hervor, daß die Zuordnung

---

395 Das nahm schon F.C. Movers an, der gleichwohl die Abweichungen von den letzteren auf eigene Quellen zurückführt (Untersuchungen, 1834, 178). Ähnlich äußert sich auch J.J. Stähelin (Einleitung, 1862, 142f.).

396 Dies letztere war die verbreitetere Meinung. Vgl. nur E. Bertheau, Chronik, 1854, XXXVII; auch E. Schrader, in: W.M.L. de Wette, Lehrbuch, [8]1869, 380ff.

397 S.o. Anm. 348.

398 Chronik als Geschichtsquelle, 217–247.

399 Mindestens teilweise sind ihm nach Graf auch diese Listen in dem außerkanonischen Buch der Könige überliefert worden, wie aus 1. Chr 9,1 zu schließen ist (Chronik als Geschichtsquelle, 191).

400 Das betrifft die beiden in 2. Chr 26,17 und 31,10 genannten Asarja. Vgl. dazu auch E. Bertheau, Chronik, 1854, z. St.

401 Chronik als Geschichtsquelle, 222. Bertheau hat vor allem damit zu kämpfen, daß diese einlinige Liste mit der Vorstellung zweier Hoherpriester zu Davids Zeit (1. Chr 18,16) und überhaupt zweier hohenpriesterlicher Familien, der des Eleasar und der des Ithamar (1. Chr 24,1ff.), kollidiert. Er harmonisiert das, indem er in 1. Chr 5,29ff. nur die Liste eines hohenpriesterlichen Zweiges, eben des des Eleasar, sieht. Dadurch erklärt sich für ihn auch, daß Eli, der ja unter Voraussetzung der Kultzentralisation

Samuels zu diesen (1. Chr 6,12) der Darstellung von 1. Sam 1 gänzlich widerspricht.[402] Da sich noch zahlreiche weitere Unebenheiten dieser Art finden, ist für ihn der Schluß unausweichlich, daß dieses Listenmaterial da, wo es von dem aus älteren Büchern des Alten Testaments Bekannten abweicht, durchweg späte, jedenfalls nachexilische Überlieferungen enthält und aufs ganze gesehen dazu zu dienen hat, die Verhältnisse der Zeit des Chronisten in früher Vergangenheit zu verankern. Eine Ergänzung oder gar Korrektur älterer Geschichtsbücher mit seiner Hilfe ist also nicht angängig. So sind auch hier die zu vermutenden Sonderüberlieferungen des Chronisten praktisch bedeutungslos, da sie ganz in dessen Gedankenwelt eingebettet und nicht mehr abgrenzbar sind und ihnen in dieser Form keine gesicherten Informationen für frühere Zeiten entnommen werden können.

3.3.3.2. Bestätigung der Pentateuchkritik

Überblickt man rückschauend Grafs Arbeit an der Chronik, dann läßt sich leicht feststellen, daß sie der am Pentateuch im großen und ganzen parallelläuft, wie das ja auch nicht anders erwartet werden kann. Wiederum geht er von Ergebnissen der kritischen Forschung, hier vor allem von de Wette und Gramberg, aus, zeigt aber ebenso deutlich, wie stark die vermittelnde Forschung der kritischen inzwischen entgegengekommen ist und deren Standpunkt teils direkt und bewußt, noch öfter aber durch ihre unklare Haltung ungewollt und indirekt unterstützt. So kommt er auch in dieser Arbeit zu einer Synthese, die eine tragfähige Grundlage für die weitere Forschung abgab.

Freilich mußte er auch über die kritischen Entwürfe de Wettes und Grambergs noch einen Schritt hinausgehen. Beide vertraten ja nicht wie er, oder wenigstens nicht in der Konsequenz wie er,[403] die Auffassung von der Spätdatierung der priesterlichen Gesetze. Für ihn dagegen war gerade dies der Schlüsselpunkt für das Gesamtverständnis der Chronik, und erst unter dessen Voraussetzung ergab sich eine wirkliche und stichhaltige Synthese. Er konnte nun nämlich einerseits von seinen direkten Vorgängern übernehmen, daß die Chronik ein in sich einheitliches und als solches neu konzipiertes Werk ist. Ja, er stand unmittelbar auf seiten Grambergs, der betont hatte, das Werk habe einen so klaren Plan, daß es nur auf einen Verfasser zurückgehen könne,[404] während es bei de Wette

---

ebenfalls Hoherpriester war, nicht genannt wird. Er muß eben zu dem anderen Zweig, dem des Ithamar, gehört haben (s. besonders Chronik, 1854, zu 5,29ff.).
402 Chronik als Geschichtsquelle, 223f. Bertheau nimmt daran offenbar keinen Anstoß, anders dagegen O. Thenius, Bücher Samuels, 1842, zu 1. Sam 1,1.
403 Letzteres gilt für Gramberg (dazu s. o. Anm. 119).
404 C. P. W. Gramberg, Chronik, 1823, 86ff.

en Überblick über die Entwicklung des Zukunftsbildes insgesamt
d hat damit einen sehr weitgespannten Rahmen, innerhalb dessen
alttestamentliche Prophetie streng genommen nur einen Teilbereich
det.

Bei der Behandlung dieses Themas mußte es Graf vor allem darum
nen, das einschlägige Material möglichst vollständig zu erfassen und
zuführen. Die alttestamentlichen Propheten werden daher einzeln
nandelt.[417] Die Reihe beginnt mit Samuel als dem ersten greifbaren
treter,[418] als der älteste der Schriftpropheten gilt Joel. Es folgen die
exilischen Schriftpropheten in zeitlich geordneter Reihenfolge, näm-
Amos, Hosea, Micha, Jes 1–39, Nahum, Zephanja, Jeremia.[419] In das
gehören Ezechiel, Obadja, sekundäre Stücke aus Jes 1–39[420] sowie
40–66. Den Beschluß bilden die frühnachexilischen Schriften Haggai
d Sach 1–8 sowie Maleachi und Sach 9–14 aus der Zeit Esras und
hemias. Den meisten dieser Propheten widmet er einen eigenen Pa-
raphen, in dem er einen Gesamtüberblick über dessen Zukunftsbild
t, die wesentlichsten Belegstellen nennt und auch die jeweiligen zeit-
chichtlichen Verhältnisse in den wichtigsten Zügen umschreibt. Was
nachprophetische Zeit betrifft,[421] so geht er zunächst auf das apo-
yptische Schrifttum, nämlich Daniel, das dritte Buch der Sibyllinen,
n äthiopischen Henoch und das vierte Buch Esra, sowie außerdem
h auf Philo ein. Es folgt ein eigener Paragraph über das Auftreten
u[422] sowie die Behandlung der synoptischen Apokalypse und der des
annes. Die Schrift schließt mit einem Ausblick auf die Erwartungen
Judentums nach den Aufständen gegen die Römer sowie auf die der
hen Kirche bis hin zum Chiliasmus des Mittelalters. Graf hat also auf
ppem Raum eine erstaunliche Fülle von Material verarbeitet, und
nn man bedenkt, daß es sich dabei um das Werk eines Anfängers
ndelt, dann kann man seine Leistung nur bewundern. Allerdings ist
ht zu übersehen, daß die Darstellung der nachprophetischen Zeit
irängter ist und er vor allem auch weniger direkt aus den Quellen
aus arbeitet, sondern sich stärker auf Sekundärliteratur beruft. Das
t erkennen, daß er die Prophetie doch nicht nur als einen Teilbereich
en anderen betrachtet, sondern ihr das größte Gewicht beimißt, sie
o den Hauptgegenstand seiner Darstellung bildet.

noch offengeblieben war, ob mit einem oder mehreren Verfassern zu
rechnen sei.[405] Andererseits erkannte er mit der vermittelnden Seite an,
daß der Chronist neben den älteren kanonischen Geschichtsbüchern da
und dort eigene Quellen verwendet hat, also nicht als einsamer Falsch-
münzer im luftleeren Raum steht, sondern den Endpunkt einer längeren
Überlieferung, die seine Darstellung vorbereitet hat, bildet. Entscheidend
aber war die Erkenntnis, daß die bei weitem wichtigste Quelle für seine
Geisteshaltung die zwischen ihm und den älteren Geschichtsbüchern
stehende priesterliche Gesetzgebung ist. Diese durch Esra verbindlich
eingeführten Gesetze verlangten eben gebieterisch nach einer ihnen entsprechenden Darstellung der vorexilischen Geschichte Israels, waren
also selbst die Ursache für die Masse der Abweichungen von den älteren Geschichtsbüchern, die, unter diesem Aspekt betrachtet, eben einer
grundsätzlichen Korrektur bedürften. So erübrigte sich zu einem guten
Teil die Annahme von Sonderquellen und alten Überlieferungen, und
auch da, wo vielleicht wirklich eigens übernommenes älteres Gut vorliegt, war doch Auswahl und Gestaltung so stark von diesen Gesetzen
her bestimmt, daß der ursprüngliche Charakter der Quelle nicht mehr
zu erkennen ist und von urkundlicher Treue keine Rede sein kann.

Also ist die Chronik eine Neukonzeption, die aber ihrerseits auf
einer nicht allzu lange Zeit vorher neugegebenen Voraussetzung beruht
und von ihr aus in allen wesentlichen Punkten erklärbar wird.[406] Damit erst ist das Besondere an Grafs Untersuchungen, worin er über die
vermittelnde Forschung, aber auch über die kritischen Entwürfe von
de Wette und Gramberg hinausging, erfaßt. Natürlich ist er nicht der
erste, der auf einen solchen Gedanken überhaupt gekommen ist. Seine
unmittelbaren Vorgänger in der Pentateuchkritik wie Vatke und George
sahen sich zwangsläufig vor das gleiche Problem gestellt und äußerten
sich in derselben Richtung wie er.[407] Vor allem aber dürfte für ihn wieder
in erster Linie Reuß wegweisend gewesen sein. Er hat sich vor Erscheinen von Grafs Arbeiten nicht ausführlich, aber an einer Stelle doch sehr
eindeutig dafür ausgesprochen, daß erst die Chronik den ganzen Pentateuch und damit auch die priesterlichen Gesetze kenne, folglich deren
späte Entstehung erweise und ihrerseits durch diese bestimmt sei.[408]
Zweifellos hat er also auch hier den Anstoß zu Grafs Bemühungen um
diese Problematik gegeben. Aber die Durchführung und die Art, wie

---

L'idée, §§ 2–17, S. 2–28.
Der eigentliche Begründer der Prophetie ist Mose (L'idée, 1), doch wird nichts Näheres
   darüber ausgeführt, weiteres s.u.
Auf Habakuk wird nur kurz hingewiesen im Anschluß an Jeremia, L'idée, 16.
13,1–14,23; 21,1–10; 24–27; 34f.
L'idée, §§ 18–26, S. 28–49.
L'idée, § 22, S. 40–43.

---

405 W. M. L. de Wette, Beiträge 1, 1806, 60f., vgl. auch Lehrbuch, [6]1845, 284 Anm. d.
406 Mit der Mehrzahl seiner Zeitgenossen nahm Graf eine Entstehung in der 2. Hälfte des
     4. vorchristlichen Jahrhunderts an (Chronik als Geschichtsquelle, 114; s. auch o. Anm.
     345).
407 W. Vatke, Religion, 1835, 566ff.; J. F. L. George, Feste, 1835, 65f. (letzterer bezüglich der
     Entwicklung des Levitentums).
408 E. Reuß, Allgemeine Literatur-Zeitung, 1839, 175.

die zeitgenössische Literatur verarbeitet wird, entspricht doch wieder ganz der eigenen Methodik Grafs, so daß die Synthese in der Form, wie sie eben geschildert wurde, unzweifelhaft als sein Werk anzusehen ist. Er hat also einen durchaus selbständigen und notwendigen Beitrag zur Erforschung der Chronik geleistet und damit auch hier wieder einen Markstein auf dem Wege zum schließlichen Sieg des kritisch gesonnenen Flügels gesetzt.

Für konservativer Gesinnte waren seine Ergebnisse freilich noch nicht befriedigend. Denn er rechnete zwar grundsätzlich damit, daß der Chronist auf eine größere Quelle zurückgegriffen hat, eben auf das unter wechselndem Titel zitierte Buch der Könige, und spricht auch da und dort von besonderen Überlieferungen, die freilich größtenteils schon dem Verfasser dieses Buches vorgelegen haben müssen[409] und demnach mit wenigen Ausnahmen darin enthalten waren.[410] Aber derartiges wird von ihm nur gleichsam im äußersten Notfall, nämlich dann, wenn es sich gar nicht aus den älteren kanonischen Geschichtsbüchern erklären läßt, zugestanden. Im übrigen sieht er nur folgerichtige Veränderungen, die sich aus den Vorstellungen der späteren Zeit im Grunde von selbst ergaben, und geht der Frage nach den Vorstufen nicht näher nach. Mit anderen Worten, er erkennt wohl an, daß dem Chronisten umfänglicheres Quellenmaterial vorlag, billigt ihm aber nur eine skrupulös sparsame Benutzung zu. Bertheau ließ sich daher nicht überzeugen und hielt auch in der zweiten Auflage seines Kommentars,[411] vor allem beim zweiten Chronikbuch, im wesentlichen an seiner bisherigen Auffassung fest.[412]

Wenn Graf dennoch mit diesem zweiten Hauptwerk mehr Anerkennung fand als mit dem ersten zur Pentateuchkritik,[413] dann war das ein deutliches Zeichen dafür, daß man die Klarheit und Folgerichtigkeit, mit der er die eigenen Intentionen der Chronikbücher herausarbeitete, als den eigentlichen Wert seiner Arbeit erkannte. Auch wenn sich die Fragen nach Sonderquellen oder Zwischenstufen nicht erledigt hatten, war doch deutlich geworden, daß das Geschichtsbild der beiden Bücher eine durch und durch späte Konstruktion ist und keinen eigenen Quellenwert gegenüber den älteren Geschichtsbüchern besitzt. Damit aber war ein wesentliches Argument gegen die Spätdatierung der priesterlichen Gesetze im Pentateuch gefallen, und so besehen hat Graf noch selbst

---

409 Vgl. dazu o. Anm. 376 und 394.
410 Chronik als Geschichtsquelle, 193ff.
411 E. Bertheau, Chronik, ²1873, XLIIIff.
412 Vgl. auch seine Rezension über Graf in: JDTh 11 (1866), 159f. Ähnliche Äußerungen finden sich in der Rezension in: Literarisches Centralblatt für Deutschland, 1866, 667f.
413 So vor allem bei E. Riehm, der dem zweiten, ganz im Gegensatz zum ersten, fast uneingeschränkt zustimmte (ThStKr 41 [1868], 376ff.).

entscheidend dazu beigetragen, daß sich in der Folg[e] benannte Hypothese durchsetzen konnte.

3.4. Prophetie

Die Pentateuchkritik und die unmittelbar mit diese[r] [Pro]blemkreise bilden zweifellos das Hauptarbeitsgebiet [Grafs] mit dem Alten Testament beschäftigt hat. Das wird all[ein] vielfältigen literarischen Äußerungen, die in diesem [?] besprechen waren, deutlich. Daneben galt sein Interes[se] zweiten großen Problemkreis, und auf diesem Gebie[t] viel mehr Zustimmung unter den Zeitgenossen erfa[hren?] phetie. Die literarischen Äußerungen hierzu sind zwa[r] spärlich. Doch ist zu beachten, daß es dabei um se[ine?] die schon teilweise behandelte Dissertation zur Erla[ngung] eines Bachelier en Théologie von 1836,[414] sowie um s[ein] Werk, den Jeremiakommentar von 1862, geht.[415] Di[e] diesem Problemkreis eröffnete also seine gesamte li[terarische?] und hatte ein monumentales und vielbeachtetes [?] Werk, das seinen Namen breiteren Kreisen überhaup[t] te. Es stellt sich daher die Frage, ob und inwiefern [?] Gebiet Eigenes geleistet und die weitere Forschung [?] welches Gewicht seinen dabei erzielten Ergebnissen [?] bisher beobachteten beizumessen ist.

3.4.1. Die Erstlingsschrift

Über Grafs Grundeinstellung zur Prophetie gibt sei[?] die wesentlichsten Aufschlüsse. Deren Thema ist d[ie?] messianischen „Idee" von ihren Anfängen bis in die [?] Diese „Idee" ist jedoch nicht isoliert zu betrachten, [?] auch wichtiger und mehr und mehr in den Vorder[grund] aus dem größeren Ganzen des Zukunftsbildes, da[?] in den verschiedenen Zeiten gemacht hat. So gib[t]

---

414 S. o. S. 73.
415 Außer diesen beiden selbständigen Schriften hat Graf noch ei[n] für das von D. Schenkel herausgegebene Bibel-Lexikon verfaß[t] 574; Jeremia, Prophet, Bd. 3, 1871, 204–206; Jeremia, Buch de[s] Klaglieder, Bd. 3, 208f.) Sie tragen jedoch nichts Neues für Gra[fs] Prophetie bei, da sie entweder nur Ergebnisse der selbständi[gen] oder keinerlei eigene Forschungsarbeit enthalten. Sie werden [?] gesondert behandelt.
416 K. H. Graf, L'idée messianique dans son développement his[torique?]

Diese Schlußfolgerung wird bestätigt, wenn man beachtet, in welcher Weise er die Zukunftserwartungen der Propheten bewertet. Denn er sieht seine Aufgabe nicht nur darin, die Entwicklung rein phänomenologisch zu erfassen. Vielmehr stellt er sehr energisch die Frage, welchen Sinn die entsprechenden Aussagen im Gesamtzusammenhang des jeweiligen Buches haben, welche Tendenz sie verraten und wie sie daher sachgemäß zu beurteilen sind. Hierbei aber kommt der Prophetie eine ganz besondere Bedeutung zu.

Am Beispiel Samuels wird zunächst deutlich gemacht, daß die Grundlage aller ihrer Bemühungen der Kampf um die Durchsetzung des Monotheismus und des Glaubens an einen unsichtbaren Gott ist.[423] In dieser Hinsicht sind sie die direkten Fortsetzer des Werkes Moses, der wohl hauptsächlich deswegen als Begründer der Prophetie bezeichnet wird.[424] Aber das ist, wie gesagt, nur die Grundlage. In einem gesonderten Paragraphen kommt er noch vor der Behandlung der einzelnen Propheten auf deren eigentliche „Idee" zu sprechen.[425] Es ist die der vergeltenden Gerechtigkeit (justice rémunératrice), also der Belohnung des Rechtschaffenen und der Bestrafung des Sünders. Sie bezogen diese auf das eigene Volk und dessen Geschichte und begründeten damit einen religiösen Pragmatismus, demzufolge alle soziale Ungerechtigkeit und aller Abfall von Gott geschichtliche Katastrophen und Bedrängnisse notwendig nach sich ziehen muß, wie andererseits wahrhafter Gehorsam den göttlichen Geboten gegenüber mit Sicherheit auf eine glückliche Zukunft hinausläuft. Alle Kalamitäten in der Geschichte des Volkes waren damit als Strafe für falsches Verhalten erklärbar, und umgekehrt konnten die Propheten in dem Falle, daß sich das Volk Gott ungeteilt zuwenden würde, eine Wiederherstellung der Verhältnisse, wie sie in der Glanzzeit Davids bestanden, in Aussicht stellen. Ja, sofern Israel alle Sünden der Vergangenheit restlos beseitigte, war eine noch glanzvollere Zeit als die unter David zu erwarten.

Aufgrund dieser Überzeugung bildete sich bei den Propheten dann die spezielle „Idee„ einer besseren Zukunft aus, die sie in den Nöten ihrer Gegenwart tröstete und ihnen Mut und Eifer gab, für die Errichtung des Gottesreiches zu kämpfen. Deutlich ist jedoch, daß die Erwartung auch in dieser speziellen Form nicht um ihrer selbst willen von Bedeutung war, sondern nur als eine Folge der „Idee" der vergeltenden Gerechtigkeit, die ihr eigentliches Anliegen war und blieb. Damit aber gilt für alle Zukunftserwartungen der Propheten, daß sie keine selbständige Rolle in deren Botschaft spielen, sondern nur dazu dienen sollen, die Bösen zur

---

423 L'idée, § 2, S. 2f.
424 L'idée, 1.
425 L'idée, § 4, S. 4–7.

Bekehrung zu rufen und die Gerechten in ihrer Tugend zu bestärken. Sie sind Mittel zum Zweck und richten sich an den jeweils gegenwärtigen Menschen. Diese Grundauffassung bringt Graf nach der Behandlung der einzelnen Propheten noch einmal in einem eigenen Paragraphen zum Ausdruck.[426] Danach verfolgen alle Aussagen über die Zukunft einen moralischen Zweck und stellen die durch Reflexion formulierte und in Einbildungskraft (imagination) eingekleidete „Idee" der vergeltenden Gerechtigkeit dar. Von da aus erklärt es sich auch, daß die Propheten nicht von einer zu erwartenden Unterwerfung der anderen Völker durch Israel, sondern nur von deren Belehrung, und nicht von einer Weltherr-schaft des künftigen Königs, sondern nur von dessen größerer Nähe zu Gott im Vergleich mit anderen Königen sprechen. Denn es geht um die einstige Belohnung Israels auf Grund von Gerechtigkeit, nicht aber um die Sanktionierung politischer Machtansprüche.

Die bleibende Bedeutung der Propheten beruht also auf der „Idee", die sie vertreten, und nur um deretwillen ist auch ihr Zukunftsbild von Interesse. Diese Bedeutung aber wird noch besonders offenkundig, wenn man die Zukunftserwartungen der nach ihnen liegenden Zeit betrachtet. Auch dazu nimmt Graf, und zwar wiederum vor Behandlung der einzel-nen Schriften, gesondert Stellung.[427] Wie schon anderen Orts ausgeführt wurde,[428] ist diese spätere Zeit die Zeit der äußeren Bindung an das nun herrschende Gesetz, das an die Stelle des lebendigen Glaubens der Propheten tritt. Infolge dieser Bindung aber war man zugleich davon überzeugt, das wahre Gottesvolk, den Mittelpunkt der Welt zu bilden, und wartete ungeduldig auf eine glanzvolle Zukunft. Die aufkommende apokalyptische Literatur vernachlässigt daher das moralische Element zugunsten einer äußeren Ausgestaltung des Zukunftsbildes. Man erhofft Weltherrschaft des Messias und Unterdrückung aller feindlichen Völker und gibt der Person des Messias mehr und mehr übernatürliche Zü-ge. Überhaupt geht es um sich ständig steigernde Erwartungen, immer detailliertere Angaben sowie um genaue Berechnung der Abfolge der Ereignisse bis zum Anbruch des messianischen Reiches. Vorbedingungen für das Eintreffen des Heils, wie sie die Propheten stellten, werden mehr und mehr hinfällig. Natürlich hat sich das Zukunftsbild nicht überall völlig verselbständigt und veräußerlicht. Das zeigt Graf bei der Ein-zeldarstellung der Schriften, so vor allem bei Daniel, wo es deutlich um Stärkung der in Verfolgung lebenden Gerechten geht.[429] Doch hat sich die politisch ausgerichtete Erwartung einer künftigen Weltherrschaft zuse-

---

426 L'idée, § 17, S. 25–28.
427 L'idée, § 18, S. 28–30, dazu ist noch das Ende von § 17 auf S. 28 hinzuzunehmen.
428 S. o. S. 73f.
429 L'idée, 31f. Die gleichen Leitgedanken hat Graf später noch einmal in seinem Lexikon-artikel über Daniel geäußert (s. o. Anm. 415).

hends gefestigt und war im Judentum schließlich die allein herrschende. Anders lagen die Dinge natürlich im Christentum. Denn in Jesus fanden die prophetischen „Ideen" ihre letzte und höchste Vollendung,[430] und in seiner Nachfolge wurden die aus der Apokalyptik übernommenen Vorstellungen immer stärker vergeistigt.[431] Aber der später aufkommende Chiliasmus zeigt doch, daß auch hier eine Verselbständigung und Veräußerlichung des Zukunftsbildes eintrat und man damit der Botschaft Jesu und dem prophetischen Erbe untreu wurde.[432] So macht Graf durch seinen Überblick über die nachprophetische Zeit deutlich, daß die Moral das Entscheidende an der Prophetie ist und diese eben deshalb auch für die späteren Perioden den Maßstab abgibt.

Von hier aus ist auch Grafs Standpunkt im Rahmen der wissenschaftsgeschichtlichen Entwicklung eindeutig zu bestimmen. Er berührt sich nämlich auf das engste mit markanten Vertretern der zeitgenössischen deutschen Forschung, und zwar mit solchen, die die Propheten noch weitgehend im Geiste des Rationalismus als Lehrer und Weise verstanden und von deren Moral ausgingen, um zu einem Gesamtverständnis zu gelangen.[433] Von diesen zitiert er ausdrücklich die Jesajakommentare von W. Gesenius[434] und F. Hitzig.[435] Zu nennen ist aber auch A. Knobels nur wenig später erschienenes zusammenfassendes Werk, das diese Richtung als ganze repräsentiert.[436] Das gleiche gilt für die literarkritischen Fragen. Auch bei ihnen ist er ganz von der deutschen Forschung abhängig, wobei vor allem auf die Einleitung von de Wette hingewiesen werden muß,[437] da er diese mehrfach zitiert und mit deren Ergebnissen völlig übereinstimmt.

Allerdings ist ein bemerkenswerter Unterschied zu den genannten Vertretern der zeitgenössischen Forschung nicht zu übersehen. Er besteht in der klaren Trennung zwischen der Zeit des Gesetzes nach dem Exil, insbesondere seit dem Auftreten Esras und Nehemias, und der davorliegenden Zeit lebendigen Glaubens. So besteht ein tiefer Einschnitt am Ende der Prophetie, durch den diese als Größe ganz eigener Art erwiesen wird und infolge ihrer Zuordnung zu lebendigem Glauben im Gegensatz zum Buchstaben des Gesetzes eine ganz einzigartige Bedeu-

---

430 L'idée, 40ff.
431 L'idée, 43f.
432 L'idée, 48f.
433 Vgl. dazu nur W. Baumgartner, Auffassungen, 1922, 28f.
434 Jesaia, 3 Theile, 1820/21, 1. Theil ²1829
435 Jesaja, 1833.
436 Prophetismus, 2 Theile, 1837. Vgl. zur Vergeltungslehre besonders 1. Theil, 283ff., zu den Weissagungen allgemein 293ff., zu den messianischen Weissagungen 311ff. Zu Knobels Stellung in der Geschichte der Prophetenforschung vgl. E. von Matter, Auffassung, 1943, 4ff., 19ff., 29ff., 44ff., 91ff.
437 W. M. L. de Wette, Lehrbuch, 1817.

tung erhält. Hier liegt also die später von Wellhausen vertretene und von ihm zum Durchbruch gebrachte Erkenntnis, daß das Gesetz den Propheten folge und diese es nicht voraussetzen,[438] in den Grundzügen fertig vor. Natürlich zeigt ein Vergleich von Grafs Erstlingsschrift mit Wellhausens Ausführungen sofort, wie unvollkommen und unausgereift die Darstellung bei Graf noch ist. Wie schon an anderer Stelle ausgeführt wurde,[439] geht er sehr schematisch vor. Die Begriffe Glaube und Gesetz werden einander geradezu schlagwortartig gegenübergestellt, und dabei wird der letztere rein negativ bestimmt, so daß sich eine grundsätzliche Abwertung der nachprophetischen Zeit ergibt. Das alles hat seine Ursache darin, daß der Wechsel von Glaube zu Gesetz nicht näher begründet und erklärt wird und damit dem neu zu errichtenden Gebäude das entsprechende Fundament fehlt. Es war also noch intensive Weiterarbeit nötig, um dieses Fundament zu legen. Auf Grund dessen erst konnten dann breite Kreise von der Richtigkeit der schon hier bei Graf vorgetragenen Auffassung überzeugt werden. Aber die Tatsache, daß bereits in seiner Erstlingsschrift die erst Jahrzehnte später zu weitgehender Anerkennung gebrachte Einordnung von Prophetie und Gesetz in den Grundzügen festliegt, ist unbestreitbar und läßt erkennen, wie stark und wie langfristig auch in dieser Hinsicht Wellhausen und den ihm Gleichgesinnten vorgearbeitet worden war.

Von einer wirklich eigenen Leistung Grafs kann bei alledem freilich nicht gesprochen werden. Die von ihm vorgenommene Abgrenzung der Prophetie von den Schriften späterer Epochen ist ja nur ein besonderer Aspekt der Neubesinnung hinsichtlich der Stellung des Gesetzes und seiner zeitlichen Einordnung, wie sie von Reuß angeregt worden war. Auch deutet die schlagwortartige Gegenüberstellung von Glaube und Gesetz darauf hin, daß sich Graf ein bereits fertiges Bild von der geistigen und religiösen Entwicklung Israels angeeignet hatte und im Zuge dessen zugleich eine feste Vorstellung von der Prophetie übernahm. Schließlich ist es fraglos ebenfalls Reuß, der ihm die Kenntnis der Ergebnisse der obengenannten Vertreter der deutschen Prophetenforschung während des Studiums vermittelt hat. Daß er dies aber nicht tat, ohne zugleich Prophetie und Gesetz zu trennen, versteht sich nach seinen Thesen zur Pentateuchkritik, die in diese Zeit fallen,[440] von selbst. Also auch die Synthese zwischen der deutschen Prophetenforschung, die von der Frühdatierung der priesterlichen Gesetze ausging, und der von ihm

---

438 Vgl. J. Wellhausen, Prolegomena, [3]1886, 417ff. Über Wellhausen vgl. W. Zimmerli, Gesetz, 1963, 31ff.; R. Smend, Julius Wellhausen und seine Prolegomena, 1983; Ders., Julius Wellhausen, 2006, 23–26.
439 S. o. S. 75.
440 1833, veröffentlicht in: E. Reuß, L'histoire 1, 1879, 23f., Anm. 1. Vgl. bes. These 6: „Les prophètes du 8ᵉ et du 7ᵉ siècle ne savent rien du code mosaïque."

vertretenen kritischen Auffassung kann nur er selbst und nicht etwa erst Graf vollzogen haben. Somit besteht dessen eigener, für einen Anfänger allerdings schon recht beachtlicher Anteil hauptsächlich darin, daß er den vielschichtigen Stoff in den Quellen selbst bzw. mit Hilfe von Sekundärliteratur erfaßt und in einen großen Rahmen eingeordnet hat, so daß sich ein einheitliches Bild ergibt. Eine besondere Note bekommt die Darstellung nur in negativer Hinsicht, nämlich dadurch, daß er die prophetische und die nachprophetische Zeit in harten Kontrast zueinander stellt und auf diese Weise eine allzu schematische Zweiteilung erzielt, die den Intentionen seines Lehrers nicht entsprach. Darauf ist bereits an anderer Stelle eingegangen worden.[441] Im übrigen aber besteht die eigentliche Bedeutung dieser Erstlingsschrift auch hinsichtlich der Prophetie nicht darin, daß hier eine eigene Leistung ihres Verfassers oder wenigstens dessen Eigenart in besonderer Weise hervorträte, sondern darin, daß die Ausgangsposition erkennbar wird und dies zur Beurteilung der späteren Arbeit wichtig und hilfreich ist.

3.4.2. Der Jeremiakommentar

Der zweite Beitrag Grafs zur Prophetenforschung[442] gehört in die Periode seines Lebens, in der er sich fast ausschließlich mit alttestamentlichen Problemen beschäftigt hat und auf diesem Gebiet auch literarisch besonders fruchtbar gewesen ist.[443] Damit waren die Voraussetzungen für ein selbständiges und eigengeprägtes Werk gegeben, ein Werk, dem seine bisherigen Erfahrungen in der alttestamentlichen Forschung zugute kommen mußten und von dem man daher erwarten kann, daß es einen klaren Standpunkt im Vergleich mit der einschlägigen zeitgenössischen Literatur hervortreten läßt. Tatsächlich kann man schon im

---

441 S. o. S. 75. Von da aus dürfte es auch zu erklären sein, daß das Deuteronomium keine Beachtung findet. Bereits für den frühen Reuß bildet dieses nämlich einen sehr wichtigen Einschnitt in der Geschichte des israelitisch-jüdischen Volkes, so daß er in der neunten der in der vorigen Anm. genannten Thesen geradezu sagen kann: „L'histoire des Israélites, en tant qu'il s'agit du développement national déterminé par des lois écrites, se divisera en deux périodes, avant et après Josias." Vgl. auch Ders., Art. Judenthum, 1850, 333ff., wonach der vom Deuteronomium beeinflußte Jeremia am Anfang der Entwicklung der Propheten zu Gesetzeslehrern steht. Bei genauerem Hinsehen bedeutet das aber nur, daß er damit die Entwicklung stärker unterteilt, denn die Zeit des Gesetzes beginnt bei ihm ja auch erst nach Abschluß des gesamten Pentateuch, also nach Hinzukommen der priesterlichen Gesetze in der Zeit Esras, vgl. ebd., 335ff. Die Zeit von Jeremia bis Esra gewinnt somit den Charakter einer Übergangsperiode. Wenn Graf im Gegensatz zu ihm von Jeremia handelt, ohne das Deuteronomium überhaupt zu erwähnen (L'idée, 15f.), dann tut er das offensichtlich aus dem Interesse heraus, zu einer klaren Zweiteilung zu gelangen und diese nicht durch die Darlegung von Übergängen zu verschleiern.
442 K. H. Graf, Der Prophet Jeremia erklärt, Leipzig 1862.
443 Vgl. dazu o. S. 62f.

äußeren Aufbau der Darstellung erkennen, daß Graf hier auf der Höhe
seines Schaffens steht. Er setzt sich z. T. sehr gründlich mit Einzelpro-
blemen auseinander, ohne jedoch in zerfließende Breite zu verfallen. Im
Gegenteil, der Aufbau ist klar und systematisch und läßt die eigene
Meinung des Verfassers leicht und deutlich erkennen. Die Einleitung,
die die Hauptergebnisse zusammenfaßt, gibt Auskunft über Zeit und
Leben Jeremias, das Buch und die griechische Übersetzung.[444] Die hier
aufgeworfenen literarkritischen und chronologischen Probleme werden
dann bei jedem größeren, meist mehrere Kapitel umfassenden Abschnitt
am Anfang im Zusammenhang erörtert, so daß der Leser bereits Klarheit
über Inhalt, Komposition und zeitliche Einordnung besitzt, ehe er an die
Vers für Vers behandelnde Einzelexegese herangeht, und auch innerhalb
dieser wird bei den Abschnitten zuerst eine kurze Inhaltsangabe geboten,
der dann die Besprechung der Verse folgt. Eine solche Art der Darstellung erleichtert die Handhabung des Buches sehr und zeigt zugleich, daß
der Verfasser bestrebt ist, die anstehenden Probleme mit größtmöglicher
Objektivität darzulegen, um sie dann entsprechend nüchtern und ohne
unnötige Komplizierung zu lösen. Von daher stellt sich nun die Frage,
welche Bedeutung dieser Kommentar für den Gang der Prophetenforschung gehabt hat und ob Graf durch ihn Impulse gegeben hat, die sich
mit denen auf dem Gebiet der Pentateuchkritik vergleichen lassen.

3.4.2.1. Die Lösung der literarkritischen, chronologischen und textkritischen Probleme

Was die literarkritischen und chronologischen Probleme betrifft, so bestand die Hauptaufgabe darin, den Umfang der ursprünglich von Jeremia
selbst zusammengestellten Sammlung und ihrer späteren Erweiterungen
zu klären. Graf versteht darunter jedoch nicht die 36,4 erwähnte „Urrolle", um deren Rekonstruktion er sich nicht weiter bemüht, sondern
die erweiterte „Urrolle" nach 36,32, die seiner Meinung nach etwa im 6.
Jahre Jojakims verfaßt worden ist.[445] Da die Meinungen der zeitgenössischen Kommentare bei diesen Fragen weit auseinandergehen, bemüht er
sich um eine neue und eben möglichst unkomplizierte Lösung, die die
Entstehung des gesamten Buches in verhältnismäßig kurzer Zeit und in
wenigen Etappen erweisen soll.
Die ältesten Teile dieser im 6. Jahr Jojakims zusammengestellten
Sammlung sind für Graf die Kapitel 1–6, in denen er Jeremias Botschaft
aus der Zeit Josias erkennt. Er befindet sich damit weithin in Übereinstimmung mit der zeitgenössischen Literatur, die zumindest das Stück

444 Jeremia, XI–LVII.
445 Jeremia, XXXVIf. Graf gebraucht den Begriff „Urrolle" nicht.

3,6–6,30 auf Grund der Zeitangabe 3,6 einhellig in der frühesten Periode des Propheten ansetzt.[446] Auch eine Identifizierung des Feindes aus dem Norden mit den bei Herodot erwähnten Skythen ist Allgemeingut der Forschung dieses Jahrhunderts.[447] Während aber viele bei den Kapiteln 2–6 der Ansicht waren, daß diese aus zwei, wenn nicht aus mehreren, selbständigen Stücken zusammengesetzt seien,[448] kennzeichnet er sie als „eine in der Zeit Jojakim's niedergeschriebene Uebersicht der Predigt und Weissagungen Jer.'s während seiner prophetischen Thätigkeit unter Josia", die daher einheitlich und in sich geschlossen sei.[449] Einen Einschnitt sieht wohl er auch zwischen 4,2 und 4,3, aber doch nur der Art, daß der Prophet in seiner Predigt von der Zukunftsschilderung auf die Gegenwart zurückkomme, um durch Ankündigung eines Strafgerichtes zur Umkehr zu rufen; als Gegenbeweis gegen die literarische Einheit kann er ihn also nicht annehmen. Eng mit diesen Kapiteln ist auch der Berufungsbericht zu verbinden, der zu den zuerst von Jeremia verfaßten Stücken gehört und bereits im 4. Jahre Jojakims niedergeschrieben sein muß, nur daß dessen Überschrift in späterer Zeit durch 1,3 ergänzt worden ist und nun auf die Kapitel 1–39 insgesamt Bezug nimmt.[450]

Zu dieser ursprünglichen Sammlung rechnet Graf mit der Mehrzahl der Zeitgenossen auch das nächste, mit einer Überschrift eingeleitete größere Stück Kap. 7–10, das er mit der nach Kap. 26 gehaltenen Tempelrede identifiziert. Wieder handelt es sich seiner Meinung nach also um eine einheitlich konzipierte und nicht mehr in getrennte Einzelstücke aufteilbare Rede, die die Botschaft Jeremias am Anfang der Regierung Jojakims zusammenfaßt,[451] später allerdings von anderer Hand durch einen umfänglichen Zusatz, bestehend aus drei selbständigen Stücken, deren größtes deutlich seine Herkunft aus dem Kreis der Exulanten in

---

446 S. die Übersicht bei W. M. L. de Wette, Lehrbuch, [6]1845, 332.

447 Nur die Frühdatierung des Skythenzuges in die Jahre 632 oder 630 v. Chr. (Jeremia, 16f.) wird abgelehnt. Vgl. F. Hitzig, Jeremia, [2]1866, 32; A. Kuenen, Einleitung 2, 1892, 166.

448 Vgl. F. Hitzig, der 2,1–3,5; 3,6–4,2 und 4,3–6,30 (so schon Jeremia in der 1. Aufl. von 1841), und H. Ewald, der die Kapitel 2 und 3–6 voneinander trennt und nacheinander entstehen läßt (Propheten 2, [2]1868, 78f.). Andere lassen das Stück 2,1–3,5 erst in Jojakims Zeit entstehen, s. de Wette, Lehrbuch, [6]1845, 332.

449 Jeremia, 15. Die Überschrift 3,6 ist für ihn nicht mehr als eine Reminiszenz, da die Verse davor die gleichen Erscheinungen zum Inhalt haben und deshalb miteinander zu verbinden seien.

450 Vgl. dagegen H. Ewald, der dieses Kapitel in der vorliegenden Form erst nach der Zerstörung Jerusalems entstanden sein läßt (Propheten 2, 1841, 91). Mit Graf stimmt dagegen F. Hitzig überein (Jeremia, in beiden Auflagen, 2); das gilt auch für 1,3.

451 Die Meinung, daß diese Kapitel von der Rede in Kap. 26 zu trennen und zeitlich verschieden einzuordnen seien, wird ausdrücklich abgelehnt (Jeremia, 173f.). Vgl. dazu F. Hitzig, der meint, der Prophet erzähle seine Orakel nicht doppelt und der daher Kap. 7 in Josias Zeit ansetzt und auf die Skythen anspielen läßt (Jeremia, [1]1841, 61, [2]1866, 58f.). Für Graf spricht sich u. a. A. Kuenen aus (Einleitung 2, 1892, 174).

Babylonien verrät, erweitert worden ist.[452] Auch die folgenden größeren
Stücke, die jeweils durch eine neue Überschrift markiert werden, gehören
wieder fast vollständig zum Bestand der erweiterten „Urrolle", wenn
sie möglicherweise auch etwas jünger sind als die bisher genannten. Es
handelt sich um die Abschnitte Kap. 11–13; 14,1–17,18 und 17,19–27. Nur
der erstgenannte von ihnen enthält einen größeren Zusatz von Jeremia
selbst aus Jojakims späterer Zeit,[453] ist aber im übrigen „ein Ganzes, eine
prophetische Rede", die nicht auseinandergerissen und auf verschiedene
Zeiten verteilt werden darf.[454] Bei dem darauffolgenden Abschnitt ist
freilich nicht zu leugnen, daß teilweise ein klarer Aufbau fehlt,[455] dennoch hält Graf daran fest, daß er als Ganzes in Jojakims frühe Zeit gehört
und für andere Ansetzungen keine zwingenden Gründe vorliegen.[456]
Dasselbe gilt für 17,19–27, das er als eine selbständige Einheit betrachtet
und inhaltlich mit 22,1–5 in Beziehung setzt.[457]

Stärker überarbeitet ist dagegen der Abschnitt Kap. 18–24. Der in
Jojakims Frühzeit gehörige Grundstock besteht nach Graf aus folgenden
Teilen: 18,1–19,13; 22,1–19; 23,8–40. In diesen ist „die allgemeine Lage

---

452 9,22f.24f.; 10,1–16. Das letzte Stück erkennt Graf als mit Deuterojesaja verwandt an,
     lehnt aber die Ansicht, daß letzterer der Verfasser sei, ab und begründet das mit einem
     subtilen sprachlichen Vergleich (Jeremia, 171f., Anm. 1). Die Identität mit Deuterojesaja
     vertraten F. C. Movers, De utriusque, 1837, 44), W. M. L. de Wette (Lehrbuch, ⁶1845,
     326) und F. Hitzig (Jeremia, beide Auflagen, z. St.). Die Späteren schließen sich Graf
     an, z. B. F. Giesebrecht, Jeremia, 1894, z. St. V. 11 ist für Graf ein weiterer Zusatz. Die
     Stücke 9,22f.24f. betrachtet er als unecht, weil sie mit 7,1–9,21; 10,17–25 in keinem
     Zusammenhang stehen. Dieser Tatbestand ist auch von anderen gesehen worden, hat
     bei ihnen jedoch nicht zu der Annahme nichtjeremianischer Abfassung geführt. Vgl.
     die Auseinandersetzung bei F. Giesebrecht, Jeremia, 1894, z. St. Auch Graf rechnet
     damit, daß diese Stücke viel älter als 10,1–16 sind (Jeremia, 172f.).
453 12,7–17, von Graf mit der Masse der Ausleger mit 2. Reg 24,1f. in Verbindung gebracht.
454 Graf ist hierin ein Außenseiter, denn communis opinio ist, daß sich die Verse 13,18f.
     auf Jojachin, nicht aber auf Jojakim beziehen, bei dem die Königinmutter kaum eine
     große Rolle gespielt hat (vgl. A. Kuenen, Einleitung 2, 1892, 184), so daß weithin das
     ganze Kapitel der Zeit Jojachins zugeschrieben wird. H. Ewald rechnet dazu sogar den
     gesamten Abschnitt Kap. 11–13 (Propheten 2, 1841, 145ff.). F. Giesebrecht dagegen setzt
     mit Graf Kap. 13, jedoch mit Ausnahme von V. 18f., in die Zeit vor Jojachin (Jeremia,
     1894, z. St.). Graf selbst hält es lediglich für möglich, daß 11,18–12,6 später von Jeremia
     hinzugefügt wurde, da kein fester Zusammenhang zwischen 11,17 und 11,18 bestehe.
     Doch gebe es keine zwingenden Gründe für eine solche Annahme (Jeremia, 174f.).
455 So gibt er zu, daß „die allgemeinen Sentenzen 17,5ff. vielleicht erst später von Jer. der
     vorhergehenden Rede beigefügt" worden seien (Jeremia, 209). S. die Darlegung der
     Forschungslage bei A. Kuenen, Einleitung 2, 1892, 179ff.
456 Nicht einmal 16,14f. hält er הַבַּצָּרוֹת für einen Eintrag an falscher Stelle, und in 14,1
     nimmt er den Plural ernst und bezieht die ganze Rede auf öfter eingetretene, als
     göttliche Warnungen zu verstehende Dürren (jeweils z. St.).
457 Jeremia, 249f. Das letztgenannte Stück setzt er ebenfalls in Jojakims Zeit an (s. u.). Er
     setzt sich hier hauptsächlich mit H. Ewald (Propheten 2, 1841, 174ff.) und F. Hitzig
     (Jeremia, 1841, z. St.) auseinander und wendet sich gegen eine Verbindung mit Kap. 18.
     Die Authentie dieses Stückes wurde zu seiner Zeit im allgemeinen noch anerkannt.

der Dinge ... dieselbe wie in den vorhergehenden längeren Abschnitten
... also gehört dieses Stück derselben Zeit an" und bildet durch die
auf 18,1 bezogenen Teilüberschriften 19,1 und 22,1 ein geschlossenes
Ganzes. Späteren Ursprungs aber sind die Verse 19,14–20,6, die mit den
übrigen Erzählungen aus Jeremias Leben zusammengenommen werden
müssen,[458] sowie das „lyrische Stück" 20,7–13 und das „Fragment" 20,14–
18, die beide keinerlei Verbindung zum Kontext aufweisen und vielleicht
im Anschluß an 19,14–20,6 eingefügt wurden. Für die Kap. 21 und 24 mit
ihren genaueren chronologischen Hinweisen ist die spätere Einfügung
ohnehin klar.[459] Bezeichnend für Graf ist, daß er bei 22,20–30 schwankt,
ob es sich um Aussprüche erst aus Jojachins Zeit handelt oder nicht
vielleicht um Weissagungen aus der Frühzeit Jojakims, da dies „von den
schwer zu bestimmenden Grenzen" abhänge, „die man der Prädiction
des Zufälligen glaubt setzen zu müssen".[460]

Ein Stück, das Graf wieder fast vollständig der ursprünglichen Sammlung zuweisen kann und das zudem noch eine genaue Datierung enthält,
ist Kap. 25. Zusätze sind nur einige Verse und Versteile, die sich auf das
Gericht über Babel beziehen, das aber zu dieser Zeit noch nicht in Jeremias Gesichtskreis getreten sein kann. Es handelt sich um Zusätze von
fremder Hand.[461] Den letzten Hauptteil der Botschaft Jeremias über das
eigene Volk in der ursprünglichen Sammlung bilden die Kap. 30 und 31,
die ihrerseits die erste Hälfte des größeren Abschnittes Kap. 30–33 bilden.
Graf verweist auf ähnliche Gedanken in Kap. 3 und nimmt daher im
Gegensatz zur Masse der Ausleger an, daß schon diese erste Sammlung
wie andere Prophetenbücher mit Heilsweissagungen schloß.[462] Auch

---

458 Jeremia, 254ff. Hier ist Graf wieder Außenseiter, indem er 19,1–13 und 19,14–20,6
auseinanderreißt, und zweifellos ist dies ein besonders schwacher Punkt in seiner
Position, da er auf der anderen Seite selbstverständlich annimmt, daß beide Ereignisse
in Wirklichkeit unmittelbar aufeinander gefolgt sind. Deshalb werden von der übrigen
Forschung beide entweder in spätere oder in Jojakims Zeit gesetzt. Ersteres vertreten
H. Ewald (Propheten 2, 1841, 175) und F. Hitzig (Jeremia, 1841, z. St.), letzteres A.
Kuenen (Einleitung 2, 1892, 177) und die Neueren.
459 Jeremia, 259ff. 21,11–14 wird allerdings als älteres Stück betrachtet, das zwar erst im
Zusammenhang mit 21,1–10 an seine heutige Stelle kam, seinem Inhalt nach aber zu
22,1–9 gehört.
460 Jeremia, 258. Doch neigt er zu der ersteren Annahme, wie er auch 23,1–8 nach 598
ansetzt. Er lehnt damit strikt die Meinung Ewalds ab, Kap.21–24 sei als Ganzes erst
in der Zeit Zedekias verfaßt (Propheten 2, 1841, 187f.), und steht folglich auch im
Gegensatz zu den Späteren, die diese Kapitel, wenn nicht als geschlossene Einheit, so
doch die einzelnen Teile, unter Zedekia entstehen lassen.
461 D. h. die Erwähnung Nebukadnezars in V. 9. 11b–14.26b. An Graf schließt sich A.
Kuenen an (Einleitung 2, 1892, 211, ähnlich F. Hitzig, Jeremia, 1841, z. St., H. Ewald
hält nur V. 12b.13.26b für unecht). Darüber hinaus nimmt Graf keine Glossierung des
Textes an, im Gegensatz zu A. Kuenen (Einleitung 2, 1892, 209f.) und den Späteren.
462 Jeremia, 365ff. Communis opinio ist sonst, daß Kap. 30f. erst nach der Zerstörung
Jerusalems entstanden ist. Vgl. A. Kuenen, Einleitung 2, 1892, 195ff. Nach F. Hitzig

die Annahme späterer Überarbeitung dieser Kapitel weist er ab,[463] hält aber im Einklang mit der Mehrzahl der Ausleger 31,35f.37.38–40 für spätere Zusätze von fremder Hand, die nach dem mit 31,34 erreichten Höhepunkt stark abfallen. Von Baruch selbst wurde das an ihn gerichtete Trostwort Kap. 45 im Anschluß an diese Kapitel schon zur Zeit der Abfassung der ersten Sammlung eingefügt.[464]

Am Ende dieser Sammlung stehen schließlich die Fremdvölkerweissagungen in den Kap. 46–49, die chronologisch mit der datierten Weissagung über Ägypten (46,2) in eins zu setzen sind, da sie inhaltlich sowohl mit dieser als auch mit Kap. 25 übereinstimmen. Nur der Spruch über Elam 49,34–39 ist, wie die chronologische Angabe in V. 34 zeigt, späteren Ursprungs und von Jeremia hier nachgetragen.[465] Was die Frage der Abhängigkeit der Weissagungen über Moab (Kap. 48) und Edom (49,7–22) von anderen Propheten betrifft, so nimmt Graf an, daß Jeremia wohl vieles aus älteren Prophetien entlehnt, es aber doch z. T. verändert und in seine Ausdrucksweise gebracht hat.[466] Bei den übrigen Weissagungen sieht Graf keine Schwierigkeiten, lediglich die geschichtlichen Reminiszenzen in den Überschriften 46,2.13; 47,1; 49,28 weist er einer anderen Hand aus späterer Zeit zu, als sich eine Erfüllung der Voraussagen bereits erkennen ließ.[467]

---

sind beide Kapitel sogar erst nach Kap. 32 entstanden (Jeremia, 1841, z. St.). Fast gleicher Meinung wie Graf ist jedoch H. Ewald (Propheten 2, 1841, 255). Nur bei 30,17b schwankt Graf, ob hier die Zerstörung Jerusalems vorausgesetzt ist, lehnt dies aber doch ab, da die Redeweise zu unbestimmt sei.

463 Hierbei setzt er sich vor allem mit F. C. Movers (De utriusque, 1837, 37ff.) und F. Hitzig (Jeremia, 1841, z. St.) auseinander, die Auffüllung im Geiste Deuterojesajas annehmen. S. bei Graf besonders die Anmerkungen auf S. 373, 384, 387, 390, 398f. mit ihren Beiträgen zum Sprachgebrauch Jeremias.

464 So auch F. Hitzig, Jeremia, 1841, z. St.

465 Auf die zu seiner Zeit bereits vorgetragenen Gründe gegen die Echtheit der Überschrift geht Graf nicht ein. S. dazu die Übersicht bei A. Kuenen, Einleitung 2, 1892, 216f.

466 Jes 15f. als Grundlage für Kap. 48 hält er mit den meisten Auslegern seiner Zeit für teilweise vorjesajanisch (Jeremia, 527ff., vgl. A. Kuenen, Einleitung 2, 1892, 74), Ob 1–9 als Grundlage für 49,7–22 für ein älteres, später mit Ob 10ff. verbundenes Stück (Jeremia, 558ff.; das ist eine besondere Lösung des vor und nach ihm immer wieder ventilierten Problems; vgl. E. Reuß, Geschichte, ²1890, 474f.). Die Annahme von F. C. Movers (De utriusque, 1837, 15ff.) und F. Hitzig (Jeremia, 1841, z. St.), daß ein jeremianischer Kern später interpoliert worden sei, weist er ab, da zu große Unsicherheit bestehe und sich kein „regelmäßig fortschreitender Gedankengang" ergebe (Jeremia, 528).

467 Zu 47,1; 49,28 s. auch F. Hitzig, Jeremia, z. St. Die sachliche Richtigkeit der Datierung 46,2 wird für Graf dadurch nicht in Frage gestellt. Kap. 46 ist für ihn eine Einheit (so auch A. Kuenen, Einleitung 2, 1892, 212, 214; anders dagegen H. Ewald, Propheten 2, 1841, 318f.; F. Hitzig, Jeremia, 1841, z. St., und die Späteren), deshalb schon ist die Überschrift in V. 13 sekundär. Als sekundäre Wiederholung von 30,10f. sieht Graf auch, der allgemeinen Meinung folgend, die Verse 46,27f. an.

Die von Jeremia unter Jojakim zusammengestellte Sammlung hat bei Graf demnach einen größeren Umfang als bei den Kommentatoren seiner und der späteren Zeit, sofern es sich um Anhänger der kritischen Forschung handelt. Nur wenige Prophetien rechnet er nicht der ursprünglichen Sammlung zu. Außer den schon bei der bisherigen Analyse erwähnten[468] sind es die Kapitel 32f. und 50f. Die letzteren werden von den als Nachwort verstandenen Versen 51,59–64 her gedeutet und als ein authentisches, aber zunächst nicht für die Öffentlichkeit bestimmtes Orakel angesehen.[469] Die Kap. 32f. dagegen sind zusammen mit den erzählenden Kap. 34f. ein Anhang zu Kap. 30f.[470] Alle diese später entstandenen Stücke, die z.T. genau datiert sind, betrachtet Graf als Nachträge von Jeremias Hand, die vermutlich in die Zeit zwischen dem Fall Jerusalems und dem Zug nach Ägypten zu der älteren Sammlung hinzukamen.[471] Das gleiche gilt auch von den erzählenden Kap. 26–29, die freilich stärker von Baruch gestaltet sein müssen, da hier über Jeremia berichtet wird.[472] Die Kapitel 36–44 dagegen sind vielleicht erst in Ägypten fertiggestellt worden, jedoch auch sie „noch unter den Augen und im Auftrage des greisen Propheten", der mithin für das ganze Buch mindestens indirekt verantwortlich zu machen ist, und nicht etwa erst nach dessen Tod durch Baruch allein.[473] Ein Zusatz von späterer Hand ist Kap. 52, das dem 2. Königsbuch entnommen ist, aber einen besseren Text als dieses bietet.

Grafs Stellung zu den literarkritischen Problemen des Buches ist damit umrissen. Daneben muß noch ein textkritisches Problem berührt werden, das gerade in seiner Zeit Gegenstand zahlreicher Bemühungen war, nämlich das Verhältnis des masoretischen Textes zur griechischen Übersetzung. Ihm widmet er einen ausführlichen Abschnitt in der Ein-

468 12,7–17; 19,14–21,14; 23,1–8; 24; 49,34–39.
469 Jeremia, 577ff. Die Hauptgründe für die Echtheit, die hauptsächlich von den Konservativen verteidigt wurde, liegen für Graf im Sprachgebrauch, den er ausführlich untersucht, während er die anderen, von der zeitgenössischen Forschung vorgebrachten Gegengründe gegen die Echtheit oder doch wenigstens gegen die völlige Integrität des Stückes unterschätzt. Zusatz sind für ihn nur die Verse 51,15–19.
470 Jeremia, 368ff., 425f. In Kap. 32f. sind für ihn nur die Verse 33,2f. Zusatz. Die Echtheit von 33,14ff. bzw. 33,17ff. wird gegen F. Hitzig (Jeremia, 1841, z. St.) u. a. verteidigt.
471 Außer Kap. 50f., die von ihm selbst nicht veröffentlicht wurden (s. o.).
472 Kap. 26 ist ein selbständiges Stück (Jeremia, 338). Die z.T. besondere Orthographie in den Kapiteln 27–29 ist für Graf nicht so gravierend, daß man eine überarbeitende Hand annehmen müßte (Jeremia, 342ff.).
473 Jeremia, XXXIXf. – 39,1f.4–10 ist Einschaltung von späterer Hand nach Kap. 52. Dies ist auch die Auffassung von H. Ewald (Propheten 2, 1841, 297f.), F. Hitzig (Jeremia, 1841, z. St.), A. Kuenen (Einleitung 2, 1892, 203f.), F. Giesebrecht (Jeremia, 1894, z. St.). F. Hitzig sieht jedoch V. 11f. als echt an. – 44,29f. ist ein *vaticinium ex eventu*, das die Ermordung des Pharao Hophra 570 voraussetze (so auch F. Hitzig, Jeremia, z. St., doch s. dagegen A. Kuenen, Einleitung 2, 205f.).

leitung des Kommentars.[474] Das Ergebnis ist wieder klar und einfach: Der griechische Übersetzer ist sehr willkürlich vorgegangen und hat den masoretischen Text mannigfach verändert, so daß ihm in der Überzahl der Fälle kein Wert beigemessen werden kann. Nur in Ausnahmefällen mag man ihn zu Rate ziehen. Graf geht hierin hauptsächlich mit den Konservativen zusammen, während sich die kritische Forschung nicht so einseitig festlegt.[475]

3.4.2.2. Der Gesamtcharakter des Werkes

Nachdem im Vorangegangenen die wichtigsten Ergebnisse Grafs hinsichtlich der Literarkritik, der Chronologie und der Textkritik einzeln herausgearbeitet worden sind, gilt es nun, die hauptsächlichen Beweggründe, die zu diesen Ergebnissen geführt haben, zu erfassen, um sie im Zusammenhang beurteilen zu können. Dabei sind insbesondere die starken Abweichungen von anderen Auffassungen, wie sie sich bei Vergleichen mit der zitierten Literatur ergaben, zu erklären. Schon daraus dürften sich gewichtige Schlüsse für den Gesamtcharakter des Werkes ergeben, so daß sinnvollerweise erst im Anschluß daran die grundsätzliche Frage nach Grafs Verständnis der Prophetie Jeremias bzw. der Prophetie überhaupt zu stellen ist. Mit der Beantwortung dieser Frage ist dann zugleich das abschließende Urteil über das Werk als ganzes gegeben.

Worin besteht nun die Eigenart Grafs? Äußerlich ist es vor allem die geringe Anzahl der als unecht erklärten Partien, die Frühdatierung außerordentlich vieler Stücke in die ersten Jahre Jojakims und die Annahme der Redaktion des Buches durch Jeremia selbst. Was bestimmt Graf zu dieser Sicht der Dinge? Es ist ganz offensichtlich eine Abneigung gegen alle hypothetische Zergliederung des Stoffes. Dieser Grundzug macht sich zunächst bei der chronologischen Einordnung undatierter Prophetien, hauptsächlich in den Kap. 1–24, bemerkbar. Immer wieder betont er, daß hier die größeren Abschnitte den gleichen allgemeinen Inhalt haben und deshalb der ursprünglichen Sammlung zuzuweisen sind.[476] Infolgedessen ist er außerordentlich zurückhaltend mit der Spätdatierung

---

474 Jeremia, XL–LVII.
475 Vgl. Briefwechsel, 470f. Eine Überbetonung der Septuaginta liegt bei F.C. Movers, De utriusque, 1837, vor. Auch er hat sich nicht durchsetzen können. Vgl. A. Kuenen, Einleitung 2, 1892, 236ff. Grafs Lösung beruht trotz ihrer Einseitigkeit auf großer Gründlichkeit, geht doch auf ihn die Zahl der Wörter – 2700 – zurück, die der griechische dem masoretischen Text gegenüber weniger hat (Jeremia, XLIII). Seine Auffassung, daß die Kap. 46–49 im hebräischen Text an der richtigen Stelle stehen (Jeremia, Lf.), teilt mit ihm die Mehrzahl der Forscher seiner Zeit, wenn auch z. T. etwas modifiziert (vgl. A. Kuenen, Einleitung 2, 1892, 218).
476 S. auch die Begründung, mit der er die Kap. 30f. dieser Sammlung zuweist (o. S. 167).

einzelner in ihnen enthaltener Stücke,[477] selbst wenn der Gedanke an eine spätere Hinzufügung naheliegt.[478] Sieht er aber zwingende Gründe für eine Spätdatierung, dann läßt er sie möglichst nur für die Verse gelten, die davon betroffen sind, nicht aber für ihre Umgebung, so daß er sich nicht scheut, inhaltlich Zusammengehöriges auseinanderzureißen.[479] Von hier aus erklärt sich der große Umfang der ursprünglichen Sammlung in seinem Kommentar.

Diese Abneigung gegen eine Zergliederung des Stoffes zeigt sich auch bei Echtheitsfragen. Er widersetzt sich nämlich grundsätzlich der Annahme, daß in bestimmten Fällen ein echter Grundstock von fremder Hand überarbeitet worden sei, wie dies namentlich Hitzig mehrfach vertreten hat, da sich für den verbleibenden Kern kein klarer Gedankenfortschritt ergebe und außerdem die Meinungen zu weit auseinandergingen. Statt dessen verteidigt er die Autorschaft Jeremias, hauptsächlich auf Grund sprachlicher Indizien, und räumt allenfalls ein, daß dieser ältere Stoffe übernommen und seinerseits überarbeitet habe.[480] Von da aus erklärt sich der geringe Umfang unechter Stücke und überhaupt die Annahme, daß Jeremia nicht nur der Verfasser der Einzelmaterialien, sondern zugleich der Redaktor des Buches ist, der für den gesamten Aufbau die Verantwortung trägt.

Wahrscheinlich ist von hier aus zugleich Grafs Urteil über den Wert der Septuaginta zu erklären. Wie bei der Literarkritik so möchte er auch in diesem Falle eine klare Entscheidung herbeiführen und jedes hypothetische Jonglieren zwischen den Versionen ausschalten. Man muß ihm dann allerdings zubilligen, daß seine Lösung immerhin überzeugender und diskutabler ist als die gegenteilige von Movers.

Aufs Ganze gesehen ist natürlich nicht zu leugnen, daß Graf bei seiner Abneigung gegen Zergliederung des Stoffes zu manchen einseitigen Schlußfolgerungen kommt. Am deutlichsten ist das bei den Abschnitten, deren Echtheit er anderen Kommentatoren gegenüber verteidigt. Er sieht da eben nur die jeremianischen Elemente im Inhalt und im Sprachgebrauch, dagegen bagatellisiert er alles, was auf eine veränderte historische Situation schließen läßt. Genauso geht er vor, wenn es um die Frühdatierung eines echten Stückes geht, das andere in spätere Jahre setzen. Er klammert sich dann an den allgemeinen Inhalt und erklärt Einzelheiten, die einen chronologischen Anhaltspunkt geben könnten, für zu unsicher.[481] So verliert er oftmals den Blick für die Differenziertheit der Stoffe in chronologischer und inhaltlicher Hinsicht.

---

477 Vgl. o. Anm. 454 zu 13,18f.
478 S. o. Anm. 454 zu 11,18–12,6; Anm. 455 zu 17,5ff.; Anm. 462 zu 30,17b.
479 S. o. Anm. 458 zu 19,1–20,6.
480 S. o. zu Kap. 48; 49,7ff.; 50f. (S. 168f.).
481 S. o. Anm. 454 zu 13,18f.

Zu einem ausschließlich negativen Urteil berechtigen diese Feststellungen an sich noch nicht. Man muß ja berücksichtigen, daß die damalige Forschung nicht von der kleinen Einheit, dem Prophetenspruch, ausging, sondern größere Zusammenhänge postulierte, deren Hauptinhalte dann natürlich sehr allgemeiner Natur und einander ziemlich ähnlich sind. Auf diese Ähnlichkeit der Hauptinhalte legte Graf das eigentliche Gewicht und wehrte sich dagegen, eine zeitliche Differenzierung auf Grund einzelner Indizien, deren Beweiskraft durchaus noch nicht sichergestellt war, durchzuführen. Insofern trägt sein Vorgehen nicht zuletzt den Grenzen, die der damaligen Forschung gesetzt waren, Rechnung.

Trotzdem kann nicht bestritten werden, daß er auch in Anbetracht der damaligen Forschungslage ein zu stark vereinfachtes Bild entworfen hat. Diese Schwäche wird vollends deutlich, wenn man sich klarmacht, welche Rolle er dem Schriftsteller Jeremia im Ganzen des Alten Testaments zuwies, eine Vorentscheidung, die er längst getroffen hatte und an der er bis zuletzt festhielt. Wie schon erwähnt wurde,[482] waren Ähnlichkeiten in Ausdrucksweise und Gedankengängen für ihn ein sicherer Beweis dafür, daß Jeremia außer dem nach ihm benannten Buch auch das Deuteronomium und die deuteronomistischen Partien in den Prophetae priores verfaßt hat. Er nimmt zu dieser These im Kommentar zwar ebensowenig Stellung wie in seinem Hauptwerk zur Pentateuchkritik von 1866, ja er erwähnt sie nicht einmal ausdrücklich, sondern begnügt sich mit einem indirekten Hinweis auf gleiches Gedankengut im Jeremiabuch und im Deuteronomium.[483] Aber das ändert nichts daran, daß er in dieser Hinsicht eine feste Vorstellung hatte und insofern mit einem Vorverständnis an die Exegese heranging. Denn ist Jeremia eine schriftstellerische Tätigkeit von solchem Umfang wie dem eben geschilderten zuzuschreiben,[484] dann muß jede literarkritische Zergliederung des Buches, das seine Prophetien enthält, allerdings ein fragwürdiges Unterfangen sein. Vor allem aber ist von Unechtheitserklärungen praktisch abzusehen. Denn wenn das Buch nur einen Teil eines größeren Ganzen darstellt, dann ergeben sich ja so viele Querverbindungen, daß die Unterschiede zwischen Einzelabschnitten ihr Gewicht verlieren und damit den Argumenten für eine von fremder Hand vorgenommene Überarbeitung oder Ergänzung mindestens grundsätzlich der Boden entzogen ist.

---

482 S. o. S. 131.

483 In Anm. 1 auf S. XXIXf. stellt er fest, daß die Aufforderung Jeremias, zum Feind überzugehen (21,8ff.; 38,2), ebenso unrealistisch wie vom Mitgefühl für die Leiden des eigenen Volkes getragen sei und dies genau dem Anliegen von Dtn 20 entspreche.

484 Als Verfasser der Klagelieder hat ihn Graf jedoch nicht betrachtet, sondern diese unter Berufung auf Ewald einem in Ägypten lebenden Schüler, vielleicht Baruch, zugeschrieben (s. seinen Lexikonartikel über Jeremia, Klaglieder, o. Anm. 415).

Ganz sicher war sich Graf seiner Sache allerdings nicht. Denn sonst wäre ja kein Grund gewesen, diese These so schamhaft zu verbergen. Er muß zumindest das Gefühl gehabt haben, daß es noch nicht an der Zeit war, sie offen auszusprechen, daß also eine exakte und umfassende Beweisführung noch nachgeholt werden müßte. Aber auch wenn er sich an diesem Punkt nicht sicher war, so stößt man hier doch auf ein grundsätzliches Problem seiner Methodik. Bei der Pentateuchkritik ging er von offenkundigen und eindeutigen Widersprüchen in den Zeugnissen über den Kult aus, und seine Stärke bestand darin, daß er diesen Widersprüchen gründlich und unbeirrt nachging und die sich daraus ergebenden Schlußfolgerungen für die priesterlichen Gesetze wie auch für die Chronikbücher zog, wobei er bei den ersteren auch auf redaktionsgeschichtliche Vorgänge achtete und entsprechende Differenzierungen vornahm. Darüber hinaus aber nahm er sehr großflächig literarische Zusammenhänge an, ohne da stärker zu differenzieren. Beim Jeremiabuch stieß er nun auf keine so offenkundigen und eindeutigen Widersprüche, die ihn gleichsam als Angelpunkte zu einer kritischen Bestandsaufnahme genötigt hätten. So sah er keinen Anlaß zu größeren literarkritischen Eingriffen bzw. zur Annahme einer längeren Redaktionsgeschichte, sondern führte fast das gesamte Buch direkt oder indirekt auf den Propheten selbst zurück und kam damit zu einer höchst konservativen Lösung.[485] Aus seiner Sicht war diese durchaus folgerichtig und konnte deshalb im Grunde genommen nicht überraschen.[486] Es zeigt sich hier aber eben ganz deutlich, daß er nur unter bestimmten Voraussetzungen und folglich auch nur in einem begrenzten Bereich bleibende Ergebnisse erzielen konnte, darüber hinaus aber der Forschung keine weiterführenden Impulse zu geben vermochte.

So ist der Jeremiakommentar vor allem für seine Methodik und deren Schwächen aufschlußreich und in dieser Hinsicht eine wichtige Ergänzung zum Verständnis seiner Pentateuchkritik und seiner Arbeit am Alten Testament überhaupt. Darüber hinaus stellt sich jedoch noch eine grundsätzliche Frage, nämlich die nach seinem Verständnis Jeremias als Propheten und der Prophetie überhaupt. Denn bei einem so breit angelegten Kommentar wie dem seinigen wäre doch zu erwarten, daß er auch zu dieser Thematik Stellung nimmt.

---

485 Bemerkenswert ist in diesem Zusammenhang, daß auch H. A. C. Hävernick Jeremia als Endverfasser der Königsbücher (natürlich nicht des Deuteronomiums, das er ja in mosaische Zeit datiert) betrachtet (Handbuch, 2,1, 1839, 171), Graf also gerade auch in dieser Hinsicht mit einem Konservativen konform geht.

486 Als Vertreter der kritischen Forschung erwies er sich nur in dem Exkurs zu Jer 7,22f. (dazu s. o. S. 88), der jedoch für den Kommentar als ganzen nicht ins Gewicht fällt, da die priesterlichen Gesetze und deren Datierung hier sonst kein Thema sind (vgl. auch u. Anm. 497).

Hier macht man nun eine verblüffende Entdeckung. Graf äußert sich nämlich überhaupt nicht näher dazu. Diese Lücke macht sich bereits in der Einleitung störend bemerkbar. Denn in dieser findet sich außer den beiden Abschnitten über die Literarkritik[487] und die Textkritik[488] nur noch je einer über die zeitgeschichtlichen Verhältnisse[489] und die äußeren Lebensumstände des Propheten.[490] Eine Ausführung über den Geist seiner Prophetie oder seine Besonderheit im Vergleich zu anderen Propheten fehlt. Auch in den übrigen Teilen seiner Einleitung und bei der Kommentierung selbst ist in dieser Hinsicht keine klare Auskunft zu erhalten. Nur ganz vereinzelt stößt man einmal auf eine Auseinandersetzung mit einschlägiger Literatur, bei der es um Grundsatzfragen zum Verständnis der Botschaft Jeremias geht.[491] Aber ein zusammenhängendes Bild entsteht dabei nicht. Das gleiche gilt für Zitate, die Graf verschiedentlich in seine Darstellung einflicht, z. B. aus Werken Ewalds. Hier finden sich z. T. ausgesprochen grundsätzliche Urteile,[492] die jedoch zur übrigen Darstellung in keiner organischen Verbindung stehen und eher den Eindruck einer Verlegenheitslösung machen. Eine wirkliche Ausnahme stellt man nur am Anfang des Vorwortes fest, wo Graf geradezu massiv für Jeremia eintritt.[493] Er bezeichnet ihn da als den, in dem das Prophetentum in Israel sein höchstes Ziel erreicht habe und durch den der tiefe innere Gehalt des Judentums, der auf Christus hinleite, vermittelt worden sei. Das ist allerdings eine eindeutige Stellungnahme, die u. a. gegen Ewald gerichtet sein dürfte, da dieser in Jeremia zwar ebenfalls einen Höhepunkt der Prophetie erreicht sieht, das Überhandnehmen des Gefühlsmäßigen aber bereits als beginnenden Verfall wertet.[494] Graf hat demnach Jeremia außerordentlich hoch eingeschätzt und sich ihm deshalb mit besonderem Interesse zugewandt. Aber er hat es mit einer

---

487 Jeremia, XXXI–XL.
488 Jeremia, XL–LVII.
489 Jeremia, XI–XXII.
490 Jeremia, XXII–XXXI.
491 So tritt er in einer langen Anmerkung (Jeremia, XXIXf., Anm. 1) allen Verdächtigungen entgegen, Jeremia sei unpatriotisch gewesen, wenn er jeden Widerstand gegen die Babylonier ablehnte. Stattdessen betont er, daß schon „vom weltlichen Gesichtspunkte betrachtet" jeder Widerstand sinnlos gewesen wäre, und fügt sogleich hinzu, daß das für ihn eine Gewißheit war, „die er nicht den Erwägungen irdischer Klugheit, sondern der göttlichen Erleuchtung verdankte und vor welcher jede andere Rücksicht schwand". In einer anderen Anmerkung (Jeremia, 174, Anm. 1) setzt er sich mit Hitzig über dessen Verständnis der Weissagungen auseinander. Dazu s. u.
492 Ganz deutlich ist das bei dem Zitat aus Ewalds Geschichte des Volkes Israel auf S. XXIIf., das ein Gesamturteil über Jeremia enthält und von Graf an den Anfang des Abschnittes über Jeremias Lebensumstände in der Einleitung gestellt ist. Weiter wird die schriftstellerische Eigenart Jeremias nur mit Hilfe von Zitaten aus verschiedenen Werken beurteilt (Jeremia, XXXIff.).
493 Jeremia, Vf.
494 H. Ewald, Propheten 2, 1841, 1ff.

Stellungnahme rein programmatischer Art bewenden lassen, und diese läßt das Fehlen entsprechender Ausführungen im weiteren Verlauf der Darstellung nur umso fühlbarer werden.[495] Es mag sein, daß er sich, etwa aus Protest gegen Ewald oder auch gegen die aufdringliche christologische Exegese auf konservativer Seite,[496] bewußt Zurückhaltung auferlegt hat, um lieber die Sache sprechen zu lassen, statt Pauschalurteile zu fällen. Doch kann das nicht darüber hinwegtäuschen, daß hier eine Unausgeglichenheit besteht, die nicht einfach auf taktische Erwägungen zurückgeführt werden kann, sondern tiefer begründet sein muß.

Man kann sie wohl nur so erklären, daß Graf seinen Kommentar geschrieben hat, ohne über Wesen und Besonderheit der Prophetie ganz ernsthaft zu reflektieren. Nach dem, was oben über die von ihm angenommene schriftstellerische Tätigkeit Jeremias gesagt wurde, ist das auch nicht völlig überraschend. Denn eine solche Vorstellung zeugt ja davon, wie undifferenziert er manche Dinge betrachtete und wie unreflektiert er das tat. So hat er die Notwendigkeit einer klaren und tiefschürfenden Auseinandersetzung in diesen Grundsatzfragen, etwa im Zusammenhang mit Ewald oder mit Vertretern der Orthodoxie wie Hengstenberg, wohl gar nicht empfunden,[497] sondern nur kleinere Einzelgefechte geführt bzw. sich mehr emotional da und dort von anderen abgesetzt und im übrigen stillschweigend an dem rationalistisch geprägten Standpunkt seiner Erstlingsschrift festgehalten. Dem widerspricht auch nicht die prinzipielle Auseinandersetzung, die er in einer Anmerkung mit Hitzig führt.[498] Er wendet sich dort gegen dessen Einstellung, die Propheten hätten durchweg keine Weissagungen für die Zukunft ausgesprochen, sondern nur die jeweilige Gegenwart beschrieben, und gibt demgegenüber zu verstehen, daß die Niederschrift prophetischer Worte nur Sinn gehabt haben kann, wenn diese auf die Zukunft ausgerichtet waren und Drohungen sich erst später bewahrheiten sollten.

---

495 Daß das schon von Zeitgenossen Grafs und natürlich besonders auf konservativer Seite empfunden wurde, macht die Rezension über den Jeremiakommentar von W. Wolff in der Zeitschrift für die gesammte lutherische Theologie und Kirche 27 (1866), 518–523, deutlich. Er bemängelt, daß eine Ausführung über Jeremias Stellung im Kanon fehle. Andernfalls wäre seine Stellung im Vergleich mit anderen Propheten deutlicher geworden. Auch würden dann die Linien, die von Jeremia bis zum Pfingstfest gehen, wo die Menschen wirklich ein neues Herz bekommen, klarer erkennbar werden.

496 Vgl. E. W. Hengstenberg, Christologie. Über Hengstenberg vgl. nur W. Baumgartner, Auffassungen, 1922, 28–30; H. Graf Reventlow, Epochen 4, 2001, 278–290.

497 Natürlich hat er diese Literatur gekannt. Er zitiert ja beispielsweise Hengstenberg ausdrücklich (z. B. Jeremia, 17, Anm. 2) und macht sich nach Aussagen im Briefwechsel Gedanken über die Reaktion auf seinen Kommentar bei dessen Anhängern (Jeremia, 490f., vgl. 470f.). Aber bezeichnend ist, daß er im letzteren Falle nur an Differenzen bezüglich der Stelle 7,22f. denkt, sonst aber mit Zustimmung rechnet und nichts Grundsätzliches über sein Verhältnis zu deren Exegese ausführt.

498 Jeremia, 174, Anm. 1.

Denn nur so konnten die letzteren die Zeitgenossen des Propheten aus Verblendung aufschrecken und als Ruf zu Buße und Umkehr begriffen werden.[499] Diese Auffassung ist genau die gleiche wie in seiner Erstlingsschrift, wo er ja auch echte Zukunftsaussagen annimmt, nur daß er ihnen eben keine selbständige Bedeutung zuerkennt, sondern sie von der „Idee" der vergeltenden Gerechtigkeit ableitet und abhängig macht.[500] Und darin wiederum ist er mit einem ebenfalls rationalistisch geprägten Prophetenforscher wie Knobel einig.

Es spricht also tatsächlich alles dafür, daß er auf dem bereits 1836 eingenommenen Standpunkt im wesentlichen stehengeblieben ist und demzufolge auch Jeremia im großen und ganzen unbesehen von diesem aus betrachtet. Nur deshalb, weil er darüber keine grundsätzlichen Aussagen macht, ist das nach außen hin nicht deutlich geworden, so daß der Kommentar gerade auch von konservativer Seite sehr positiv beurteilt wurde. Man konnte ja die soeben behandelten Äußerungen über den Charakter der Weissagungen im eigenen, d.h. christologischen Sinne deuten und konnte darin noch durch den programmatischen Satz des Vorwortes, demzufolge Jeremia auf Christus hinleite,[501] bestärkt werden.[502] So ist Graf nach außen hin geradezu mißverständlich geworden, und das zeugt am deutlichsten dafür, daß er die Problematik im entscheidenden nicht durchdacht hat und daher zu keinem vertieften Verständnis der Prophetie gelangt ist. Einen selbständigen und weiterführenden Beitrag zur Prophetenforschung als ganzer vermochte er nicht zu leisten.

Damit ist nicht gesagt, daß der Kommentar für dieses Forschungsgebiet völlig bedeutungslos gewesen wäre. Graf hat in ihm ja sehr gründliche Einzelexegese betrieben und zu diesem Zwecke die einschlägige Literatur in philologischer wie historischer Hinsicht reichlich herangezogen. Dazu war er frei von ausgesprochen gewagten Hypothesen einerseits und apologetisch-dogmatischer Voreingenommenheit andererseits, bildete also ein erfreuliches Gegenstück sowohl zu Hitzig als auch zu den Vertretern der Orthodoxie wie Hengstenberg oder Keil.[503] Selbst die Einseitigkeit, mit der er auf literarkritischem Gebiet vorging, war ja, wie oben betont wurde, angesichts der derzeitigen Forschungslage nicht ganz ohne Berechtigung. Insofern hat der Kommentar gewiß das Seine zu einer sachgemäßen Erklärung des Jeremiabuches beigetragen.

---

499 Vgl. zum Letzteren Jeremia, 169.
500 Hierzu und zum folgenden Satz s. o. S. 159ff.
501 Jeremia, V, dazu s. o. 174.
502 So wird in der o. Anm. 495 genannten Rezension ja auch nur bemängelt, daß Jeremias Stellung im Vergleich zu der der anderen Propheten und die Linien, die zum Pfingstfest führen, nicht hinreichend deutlich werden. Eine grundsätzliche Differenz wird nicht festgestellt.
503 Für den letzteren vgl. außer dessen Einleitung (Lehrbuch, ²1859, 248ff.) dessen ein Jahrzehnt später erschienenen Kommentar (Jeremia, 1872).

Aber wirklich neue Erkenntnisse hat er eben weder aufgebracht noch weitervermittelt und daher kann ihm trotz seines Umfanges im Vergleich zu anderen Arbeiten Grafs und trotz der günstigen Aufnahme, die er unter den Zeitgenossen gefunden hat, nur eine untergeordnete Bedeutung zuerkannt werden. Nur ist er eben für eine Gesamtbeurteilung Grafs wichtig, da er die Voraussetzungen und Beweggründe seines Vorgehens beleuchtet und damit auch zu einem besseren Verständnis seiner Methodik in den Arbeiten zur Pentateuchkritik und zur Chronik beiträgt.

4. Ertrag

Karl Heinrich Graf war ein begabter, sehr fleißiger und äußerst gewissenhafter Mensch, der sich als solcher auf verschiedenen Gebieten ausgezeichnet hat. Das gilt zunächst für seinen Beruf als Lehrer an der Fürstenschule in Meißen. Er hat hier vor allem sein Hauptfach, den Französischunterricht, mit großem pädagogischen Geschick erteilt und nach den Unzulänglichkeiten in der Zeit vor ihm so konsolidiert, daß er den Anforderungen einer gehobenen Schule entsprach. Das brachte ihm bei den Kollegen wie den Schülern hohe Anerkennung und bei den letzteren auch echte Zuneigung ein. Bei seiner wissenschaftlichen Arbeit hat er sich außer dem Alten Testament besonders der Iranistik gewidmet und auch hier Bedeutendes geleistet. Das ist allein schon daran zu ermessen, daß seine Übersetzung von Saʿdîs Gulistan 1920 nachgedruckt wurde und noch in jüngerer Vergangenheit in mehrfacher Auflage in einer Neubearbeitung erschienen ist.[1] So hat er sich als Lehrer wie als Gelehrter große Verdienste erworben.

Diese Lebensleistung ist bewunderungswürdig. Denn als Lehrer einer Internatsschule war er weit stärker belastet als die Lehrer an gewöhnlichen Schulen. Außerdem war sein Hauptfach, das Französische, mit seiner wissenschaftlichen Arbeit nicht zu verbinden. So blieb ihm für die letztere im ganzen nur begrenzte Zeit übrig. Angesichts dessen ist es verständlich, wenn er an dem Ziel seines Lebens, das er sich von vornherein gesteckt hatte, nämlich eine theologische Professur an einer deutschen Universität, fast bis an sein Ende festhielt. Die Voraussetzungen, die er dafür bot, waren freilich nicht sehr günstig. Denn bei allen seinen Fähigkeiten war er im Gegensatz zu Reuß, der ihm immer als Vorbild vorschwebte, ein eher scheuer und zurückgezogen lebender Mensch, der nur nach wenigen Seiten engere Kontakte pflegte und daher auch nur wenige einflußreiche Befürworter und mithin geringe Chancen für die Berufung in einer Universitätsprofessur hatte. Auch waren seine Veröffentlichungen auf theologischem Gebiet und insbesondere zum Alten Testament, auf das es ihm ja ankam, zunächst nicht sehr umfangreich und durchweg sehr speziell. Sein Jeremiakommentar verschaffte ihm

---

1 Muslih ad-Din Saʿdi, Der Rosengarten. Auf Grund der Übersetzung von Karl Heinrich Graf neu bearb., hg. und kommentiert von Dieter Bellmann, Orientalische Bibliothek, Leipzig und Weimar: Kiepenheuer, 1982; Dritte, verbesserte Aufl., München: C. H. Beck, 1998.

freilich breitere Anerkennung, erschien aber doch erst zu spät. So zerschlugen sich alle Hoffnungen, und daran rieb er sich mehr und mehr auf, wobei hinzukam, daß er im letzten Jahrzehnt seines Lebens durch Krankheit und zunehmende Schwäche gezeichnet war. Man kann natürlich kritisieren, daß er nicht fähig oder bereit war, seine Lage nüchtern genug einzuschätzen und daraus Konsequenzen zu ziehen. Unbestreitbar ist aber, daß er als Lehrer und Gelehrter unter schweren Bedingungen gearbeitet hat und dies mit großer Gewissenhaftigkeit tat und daß es angesichts dessen erstaunlich ist, welches Lebenswerk er hinterlassen hat.

Was nun seine Arbeiten zum Alten Testament betrifft, so kommt seinem Hauptwerk zur Pentateuchkritik und zu den Chronikbüchern samt den damit im Zusammenhang stehenden Veröffentlichungen die entscheidende Bedeutung zu. Er hat hier in mühevoller Kleinarbeit die späte Entstehung der priesterlichen Gesetze nachgewiesen und darauf aufbauend ein Gesamtbild der Entstehung des Pentateuch und der Geschichte des Kultes in Israel in den Hauptzügen entworfen. Dabei hat er vor allem auch auf die Ergebnisse von Forschern zurückgegriffen, die zwar prinzipiell an der Frühdatierung der später als Priesterkodex bzw. Priesterschrift bezeichneten Grundschrift und mithin der priesterlichen Gesetze festhielten, aber mit einer längeren nachträglichen Bearbeitung rechneten und insofern eine vermittelnde Stellung zwischen der kritischen und der streng konservativen Forschung einnahmen. So gelang ihm eine Synthese zwischen dieser vermittelnden und der kritischen Forschung, und damit schuf er eine tragfähige Hypothese, wie sie der letzteren bislang noch fehlte. Von da aus gesehen war es durchaus berechtigt, wenn man seinerzeit von der „Grafschen Hypothese" sprach. Er hat zwar die leitenden Ideen von anderer Seite, insbesondere von Reuß, übernommen und war selbst kein innovativer Kopf. Aber er erst hat das vor ihm Gedachte und Erarbeitete umfassend begründet und damit das Fundament für die weitere Forschung gelegt.

Bei seinen Ausführungen macht sich freilich auch eine deutliche Schwäche bemerkbar. Nur bei den Zeugnissen über den Kult und den priesterlichen Gesetzen stieß er auf klare Widersprüche und zog daraus die nötigen Konsequenzen und wies bei den Gesetzen auch spätere Bearbeitungen und Ergänzungen nach, bezog also redaktionsgeschichtliche Fragestellungen ein. Sofern er sich aber keinen so klaren Widersprüchen konfrontiert sah, ging er von sehr großräumigen literarischen Zusammenhängen aus, bei denen er nicht weiter differenzierte. So betrachtete er als Urheber des Deuteronomiums und des deuteronomistischen Schrifttums den Propheten Jeremia. Im Buch Jeremia stellte er zwar redaktionelle Vorgänge fest, führte sie aber generell auf den Propheten selbst zurück und nahm ohnehin an, daß das Buch zum größten Teil aus einer ursprünglichen und einheitlichen Niederschrift von diesem besteht. So kam es, daß er sich bei der Behandlung der priesterlichen Gesetze als ein konsequenter Vertreter der kritischen Forschung erwies, sein Jeremiakommentar dagegen ein sehr konservatives Gepräge trägt. Aber auch in seinem Hauptwerk zur Pentateuchkritik verfuhr bei quellenkritischen Problemen außerhalb der Gesetze sehr großflächig, wobei sich ein konservativer Zug zugleich darin bemerkbar macht, daß er an der Frühdatierung der Erzählungen in der Grundschrift festhielt, was er freilich kurz vor seinem Tode noch korrigierte, Hier zeigt sich jedenfalls eine Schwäche, die schon bei seinen beiden Erstlingsschriften auffällt und die ihm offensichtlich von Anfang an eigen war.

Gleichwohl hat er mit seinem Hauptwerk einen Markstein in der Forschungsgeschichte des 19. Jahrhunderts gesetzt. Seine Stärke bestand ja eben darin, daß er offenkundige Widersprüche bei den Zeugnissen zum Kult und den priesterlichen Gesetzen penibel aufgedeckt und entschlossen ausgewertet und damit ganz wesentlich zum Sieg der kritischen Forschung beigetragen hat. Denn im Hinblick auf die Vielzahl von divergierenden und sich doch in vielen Punkten entgegenkommenden Meinungen in der damaligen Forschung war es nicht mit neuen Ideen und interessanten Kombinationen getan. Hier konnte nur mühsame und langwierige Kleinarbeit, insbesondere das geduldige sachliche Vergleichen der einschlägigen Belege, weiterhelfen, um brauchbare Kriterien zu gewinnen. Mit einer solchen „Grundlagenforschung" hat er Großes geleistet. Die ihm anhaftenden Schwächen ließen es zwar zu keinem ganz großen Wurf, der für sich allein schon durchschlagend gewesen wäre, kommen. Aber durch die Beharrlichkeit, die er bei der Lösung der anstehenden Probleme bewies, und angesichts des unsicheren Schwankens zwischen Kritik und Tradition, wie es für die damalige Situation typisch war, hat er eine Klärung herbeigeführt und damit den weiteren Gang der Forschung bestimmt. So hat er innerhalb der Grenzen, die ihm gesetzt waren, eine grundlegende und eigenständige Leistung erbracht, die für die Wissenschaft vom Alten Testament von entscheidender und bleibender Bedeutung ist.

5. Bibliographie

Die Bibliographie beginnt mit einer chronologischen, nach Forschungs-
bereichen geordneten Auflistung der Werke Grafs. Es folgen Lexikonartikel zum Alten Testament, Rezensionen und gedruckte Briefe sowie
Rezensionen *über* Grafs Schriften. Am Schluß ist die Sekundärliteratur
aufgeführt. Um der besseren Benutzbarkeit willen wird die Literatur in
den Fußnoten der Studie mit einem aussagekräftigen Kurztitel und dem
Erscheinungsdatum zitiert.

Die Abkürzungen in der vorliegenden Arbeit richten sich nach *Abkürzungen Theologie und Religionswissenschaft nach RGG*[4], UTB 2868, Tübingen 2007, bzw. nach *Internationales Abkürzungsverzeichnis für Theologie
und Grenzgebiete*, hg. v. S. M. Schwertner, Berlin / New York [2]1992 (IATG[2]).
Darüber hinaus werden folgende Abkürzungen verwendet:

Acta	Acta, Chronik von Kleinzschocher sammt Pertinentien, sowie Großmiltitz, d. i. Merkwürdigkeiten betr. 1830 (ff.) No. 1. Vorhanden im Pfarramt der Ev.-luth. Taborgemeinde zu Leipzig-Kleinzschocher
Briefwechsel	Eduard Reuss' Briefwechsel mit seinem Schüler und Freunde Karl Heinrich Graf, hg. v. K. Budde und H. J. Holtzmann, Gießen 1904
FM	Sächsisches Hauptstaatsarchiv Dresden, Fürstenschule Meißen
SHStAD	Sächsisches Hauptstaatsarchiv Dresden, Ministerium für Volksbildung

5.1. Werke Grafs

a) Altes Testament

1. L'idée messianique dans son développement historique. Thèse pré-
sentée a à la Faculté de Théologie de Strasbourg, et soutenue publi-
quement de samedi 3 Décembre 1836, à quatre heures après midi,
pour obtenir le grade de Bachelier en Théologie, Strasbourg: Imprimerie de G. L. Schuler, 1836, 50 S.

2. De librorum Samuelis et Regum compositione, scriptoribus, fide historica, imprimis de rerum a Samuele gestarum auctoritate Dissertatio critica quam pro licentiati in theologia nomine atque honore rite obtinendis amplissimi ordinis theologorum Argentinensium examini subjicit et publice defendet die XXX Maii MDCCCXLII hora IV post meridiem Carolus Henricus Graf, Baccal. theol., Argentorati: Typis viduae Berger-Levrault, MDCCCXLII [1842], 68 S.

3. Ueber die Lage von Bethel, Rama und Gilgal und über den Gebrauch von עלה und ירד in geographischer Hinsicht im A. T., ThStKr 27 (1854), 851–902

4. De templo Silonensi commentatio ad illustrandam locum Iud. XVIII, 30 sq., in: Memoriam anniversariam dedicatae ante hos CCCXII annos Scholae Regiae Afranae d. V. Iul. MDCCCLV h. l. q. c. pie celebrandam indicit Fridericus Franke, Dr. phil. ill. Afranei rect. et prof. I. ord., Reg. Sax. Alb. eques, Misenae: Ex officina C. E. Klinkichtii et fil., 1855, 1–36

5. Was bedeuten die Namen der beiden Säulen am salomonischen Tempel?, ThStKr 29 (1856), 655–657

6. Der Segen Mose's (Deuteronomium c. XXXIII.), Leipzig: Dyk'sche Buchhandlung, 1857, 83 S.

7. Die Gefangenschaft und Bekehrung Manasseh's, 2 Chr. 33. Ein Beitrag zur Kritik der Chronik, ThStKr 32 (1859), 467–494

8. Der Prophet Jeremia erklärt, Leipzig: T. O. Weigel, 1862, LVII + 632 S.

9. Was bedeutet der Ausdruck: vor Gott erscheinen, in den Gesetzen des Pentateuch Ex. 21,6. 22,7.8, ZDMG 18 (1864), 309–314

10. Die geschichtlichen Bücher des Alten Testaments. Zwei historisch-kritische Untersuchungen, Leipzig: T. O. Weigel, 1866, VIII + 250 S. [bestehend aus 2 Teilen: „Die Bestandtheile der geschichtlichen Bücher von Gen. 1 bis 2 Reg 25 (Pentateuch und Prophetae priores)", S. 1–113; „Das Buch der Chronik als Geschichtsquelle", S. 114–247]

11. Der Stamm Simeon, ein Beitrag zur Geschichte der Israeliten, in: Jahresbericht über die Königl. Sächs. Landesschule Meissen, womit zugleich zur Feier des Stiftungstages, den 5. Juli, einladet Dr. Friedrich Franke, Rector und erster Professor, Ritter des Kgl. S. Albr.-O., Meißen: C. E. Klinkicht & Sohn, 1866, 1–37

12. Zur Geschichte des Stammes Levi, in: Archiv für wissenschaftliche Erforschung des Alten Testaments, hg. v. Adalbert Merx, Bd. 1, 1869, 68–106, 208–236

13. Die s. g. Grundschrift des Pentateuchs, in: Archiv für wissenschaftliche Erforschung des Alten Testaments, hg. v. Adalbert Merx, Bd. 1, 1869, 466–477

14. Ueber Amos 5,26, in: Archiv für wissenschaftliche Erforschung des Alten Testaments, hg. v. Adalbert Merx, Bd. 2, H. 1, 1871, 93–96

b) Orientalistik

15. Moslicheddin Sadi's Rosengarten. Nach dem Texte und dem arabischen Commentare Sururi's aus dem Persischen übersetzt mit Anmerkungen und Zugaben, Leipzig: F. A. Brockhaus, 1846, XXII + 302 S.

16. Ueber die Aussprache des Dichternamens *Surūrī*, ZDMG 3 (1849), 466

17. Aus dem zweiten Buche von Saʿdî's Bostân. Probe einer Uebersetzung, ZDMG 4 (1850), 119–122

18. Moslicheddin Sadi's Lustgarten (Bostan). Aus dem Persischen übersetzt, 2 Bändchen, Jena: C. Hochhausen, 1850, XIV + 237 S.; VIII + 176 S.

19. Die Moral des persischen Dichters Sadi, in: Beiträge zu den theologischen Wissenschaften in Verbindung mit der theologischen Geesellschaft zu Strassburg, hg. v. Eduard Reuss und Eduard Cunitz, 3. Bändchen, Jena 1851, 141–194

20. Zehn Rubâʾi des persischen Dichters Chakani uebersetzt, ZDMG 5 (1851), 390f.

21. Ueber den „Zweigehörnten" des Koran, ZDMG 8 (1854), 442–449

22. Aus Saʿdî's Diwan, ZDMG 9 (1855), 92–135; 12 (1858), 82–116; 13 (1859), 445–467; 15 (1861), 541–576; 16 (1864), 570–572

23. Le Boustân de Saʿdî. Texte Persan avec un commentaire Persan. Publié sous les auspices de la Société Orientale d'Allemagne, Vienne: Imprimerie impériale de la cour et de l'état, Leipzig: Librairie de Dyk, 1858, VIII + 479 S.

24. Ḳaṣide des Selmân aus Sâweh († 1367) zum Lobe des Wesir Ğijaṭu ʿd-
    dîn Muḥammed aus dem Persischen übersetzt, als Festgruß an die
    Philologen- und Orientalistenversammlung in Meißen, 29. Sept. – 2.
    Oct. 1863, Meißen: C. E. Klinkicht & Sohn o. J., 2 Bl.

25. Wîs und Râmîn, ZDMG 23 (1869), 375–433

26. Sadi's Rosengarten, Dichtungen des Ostens, München: Hyperionver-
    lag, 1920, 298 S.;

    Muslih ad-Din Sa ʿdi, Der Rosengarten. Auf Grund der Übersetzung
    von Karl Heinrich Graf neu bearb., hg. und kommentiert von Dieter
    Bellmann, Orientalische Bibliothek, Leipzig und Weimar: Kiepen-
    heuer, 1982; Dritte, verbesserte Aufl., München: C. H. Beck, 1998
    (verschiedene Neudrucke von Nr. 15)

c) Kirchen- und Wissenschaftsgeschichte

27. Essai sur la vie et les écrits de Jacques Lefèvre d'Étaples. Thèse
    présentée à la Faculté de Théologie Protestante de Strasbourg, et
    soutenue publiquement le Mardi 7 Juin 1842, à quatre heures du
    soir, pour obtenir le grade de Licencié en Théologie, Strasbourg:
    Imprimerie de G. L. Schuler, 1842, 130 S.

28. Jacques Lefèvre d'Étaples, Le Lien. Journal des églises réformées de
    France 3 (1843), 79f., 89f., 105–107, 111–113, 128–130

29. A qui l'église réformée doit-elle sa première traduction française de
    la Bible?, Le Lien 3 (1843), 227–231

30. Richard Simon, in: Beiträge zu den theologischen Wissenschaften in
    Verbindung mit der theologischen Gesellschaft zu Strassburg, hg. v.
    Eduard Reuss und Eduard Cunitz, 1. Bändchen, Jena 1847, [2]1851,
    158–242

31. Jacobus Faber Stapulensis. Ein Beitrag zur Geschichte der Reforma-
    tion in Frankreich, ZHTh 22 (1852), 3–86

d) Allgemeines

32. Aufgaben zur Uebung des französischen Stils für die obersten Gym-
    nasialklassen, 2 Abteilungen, Jena: C. Hochhausen 1851/52

33. Unter dem Pseudonym Karl Elsässer: Afrika, 2 Bde., Zwickau: Ei-
    genthum des Vereins zur Verbreitung guter und wohlfeiler Volks-
    schriften, 1855/56, 112, 135 S.

34. Rede am Geburtstage Sr. Maj. des Königs Johann von Sachsen, den
12. December 1854 in der Königl. Landesschule St. Afra gehalten,
Meißen: In Commission bei C. E. Klinkicht & Sohn, o. J. [1854], 20 S.
Wiederabgedruckt in: Das Büchlein vom König Johann von Sachsen,
Leipzig: I. Müller, 1867, 112–134

e) Lexikonartikel

35. In: Bibel-Lexikon. Realwörterbuch zum Handgebrauch für Geistliche und Gemeindeglieder, hg. v. Daniel Schenkel, Leipzig: F. A.
Brockhaus:

Daniel, Bd. 1, 1869, 563–574

Gersom, Bd. 2, 1869, 408

Jeremia (Prophet), Bd. 3, 1871, 204–206

Jeremia (Buch des), Bd. 3, 1871, 206–208

Jeremia (Klaglieder), Bd. 3, 1871, 208f.

Kahat, Bd. 3, 1871, 461

Levi, Leviten, Bd. 4, 1872, 29–32

Levitenstädte, Bd. 4, 1872, 32f.

Merari, Bd. 4, 1872, 177f.

Netinim, Bd. 4, 1872, 320

Paschur, Bd. 4, 1872, 384

Priester, Bd. 4, 1872, 594–605

f) Rezensionen

36. Burkhardt, L. E.: Les Nazaréens ou Mandai-Jahia (disciples de Jean),
appelés ordinairement Zabiens et Chrétiens de Saint-Jean-Baptiste,
secte gnostique. Thèse Strasbourg 1840, in: Le Lien. Journal des
églises réformées de France 3 (1843), 203–205

37. Franck, M. S.: Nouvelle méthode pour apprendre la langue hébraïque, Paris 1834; Ders., La Genèse avec une traduction française et
des notes philologiques, Paris 1835; Citolégie hébraïque automatique,
Genève 1842; Ders., Essai d'une nouvelle traduction du cantique de
Deborah, Seconde édition, Paris 1843; Psaumes, traduction nouvelle,
Genève 1843, in: Le Lien. Journal des églises réformées de France 3
(1843), 274–276

38. Glaire, J. B.: Introduction historique et critique aux livres de l'Ancien et du Nouveau Testament, Paris 1839–41;

Glaire, J. B.: Principes de grammaire hébraïque et chaldaique, accompagnés d'une chrestomathie hébraïque et chaldaique, avec une traduction française et une analyse grammatical, 3e édition, Paris 1843;

Glaire, J. B.: Lexicon manuale hebraicum et chaldaicum, Editio altera aucta et emendata, Paris 1843;

Glaire, J. B.: Le Pentateuque avec une traduction française et des notes philologiques, Tome I (par J. B. G. et M. Franck), Tome II, Paris 1833–37;

in: Neue Jenaische Allgemeine Literatur-Zeitung 3 (1844), 889–895

39. Schmidt, G.: Gérard Roussel, prédicateur de la reine Marguerite de Navarre, Mémoire servant à l'histoire des premières tentatives faites pour introduire la réformation en France, Strasbourg, 1845, in: Neue Jenaische Allgemeine Literatur-Zeitung 4 (1845), 1133–1136

40. Sprenger A.: The Gulistan of Saʿdy, edited in Persian with punctuation and the necessary vowel-marks, for the use of the College of Fort William, Calcutta 1851, in: ZDMG 6 (1852), 445–447

41. von Schack, A. F.: Heldensagen von Firdusi. Zum ersten Male metrisch aus dem Persischen übersetzt, nebst einer Einleitung über das Iranische Epos, Berlin 1851, in: ZDMG 6 (1852), 447–449

42. von Schack, A. F.: Epische Dichtungen, aus dem Persischen des Firdusi, in: ZDMG 8 (1854), 206f.

43. Vullers, J. A.: Lexicon Persico-Latinum etymologicum, cum linguis maxime cognatis Sanscrita et Zendica et Pehlevica comparatum, omnes voces, quae in lexicis Persice scriptis Borhâni Qâtiu et Haft Qulzum reperiuntur, complectens, adhibitis etiam Castelli, Meninski, Richardson et aliorum operibus et auctoritate scriptorum Persicrum adauctum, Fasc. I, IV, VI (pars quarta), Bonn 1853–64, in: ZDMG 8 (1854), 398f.; ZDMG 10 (1856), 309; ZDMG 18 (1864), 660f.

44. Dozy, R.: Die Israeliten zu Mekka von Davids Zeit bis in's fünfte Jahrhundert unserer Zeitrechnung. Ein Beitrag zur alttestamentlichen Kritik und zur Erforschung des Ursprungs des Islams, Leipzig und Haarlem 1864, in: ZDMG 19 (1865), 350–351

g) Briefe

45. Eduard Reuss' Briefwechsel mit seinem Schüler und Freunde Karl Heinrich Graf. Zur Hundertjahrfeier seiner Geburt herausgegeben von K. Budde und H. J. Holtzmann. Mit einem Bildnis der Briefsteller, Gießen: J. Rickert'sche Verlagsbuchhandlung (Alfred Töpelmann), 1904, IX + 661 S.

46. Aus einem Briefe des Prof. Graf an Prof. Brockhaus, ZDMG 7 (1853), 411

47. Aus einem Briefe des Prof. Graf an Prof. Brockhaus, ZDMG 22 (1868), 327–329

48. Aus einem Briefe des Herrn Prof. Graf an Prof. Brockhaus, ZDMG 22 (1868), 741f.

5.2. Rezensionen über Werke Grafs

Le Lien. Journal des églises réformées de France 2 (1842), 333 *(über Nr. 2)*
Ebd., 414 *(über Nr. 27)*
Reuß, Eduard: Neue Jenaische Allgemeine Literatur-Zeitung 2 (1843), 449–459 *(über Nr. 2, in der Fußnote auf S. 452 über Nr. 27)*
GGA 1847, 54–56 *(über Nr. 15)*
Ewald, Heinrich: Jahrbücher der Biblischen Wissenschaft 6 (1854), 87f *(über Nr. 3)*
GGA 1855, 110 *(über Nr. 21)*
Ewald, Heinrich: Jahrbücher der Biblischen Wissenschaft 8 (1857), 225 *(über Nr. 5)*
Ewald, Heinrich: Jahrbücher der Biblischen Wissenschaft 9 (1858), 140–143 *(über Nr. 6)*
Ewald, Heinrich: Jahrbücher der Biblischen Wissenschaft 10 (1860), 260f. *(über Nr. 7)*
Reuß, Eduard: Revue de Théologie, 3e série, 1 (1863), 296–298 *(über Nr. 8)*
Literarisches Centralblatt für Deutschland, hg. v. F. Zarncke, Jg. 1864, 361–363 *(über Nr. 8)*
Wolff, W.: Zeitschrift für die gesammte lutherische Theologie und Kirche 27 (1866), 518–523 *(über Nr. 8)*
Ewald, Heinrich: GGA 1866, 974–991 *(über Nr. 10)*
Literarisches Centralblatt für Deutschland, hg. v. Friedrich Zarncke, Jg. 1866, 665–669 *(über Nr. 10)*
Literarisches Centralblatt für Deutschland, hg. v. Friedrich Zarncke, Jg. 1866, 1153–1155 *(über Nr. 11 [falsche Titelangabe!])*

Bertheau, Ernst: Jahrbücher für Deutsche Theologie 11 (1866), 150–160
     (*über Nr. 10*)
Diestel, Ludwig: Jahrbücher für Deutsche Theologie 12 (1867), 338 *(über
     Nr. 11)*
Kuenen, Abraham: ThT 1 (1867), 120–123 *(über Nr. 11)*
Theologiseher Jahresbericht 2 (1867), 3–6 *(über Nr. 10)*
Riehm, Eduard: ThStKr 41 (1868), 350–379 *(über Nr. 10)*
Allgemeine kirchliche Zeitschrift, hg. v. D. Schenkel, 9 (1868), 126 *(über
     Nr. 12)*

5.3. Sekundärliteratur

Aurelius, Erik: Zukunft jenseits des Gerichts. Eine redaktionsgeschichtli-
     che Studie zum Enneateuch, BZAW 319, Berlin / New York 2003
Baird, William: History of New Testament Research. Volume 2: From
     Jonathan Edwards to Rudolf Bultmann, Minneapolis, MN 2003
Baumgarten, Michael: Theologischer Commentar zum Pentateuch, 1.–2.
     Hälfte, Kiel 1843/44
Baumgartner, Walter: Die Auffassungen des 19. Jahrhunderts vom israe-
     litischen Prophetismus [1922], in: Ders., Zum Alten Testament und
     seiner Umwelt, Leiden 1959, 27–41
—, Wellhausen und der heutige Stand der alttestamentlichen Wissen-
     schaft, ThR 2 (1930), 287–307
Becker, Uwe: Von der Staatsreligion zum Monotheismus. Ein Kapitel
     israelitisch-jüdischer Religionsgeschichte, ZThK 102 (2005), 1–16
—, Julius Wellhausens Sicht des Judentums, in: Biblische Theologie
     und historisches Denken. Wissenschaftsgeschichtliche Studien. Aus
     Anlass der 50. Wiederkehr der Basler Promotion von Rudolf Smend,
     hg. v. Martin Keßler und Martin Wallraff, Studien zur Geschichte der
     Wissenschaften in Basel N.F. 5, Basel 2008, 279–302
Beer, Georg: Graf, Karl Heinrich, RE³ Bd. 23, 1913, 588–592
Bertheau, Ernst: Die sieben Gruppen mosaischer Gesetze in den drei
     mittleren Büchern des Pentateuchs. Ein Beitrag zur Kritik des Penta-
     teuchs, Göttingen 1840
—, Das Buch der Richter und Rut erklärt, Leipzig 1845, ²1883
—, Die Bücher der Chronik erklärt, Leipzig 1854, ²1873
—, Die Bücher Esra, Nechemia und Ester erklärt, Leipzig 1862
Bertholet, Alfred: Graf, RGG¹ Bd. 2, 1910, 1617f.
—, Graf, RGG² Bd. 2, 1928, 1419
Bleek, Friedrich: Einige aphoristische Beiträge zu den Untersuchungen
     über den Pentateuch, in: Biblisch-exegetisches Repertorium, oder die
     neuesten Fortschritte in Erklärung der heiligen Schrift, hg. v. Ernst

Friedrich Karl Rosenmüller und Georg Hieronymus Rosenmüller, Bd. 1, Leipzig 1822, 1–79

—, Bemerkungen über Stellen der Psalmen. Versuch einer neuen Erklärung von Ps LXXXII, ebd., 85–95

—, Beiträge zu den Forschungen über den Pentateuch, ThStKr 4 (1831), 488–524

—, Einleitung in das Alte Testament, hg. v. Johannes Friedrich Bleek und Adolf Kamphausen, Berlin 1860; [5]1886 besorgt von J. Wellhausen

Blum, Erhard: Die Komposition der Vätergeschichte, WMANT 57, Neukirchen-Vluyn 1984

—, Studien zur Komposition des Pentateuch, BZAW 189, Berlin / New York 1990

von Bohlen, Peter: Die Genesis historisch-kritisch erläutert, Königsberg 1835

Budde, Karl: Meister und Schüler, Eduard Reuß und Karl Heinrich Graf, ChW 18 (1904), 904–907

Caquot, André: Reuss et Renan, RHPhR 71 (1991), 437–442

Cheyne, Thomas Kelly: Founders of Old Testament Criticism. Biographical, Descriptive and Critical Studies, London 1893

Delitzsch, Franz: Biblischer Commentar über die Psalmen. Neue Ausarbeitung, Leipzig 1867

—, Neuer Commentar über die Genesis, Leipzig 1887

Diestel, Ludwig: Geschichte des Alten Testamentes in der christlichen Kirche, Jena 1869

Dietrich, Walter: Die frühe Königszeit in Israel. 10. Jahrhundert v. Chr, Biblische Enzyklopädie 3, Stuttgart 1997

Dillmann, August: Die Genesis. Für die dritte Auflage nach August Wilhelm Knobel neu bearbeitet, Leipzig 1875

—, Die Bücher Exodus und Leviticus. Für die zweite Auflage nach A. Knobel neu bearbeitet, Leipzig 1880

—, Die Bücher Numeri, Deuteronomium und Josua. Für die zweite Auflage neu bearbeitet, Leipzig 1886

Dozeman, Thomas B. / Schmid, Konrad (Hgg.): A Farewell to the Yahwist? The Composition of the Pentateuch in Recent European Interpretation, SBL.SS 34, Atlanta, GA 2006

Drews, Paul: Die Predigt im 19. Jahrhundert, Gießen 1903

Eißfeldt, Otto: Zwei Leidener Darstellungen der israelitischen Religionsgeschichte (A. Kuenen und B. D. Eerdmans), ZDMG 85 (1931), 172–195

—, Einleitung in das Alte Testament, Tübingen [3]1964; [4]1976

Ewald, Heinrich: Die Propheten des Alten Bundes erklärt, 2 Bde., Stuttgart 1840/41; in 2. Auflage 3 Bde., Göttingen 1867/68

—, Geschichte des Volkes Israel bis Christus, 3 Bde., Göttingen 1843–52, in 3. Auflage 7 Bde., Göttingen 1864–68

—, Die Alterthümer des Volkes Israel, Göttingen 1848 (= Geschichte des Volkes Israel, Anhang zum 2. Band)

—, Ausführliches Lehrbuch der hebräischen Sprache des Alten Bundes, Göttingen [7]1863

Flathe, Theodor: Zur Chronik von St. Afra in den Jahren 1845 bis 1870, in: Jahresbericht über die Königl. Sächs. Landesschule Meißen, Meißen 1870, 14–33

Flathe, Theodor: Sanct Afra. Geschichte der königlich sächsischen Fürstenschule zu Meißen seit ihrer Gründung im Jahre 1543 bis zu ihrem Neubau in den Jahren 1877–1879, Leipzig 1879

Fraustadt, Georg: Die Meißner Fürstenschule, Das Altertum 11 (1965), 243–256

Fück, Johann: Die arabischen Studien in Europa bis in den Anfang des 20. Jahrhunderts, Leipzig 1955

George, Johann Friedrich Leopold: Die älteren jüdischen Feste mit einer Kritik der Gesetzgebung des Pentateuch, Berlin 1835

Gerlach, Ernst: Die Gefangenschaft und Bekehrung Manasse's. Eine Entgegnung, ThStKr 34 (1861), 503–524

von Gerlach, Otto: Das Alte Testament nach Dr. Martin Luthers Uebersetzung mit Einleitungen und erklärenden Anmerkungen herausgegeben, 4 Bde., Berlin 1847–53

Gerold, Théodore: Edouard Reuss. Notice biographique, Paris 1892

Gertz, Jan Christian: Konstruierte Erinnerung. Alttestamentliche Historiographie im Spiegel von Archäologie und literarhistorischer Kritik am Fallbeispiel des salomonischen Königtums, BThZ 21 (2004), 3–29

—, Tora und Vordere Propheten, in: Ders. (Hg.), Grundinformation Altes Testament. Eine Einführung in Literatur, Religion und Geschichte des Alten Testaments. In Zusammenarbeit mit Angelika Berlejung, Konrad Schmid und Markus Witte, UTB 2745, Göttingen [4]2010, 193–311

Gesenius, Wilhelm: De pentateuchi Samaritani origine, indole et auctoritate commentatio philologico-critica, Halle 1815

—, Geschichte der hebräischen Sprache und Schrift. Eine philologisch-historische Einleitung in die Sprachlehren und Wörterbücher der hebräischen Sprache, Leipzig 1815

—, Der Prophet Jesaia übersetzt und mit einem vollständigen philologisch-kritischen Commentar begleitet, 3 Teile, Leipzig 1820/21; 1. Teil [2]1829

Giesebrecht, Friedrich: Rez. Ed. Reuß, L'histoire sainte et la loi, Introduction critique au Pentateuque et au livre de Josué, Paris 1879, ThLZ 5 (1880), 177–180

—, Das Buch Jeremia übersetzt und erklärt, Göttingen 1894; [2]1907

Gößner, Andreas (Hg.): Die Theologische Fakultät der Universität Leipzig. Personen, Profile und Perspektiven aus sechs Jahrhunderten Wissenschaftsgeschichte. Beiträge zur Leipziger Universitäts- und Wissenschaftsgeschichte, Reihe A Band 2, Leipzig 2005

Gramberg, Carl Peter Wilhelm: Die Chronik nach ihrem geschichtlichen Charakter und ihrer Glaubwürdigkeit neu geprüft, Halle 1823

—, Kritische Geschichte der Religionsideen des alten Testaments, 2 Teile, Berlin 1829/30

Grünberg, Reinhold: Sächsisches Pfarrerbuch. Die Parochien und Pfarrer der ev.-luth. Landeskirche Sachsens (1539–1939), 2 Teile, Freiberg i. Sa. 1939/40

Gründel, Roland: Eine notwendige Ergänzung. Zum Beitrag von G. Fraustadt „Die Meißner Fürstenschule", Das Altertum 12 (1966), 187–192

Gunneweg, Antonius H. J: Anmerkungen und Anfragen zur neueren Pentateuchforschung, ThR 48 (1983), 227–253; ThR 50 (1985), 107–131 = Ders., Sola Scriptura Bd. 2. Aufsätze zu alttestamentlichen Texten und Themen, hg. v. Peter Höffken, Göttingen 1992, 93–144

Haan, Wilhelm: Sächsisches Schriftsteller-Lexicon. Alphabetisch geordnete Zusammenstellung der im Königreich Sachsen gegenwärtig lebenden Gelehrten, Schriftsteller und Künstler, Leipzig 1875

Hahn, Joachim: Graf, Karl Heinrich, TRE Bd. 14, 1985, 115f.

Hartmann, Anton Theodor: Historisch-kritische Forschungen über die Bildung, das Zeitalter und den Plan der 5 Bücher Mose's nebst einer beurtheilenden Einleitung und einer genauen Charakteristik der hebräischen Sagen und Mythen, Rostock und Güstrow 1831

Hävernick, Heinrich Andreas Christoph: Handbuch der historisch-kritischen Einleitung in das Alte Testament, 5 Teile, Erlangen 1836–49

Heintz, Jean-Georges: Édouard Reuss, Karl Heinrich Graf et le Pentateuque, RHPhR 71 (1991), 443–457

Hengstenberg, Ernst Wilhelm: Christologie des Alten Testamentes, 3 Teile, Berlin 1829–35, [2]1854–57

—, Beiträge zur Einleitung in das Alte Testament, 3 Bde., Berlin 1831–39

—, Die Authentie des Pentateuches, 2 Bde., Berlin 1836/39

Herbst, Johann Georg: Die Bücher der Chronik. Ihr Verhältnis zu den Büchern Samuels und der Könige, ihre Glaubwürdigkeit, und die Zeit ihrer Abfassung, ThQ 13 (1831), 201–282

Hering, Hermann: Die Lehre von der Predigt, Berlin 1905

Hitzig, Ferdinand: Der Prophet Jesaja übersetzt und ausgelegt, Heidelberg 1833

—, Die zwölf kleinen Propheten erklärt, Leipzig 1838; [2]1863

—, Der Prophet Jeremia erklärt, Leipzig 1841; ²1866

Houtman, Cornelis: Der Pentateuch. Die Geschichte seiner Erforschung neben einer Auswertung, Contributions to Biblical Exegesis and Theology 9, Kampen 1994

Hupfeld, Hermann: Commentatio de primitiva et vera festorum apud Hebraeos ratione et legum Mosaicarum varietate eruenda, Particula I–III, Halle 1852–58

—, Die Quellen der Genesis und die Art ihrer Zusammensetzung von neuem untersucht, Berlin 1853

Illgen, Christian Friedrich: Geschichte der historisch-theologischen Gesellschaft zu Leipzig, ZHTh 1. Bd., 1. Stück, Gotha 1832, 1–96

Jacob, Edmond: Édouard Reuss, un théologien indépendant, RHPhR 71 (1991), 427–435

Jahresbericht über die Königlich Sächsische Landesschule Meißen, Meißen 1845–1871

Kaiser, Otto: Pentateuch und Deuteronomistisches Geschichtswerk, in: Ders., Studien zur Literaturgeschichte des Alten Testaments, FzB 90, Würzburg 2000, 70–133

—, Zwischen Reaktion und Revolution. Hermann Hupfeld (1796–1866) – ein deutsches Professorenleben, AAWH.PH 268, Göttingen 2005

Käuffer, Johann Ernst Rudolf (Hg.): Biblische Studien von Geistlichen des Königreichs Sachsen, 4 Bände, Dresden und Leipzig 1842–1846

Kayser, August: Das vorexilische Buch der Urgeschichte Israels und seine Erweiterungen. Ein Beitrag zur Pentateuch-Kritik, Straßburg 1874

—, Der gegenwärtige Stand der Pentateuchfrage mit besonderer Beziehung auf Ed. Reuss, La Bible, Ancien Testament, 3ᵉ Partie: L'histoire sainte et la Loi, JPTh 7 (1881), 526–365, 520–564, 630–665

Keil, Carl Friedrich: Apologetischer Versuch über die Bücher der Chronik und über die Integrität des Buches Esra, Berlin 1833

—, Lehrbuch der historisch-kritischen Einleitung in die kanonischen und apokryphischen Schriften des Alten Testamentes, Frankfurt/Main und Erlangen 1853, ²1859

—, Biblischer Commentar über die zwölf kleinen Propheten, Leipzig 1867, ²1873

—, Biblischer Commentar über die nachexilischen Geschichtsbücher Chronik, Esra, Nehemia und Esther, Leipzig 1870

—, Biblischer Commentar über den Propheten Jeremia und die Klagelieder, Leipzig 1872

Kirn, Otto: Die Leipziger Theologische Fakultät in fünf Jahrhunderten, Leipzig 1909

Klostermann, August: Das Lied Moses (Deut. 32) und das Deuteronomium. Ein Beitrag zur Entstehungsgeschichte des Pentateuchs, ThStKr 44 (1871), 249–294; 45 (1872), 230–280, 430–502

Knobel, August: Der Prophetismus der Hebräer vollständig dargestellt, 2 Teile, Breslau 1837

—, Der Prophet Jesaia erklärt, Leipzig 1843; [2]1853; [3]1861

—, Die Bücher Exodus und Leviticus erklärt, Leipzig 1857

—, Die Bücher Numeri, Deuteronomium und Josua erklärt nebst einer Kritik des Pentateuch und Josua, Leipzig 1861

Knoppers, Gary N. / Levinson, Bernard M. (Hgg.): The Pentateuch as Torah. New Models for Understanding Its Promulgation and Acceptance, Winona Lake, IN 2007

Köckert, Matthias: Von einem zum einzigen Gott. Zur Diskussion der Religionsgeschichte Israels, BThZ 15 (1998), 137–175

Kosters, Willem Hendrik: De historie-beschouwing van den Deuteronomist met de berichten in Genesis-Numeri vergeleken, Leiden 1868

Kraeling, Emil G.: The Old Testament since the Reformation, London 1955

Kratz, Reinhard Gregor: Die Komposition der erzählenden Bücher des Alten Testaments. Grundwissen der Bibelkritik, UTB 2157, Göttingen 2000

Kraus, Hans-Joachim: Geschichte der historisch-kritischen Erforschung des Alten Testaments, Neukirchen-Vluyn 1956, [3]1982

Kretzschmar, Hellmut: Die Zeit König Johanns von Sachsen 1834–1873. Mit Briefen und Dokumenten, Berlin 1960

Kreyssig, August Hermann: Afraner Album: Verzeichnis sämmtlicher Schüler der Königlichen Landesschule zu Meissen von 1543 bis 1875, 8422 an der Zahl, Meißen 1876

Kuenen, Abraham: Historisch-kritisch onderzoek naar het ontstaan en de verzameling van de boeken des Ouden Verbonds, I-III, Leiden 1861–65; 2., vollständig neubearbeitete Aufl. 1885–93

—, Critische bijdragen tot de geschiedenis van den Israelietischen godsdienst, V. De priesterlijke bestanddeelen van Pentateuch en Josua, ThT 4 (1870), 391–426, 467–526

—, Historisch-kritische Einleitung in die Bücher des alten Testaments hinsichtlich ihrer Entstehung und Sammlung, 3 Bde., Leipzig 1887–94

Külling, Samuel R.: Zur Datierung der Genesis-P-Stücke, namentlich des Kapitels Genesis XVII, Kampen 1964

Kusche, Ulrich: Die unterlegene Religion. Das Judentum im Urteil deutscher Alttestamentler, SKI 12, Berlin 1991

de Lagarde, Paul: Symmicta I, Göttingen 1877

—, Mittheilungen I, Göttingen 1884

Kutsch, Ernst: Graf, Karl Heinrich, RGG³ Bd. 2, 1958, 1822

—, Graf, Karl Heinrich, NDB Bd. 6, 1964, 723f.

von Lengerke, Cäsar: Kenáan. Volks- und Religionsgeschichte Israels, 1. Teil, Königsberg 1844

Lerche, Otto (Hg.): Leipzig um 1832. Aus Zeit und Umwelt des Gustav-Adolf-Vereins in seinen Anfängen, Leipzig und Berlin o. J. [1932]

Levin, Christoph: Der Jahwist, FRLANT 157, Göttingen 1993

Lindner, Bruno: Erinnerung an den verewigten Präses der historisch-theologischen Gesellschaft zu Leipzig, Domherrn Professor Dr. Chr. Fr. Illgen, ZHTh 15 (1845), 1–44

Loader, James A.: The Exilic Period in Abraham Kuenen's Account of Israelite Religion, ZAW 96 (1984), 3–23

Macholz, Georg Christian: Ein Alttestamentler an einer sächsischen Fürstenschule, in: Lese-Zeichen für Annelies Findeiß, hg. v. Christoph Burchard und Gerd Theißen, DBAT.B 3, Heidelberg 1984, 51–73

Mangold, Sabine: Eine weltbürgerliche Wissenschaft. Die deutsche Orientalistik im 19. Jahrhundert, Pallas-Athena 11, Stuttgart 2004

Mathys, Hans-Peter: Wilhelm Martin Leberecht de Wettes *Dissertatio critico-exegetica* von 1805, in: Biblische Theologie und historisches Denken. Wissenschaftsgeschichtliche Studien. Aus Anlass der 50. Wiederkehr der Basler Promotion von Rudolf Smend, hg. v. Martin Keßler und Martin Wallraff, Studien zur Geschichte der Wissenschaften in Basel N.F. 5, Basel 2008, 171–211

von Matter, Edmund: Die Auffassung der alttestamentlichen Prophetie von Eichhorn bis Volz, Diss. theol. masch. Halle–Wittenberg 1943

Meier, Ernst: Geschichte der poetischen National-Literatur der Hebräer, Leipzig 1856

Meißen und seine Fürstenschule. Afranisches Merkbuch, herausgegeben von Mitgliedern des afranischen Kollegiums, Dresden 1913; ²1929

Meißner, Karl Heinrich Wilhelm / Reinhard, Johann Friedrich Wilhelm: Christliches Hausbuch oder religiöse Betrachtungen auf alle Tage im Jahre, 1.–9. Heft, Leipzig 1845–47

Merx, Adalbert: Kritische Untersuchung über die Opfergesetze Levit. I–VII, ZwTh 6 (1863), 41–84, 165–181

Michaelis, Johann David: Deutsche Uebersetzung des Alten Testaments mit Anmerkungen für Ungelehrte, 13 Teile, Göttingen / (Gotha) 1771–85

Movers, Franz Carl: Kritische Untersuchungen über die biblische Chronik. Ein Beitrag zur Einleitung in das alte Testament, Bonn 1834

—, De utriusque recensionis vaticiniorum Jeremiae, Graecae Alexandrinae et Hebraicae Masorethicae, indole et origine commentatio critica, Hamburg 1837

Nicholson, Ernest: The Pentateuch in the Twentieth Century. The Legacy of Julius Wellhausen, Oxford 1998

Niedner, Carl: Das kirchliche Leben in Leipzig zur Zeit der Gründung des Gustav-Adolf-Vereins, in: Otto Lerche (Hg.), Leipzig um 1832. Aus Zeit und Umwelt des Gustav-Adolf-Vereins in seinen Anfängen, Leipzig und Berlin o. J. [1932]

Niedner, Christian Wilhelm: Vorlesung zur akademischen Gedächtnis-Feier Luthers an seinem dreihundertjährigen Todestage am 18. Februar 1846 in der Universitäts-Aula zu Leipzig, ZHTh 16 (1846), 3–36

Nöldeke, Theodor: Untersuchungen zur Kritik des Alten Testaments, Kiel 1869

Noth, Martin: Das System der zwölf Stämme Israels, BWANT 4/1, Stuttgart 1930

—, Überlieferungsgeschichtliche Studien. Die sammelnden und bearbeitenden Geschichtswerke im Alten Testament, Halle 1943

—, Überlieferungsgeschichte des Pentateuch, Stuttgart 1948

Orth, J: La tribu de Lévi et la loi, Nouvelle Revue de Théologie 3 (1859), 384–400

—, La centralisation du culte de Jéhovah, Nouvelle Revue de Théologie 4 (1859), 350–360

Oßwald, Eva: Das Bild des Mose in der kritischen alttestamentlichen Wissenschaft seit Julius Wellhausen, Theologische Arbeiten 18, Berlin 1962

Otto, Eckart: Das Deuteronomium im Pentateuch und Hexateuch. Studien zur Literaturgeschichte von Pentateuch und Hexateuch im Lichte des Deuteronomiumrahmens, FAT 30, Tübingen 2000

Perlitt, Lothar: Vatke und Wellhausen. Geschichtsphilosophische Voraussetzungen und historiographische Motive für die Darstellung der Religion und Geschichte Israels durch Wilhelm Vatke und Julius Wellhausen, BZAW 94, Berlin 1965

—, Bundestheologie im Alten Testament, WMANT 36, Neukirchen-Vluyn 1969

Popelka, Friedrich: Aus der Chronik von Leipzig-Kleinzschocher. Vom Sorbendorf zum Großstadtteil, Leipzig 1935 (maschinenschriftl.)

Popper, Julius: Der biblische Bericht über die Stiftshütte. Ein Beitrag zur Geschichte der Composition und Diaskeue des Pentateuch, Leipzig 1862

Preißler, Holger: In memoriam Heinrich Leberecht Fleischer (1801–1888), in: Wolfgang Reuschel (Hg.), Orientalistische Philologie und arabische Linguistik, Asien-Afrika-Lateinamerika. Sonderheft 2/90, Berlin 1990, 7–12

— / Kienitz, David: Arabistik, in: Geschichte der Universität Leipzig 1409–2009, Band 4, 1. Halbband, hg. v. Ulrich von Hehl, Uwe John, Manfred Rudersdorf, Leipzig 2009, 419–426

de Pury, Albert: Le cycle de Jacob comme légende autonome des origines d'Israël [1991], in: Ders., Die Patriarchen und die Priesterschrift / Les Patriarches et le document sacerdotal. Gesammelte Studien zu seinem 70. Geburtstag / Recueil d'articles, à l'occasion de son 70e anniversaire, hg. v. Jean-Daniel Macchi, Thomas Römer, Konrad Schmid, AThANT 99, Zürich 2010, 93–108

—, Situer le cycle de Jacob. Quelques réflexions, vingt-cinq ans plus tard [2001], in: ebd., 119–146

de Pury, Albert / Römer, Thomas C. (Hgg.): Le Pentateuque en question. Les origines et la composition des cinq premiers livres de la Bible à la lumière des recherches récentes, 3e édition augmentée, Le Monde de la Bible 19, Genf 2002

von Rad, Gerhard: Das formgeschichtliche Problem des Hexateuch [1938], in: Ders., Gesammelte Studien zum Alten Testament, TB 8, München ⁴1971, 9–86

Redslob, Gustav Moritz: Graf, Karl Heinrich, ADB Bd. 9, 1879, 549

Reinhard, Johann Friedrich Wilhelm: „Sehet euch vor, daß wir nicht verlieren, was wir erarbeitet haben, sondern sollen Lohn empfangen". Konfirmationsrede am Palmsonntage 1830 in der Kirche zu Kleinzschocher gehalten, Leipzig o. J.

—, Predigt am Reformationsfeste 1844 in den Kirchen zu Kleinzschocher und Großmiltitz zum Andenken an die vor 300 Jahren in hiesiger Parochie eingeführte Kirchenverbesserung gehalten, Leipzig 1845

—, siehe unter Meißner, K. H. W.

Rendtorff, Rolf: Das überlieferungsgeschichtliche Problem des Pentateuch, BZAW 147, Berlin 1976

Reuschel, Wolfgang: Heinrich Leberecht Fleischer (1801–1888), der Begründer der Leipziger Schule der Arabistik, in: Karl-Marx-Universität Leipzig 1409–1959, Beiträge zur Universitätsgeschichte, 1. Bd., Leipzig 1959, 422–438

Reuß, Eduard: Rez. über Hävernick, Handbuch der hist.-krit. Einleitung in das Alte Testament 1. Teil, 1 ./2. Abt. (1836/37), und Hengstenberg, die Authentie des Pentateuches 1. Bd. (1836), Allgemeine Literatur-Zeitung 55 (1839), 153–180

—, Art. Josia, in: Johann Samuel Ersch / Johann Gottfried Gruber, Allgemeine Encyklopädie der Wissenschaften und Künste in alphabetischer Folge, 2. Sektion, 23. Teil, Leipzig 1844, 185–187

—, Art. Josua, ebd., 196–200

—, Art. Judenthum, ebd., 27. Teil, Leipzig 1850, 324–347

—, Nécrologie Charles-Henri Graf, in: Le Progrès religieux. Journal des églises protestantes de l'est 2 (1869), 258f.

—, L'histoire sainte et la loi (Pentateuque et Josué), deux tomes en un volume, Paris 1879

—, Die Geschichte der heiligen Schriften des Alten Testaments, Braunschweig 1881, [2]1890

—, Das Alte Testament übersetzt, eingeleitet und erläutert, hg. aus dem Nachlasse des Verfassers von Erichson und Horst, 7 Bde., Braunschweig 1892–94

Reventlow, Henning Graf: Epochen der Bibelauslegung. Band IV: Von der Aufklärung bis zum 20. Jahrhundert, München 2001

Riehm, Eduard: Die Gesetzgebung Mosis im Lande Moab. Ein Beitrag zur Einleitung in's alte Testament, Gotha 1854

—, Die Cherubim in der Stiftshütte und im Tempel, ThStKr 44 (1871), 399–457

—, Die sogenannte Grundschrift des Pentateuchs, ThStKr 45 (1872), 283–307

Rogerson, John W.: Old Testament Criticism in the Nineteenth Century England and Germany, London 1984

—, W. M. L. de Wette, Founder of Modern Biblical Criticism. An Intellectual Biography, JSOT.S 126, Sheffield 1992

Römer, Thomas C.: Hauptprobleme der gegenwärtigen Pentateuchforschung, ThZ 60 (2004), 289–307

Römer, Thomas C. / Macchi, Jean-Daniel / Nihan, Christophe (Hgg.): Introduction à l'Ancien Testament. Deuxième édition, Le Monde de la Bible 49, Genf 2009

Römer, Thomas C. / Schmid, Konrad (Hgg.): Les dernières rédactions du Pentateuque, de l'hexateuque et de l'Ennéateuque, BEThL 203, Leuven 2007

Sachsens Kirchen-Galerie. 9. Band: Die Inspectionen: Leipzig und Grimma, Dresden 1844

Schmid, Hans Heinrich: Der sogenannte Jahwist. Beobachtungen und Fragen zur Pentateuchforschung, Zürich 1976

—, Auf der Suche nach neuen Perspektiven für die Pentateuchforschung, in: Congress Volume Vienna 1980, hg. v. J. A. Emerton, VT.S 32, Leiden 1981, 375–394

Schmid, Konrad: Erzväter und Exodus. Untersuchungen zur doppelten Begründung der Ursprünge Israels innerhalb der Geschichtsbücher des Alten Testaments, WMANT 81, Neukirchen-Vluyn 1999

—, Zurück zu Wellhausen?, ThR 69 (2004), 314–328

Schmidt, Gerhard: Die Staatsreform in Sachsen in der ersten Hälfte des 19. Jahrhunderts. Eine Parallele zu den Steinschen Reformen in Preußen, Weimar 1966

Schmidt, Ludwig: Im Dickicht der Pentateuchforschung: Ein Plädoyer für die umstrittene Neuere Urkundenhypothese, VT 60 (2010), 400–420

Schrader, Eberhard: Studien zur Kritik und Erklärung der biblischen Urgeschichte Gen. Cap. I–XI. Drei Abhandlungen, Zürich 1863

Siedlecki, Armin: Art. Keil, Carl Friedrich (1807–88), in: J. H. Hayes (Hg.), Dictionary of Biblical Interpretation, Bd. 2, Nashville, TN 1999, 18f.

Ska, Jean-Louis: Introduction to Reading the Pentateuch, Winona Lake, IN 2006

Smend, Rudolf: Wilhelm Martin Leberecht de Wettes Arbeit am Alten und am Neuen Testament, Basel 1958

—, De Wette und das Verhältnis zwischen historischer Bibelkritik und philosophischem System im 19. Jahrhundert, ThZ 14 (1958), 107–119; wiederabgedruckt in: Ders., Bibel und Wissenschaft. Historische Aufsätze, Tübingen 2004, 114–123

—, Das Mosebild von Heinrich Ewald bis Martin Noth, BGBE 3, Tübingen 1959; wiederabgedruckt unter dem Titel „Methoden der Moseforschung" in: Ders., Zur ältesten Geschichte Israels. Gesammelte Studien 2, BEvTh 100, München 1987, 45–115

—, Julius Wellhausen und seine Prolegomena zur Geschichte Israels [1983], in: Ders., Bibel und Wissenschaft. Historische Aufsätze, Tübingen 2004, 141–158

—, Deutsche Alttestamentler in drei Jahrhunderten, Göttingen 1989

—, Kuenen und Wellhausen, in: Abraham Kuenen (1828–1891). His Major Contributions to the Study of the Old Testament, hg. v. Peter B. Dirksen und Arie van der Kooij, OTS 29, Leiden 1993, 113–127

—, Abraham Kuenen (1828–1891). Ein Klassiker der Einleitungswissenschaft, in: Deuteronomy and Deuteronomic Literature. Festschrift C. H. W. Brekelmans, hg.v. Marc Vervenne und Johan Lust, BEThL 133, Leuven 1997, 569–586

—, Art. Graf, Karl Heinrich (1815–1869), in: J. H. Hayes (Hg.), Dictionary of Biblical Interpretation, Bd. 1, Nashville, TN 1999, 460f.

—, Julius Wellhausen. Ein Bahnbrecher in drei Disziplinen, Carl Friedrich von Siemens Stiftung Themen 84, München 2006

—, Abraham Kuenen 1828–1891, in: Ders., From Astruc to Zimmerli. Old Testament Scholarship in three Centuries, Tübingen 2007, 76–90

Staehelin, Ernst: Dewettiana. Forschungen und Texte zu Wilhelm Martin Leberecht de Wettes Leben und Werk, Basel 1956

—, Kleine Dewettiana, ThZ 13 (1957), 33–41

Stähelin, Johann Jakob: Beiträge zu den kritischen Untersuchungen über den Pentateuch, die Bücher Josua und der Richter, ThStKr 8 (1835), 461–477

—, Rez. über Vatke, Die Religion des Alten Testaments (1835) mit Berücksichtigung von George, Die ältern jüdischen Feste (1835) und von Bohlen, Genesis (1835), LACTh 1838, 505–511, 513–519, 521–542

—, Kritische Untersuchungen über den Pentateuch, die Bücher Josua, Richter, Samuels und der Könige, Berlin 1843

—, Die Eroberung und Verteilung Palästinas durch Josua, ThStKr 22 (1849), 389–401

—, Versuch einer Geschichte der Verhältnisse des Stammes Levi, ZDMG 9 (1855), 704–730

—, Ueber die Wanderungen des Centralheiligthums der Hebräer vom Tode des Hohenpriesters Eli bis auf die Erbauung des Tempels zu Jerusalem, ZDMG 11 (1857), 141–143

—, Specielle Einleitung in die kanonischen Bücher des Alten Testaments, Elberfeld 1862

Statuten der historisch-theologischen Gesellschaft in Leipzig, ZHTh 15 (1845), VII–X

Steinschneider, Moritz: Bibliographisches Handbuch über die theoretische und praktische Literatur für hebräische Sprachkunde. Ein selbständiger Anhang zu Gesenius' Geschichte der hebräischen Sprache und Le-Long-Masch's Biblioth. Sacra, Leipzig 1859

Stephan, Horst: Die Theologische Fakultät in Leipzig um 1832, in: O. Lerche (Hg.), Leipzig um 1832. Aus Zeit und Umwelt des Gustav-Adolf-Vereins und seinen Anfängen, Leipzig und Berlin o. J. [1932], 83–91

Strohl, Henri: Le protestantisme en Alsace, Strasbourg 1950

Studer, Gottlieb Ludwig: Das Buch der Richter grammatisch und historisch erklärt, Bern–Chur–Leipzig 1835; [2]1842

Thenius, Otto: Die Bücher Samuels erklärt, Leipzig 1842

—, Zur Vertheidigung des Christenthums, in: J. E. R. Käuffer (Hg.), Biblische Studien von Geistlichen des Königreichs Sachsen, Bd. 2, Leipzig und Dresden 1843, 122–167

—, Die Bücher der Könige erklärt, Leipzig 1849

Thompson, Robert J.: Moses and the Law in a Century of Criticism since Graf, VT.S 19, Leiden 1970

Tuch, Friedrich: Commentar über die Genesis, 2. Aufl. besorgt von Albert Nicholas Arnold nebst einem Nachwort von Adalbert Merx, Halle 1871

Vaihinger, Johann Georg: Art. Pentateuch, in: RE 11, 1859, 292–370

Van Seters, John: Abraham in History and Tradition, New Haven, CT; London 1975

Vater, Johann Severin: Commentar über den Pentateuch mit Einleitungen von Alexander Geddes, I.–III. Teil, Halle 1802–05

Vatke, Wilhelm: Die Religion des Alten Testamentes nach den kanonischen Büchern entwickelt. Erster Theil, Berlin 1835

Verzeichniß der auf der Universität Leipzig zu haltenden Vorlesungen, Leipzig 1844–47

Vincent, Jean Marcel: Leben und Werk des frühen Eduard Reuss. Ein Beitrag zu den geistesgeschichtlichen Voraussetzungen der Bibelkritik im zweiten Viertel des 19. Jahrhunderts, BEvTh 106, München 1990

de Vries, Simon J.: The Hexateuchal Criticism of Abraham Kuenen, JBL 82 (1963), 31–57

Wagner, Siegfried: Franz Delitzsch, Leben und Werk, BEvTh 80, München 1978; Gießen und Basel ²1991

Wellhausen, Julius: Geschichte Israels. Erster Band, Berlin 1878

—, Prolegomena zur Geschichte Israels, Berlin ²1883; ³1886; ⁶1927; ¹⁰2001 (Nachdruck mit einem Stellenregister)

—, Die Composition des Hexateuchs und der historischen Bücher des Alten Testaments, Berlin 1885; ²1889; ⁴1963

Werner, Johann: Sprachliche Notizen zu Jahrgang XVIII d. Zeitschr. d. D. M. G., ZDMG 19 (1865), 306f.

Westphal, W.: Édouard Reuss, Directeur du Gymnase Protestant (1859–1865), RHPhR 71 (1991), 459–471

de Wette, Wilhelm Martin Leberecht: Dissertatio critico-exegetica qua Deuteronomium a prioribus Pentateuchi libris diversum, alius cuiusdam recentioris auctoris opus esse monstratur, Jena 1805 [Text und Übersetzung bei: H.-P. Mathys, Wilhelm Martin Leberecht de Wettes *Dissertatio critico-exegetica*, Basel 2008, 182–205]

—, Beiträge zur Einleitung in das Alte Testament, 2 Bde., Halle 1806/07

—, Commentar über die Psalmen in Beziehung auf seine Uebersetzung derselben, Heidelberg 1811, ²1823

—, Lehrbuch der historisch-kritischen Einleitung in die kanonischen und apokryphischen Bücher des Alten Testaments, Berlin 1817, ⁶1845, ⁸1869 (neu bearbeitet von Eberhard Schrader)

—, Exegetische Bemerkungen über 5. Mose 1–3, ThStKr 3 (1830), 353–357

—, Rez. über Vatke, Die Religion des Alten Testamentes (1835), George, Die älteren jüdischen Feste (1835), von Bohlen, Genesis (1835), ThStKr 10 (1837), 947–1003

Winer, Georg Benedikt: Biblisches Realwörterbuch zum Handgebrauch für Studirende, Candidaten, Gymnasiallehrer und Prediger, 2 Bde., Leipzig 1820; ³1847

Zenger, Erich (Hg.): Einleitung in das Alte Testament, KStTh 1/1, Stuttgart [7]2008

Zimmerli, Walther: Das Gesetz und die Propheten. Zum Verständnis des Alten Testamentes, KVR 166/68, Göttingen 1963

6. Register

6.1. Personen

Knobel, August Wilhelm Karl 69, 95f.,
98f., 102f., 109–117, 123, 128f., 131,
161, 176
Körner, Theodor 17
Krehl, August Ludwig Gottlob 39, 69
Kuenen, Abraham 4f., 88, 116, 130, 135,
138f., 141, 166f.
Külling, Samuel Robert 134f., 141

de Lagarde, Paul 102, 104, 135
Lambs, Philippe Auguste 34
von Lengerke, Cäsar 92, 95
Luther, Martin 30, 90

Meißner, Karl Heinrich Wilhelm 23f.,
27, 33, 37, 42, 53, 55
Merx, Adalbert 132, 139
Movers, Franz Carl 81, 142–146, 148,
153, 168, 171

Nägelsbach, Carl Wilhelm Eduard 40
Niedner, Christian Wilhelm 30
Nöldeke, Theodor 136–140

Oertel, Friedrich Maximilian 41, 44, 50

Pfeiffer, August 38
Popper, Julius 111, 117, 138

Reinhard, Johann Friedrich Wilhelm 22–
27, 31, 33f.
Reuß, Eduard 3f., 13, 15–21, 26, 29, 47,
52, 54, 56, 58, 60, 65–69, 74–76, 80,
84, 86, 89f., 92, 97–101, 103, 118, 122,
124–126, 135, 155, 162f., 179f.
Riehm, Eduard 94f., 103, 118–120, 122,
136, 139f., 156
Rost, Friedrich Wilhelm Ehrenfried 22

Schlurick, Friedrich Julius Hermann
39f., 54
Schmidt, Woldemar Gottlob 48
Schrader, Eberhard 87, 127, 130f., 136,
138, 140, 142
Schweizer, Alexander 21
Seffer, Gustav Heinrich 40
Simon, Richard 20
Stähelin, Johann Jakob 76, 81, 85f., 88,
95, 109, 127f., 130, 143, 145
Strauß, David Friedrich 18

Thenius, Otto 64, 78, 82, 90, 126f., 148,
150f.
Tittmann, August Heinrich 23
von Tischendorf, Lobegott Friedrich
Konstantin 30
Tuch, Johann Christian Friedrich 32, 39,
55, 132
Tzschirner, Heinrich Gottlieb 22f.

Vaihinger, Johann Georg 129
Vatke, Wilhelm 73–75, 89, 92, 96f., 99–
101, 105, 155
de Vries, Simon John 141

Wellhausen, Julius 1–7, 11, 139, 162
Werner, Johann 90
de Wette, Wilhelm Martin Leberecht 73,
76, 83, 88, 94f., 97–100, 102, 110, 135,
141, 144, 147, 150f., 154f., 161
Winer, Georg Benedikt 22
Wolf, Friedrich August 23
Wunder, Carl Gustav 42

Ziegler, Friedrich Ernst 24–26

6.2. Bibelstellen